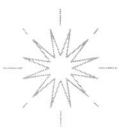

Sumário

Vislumbre/Horóscopo do Brasil para 2023	2
Previsões Astrológicas por Signo em 2023	7
Descubra o seu Ascendente	75
A Ordem Oculta nos Signos	80
Baralho Cigano – previsões para 2023	85
Horóscopo Chinês	92
Ano do Coelho	100
Calendário Permanente (1901 – 2092)	104
Lua, Regente de 2023	105
A Lua nos Signos	112
Entrada do Sol nos Signos do Zodíaco em 2023	116
Tábua do Nascimento e Ocaso do Sol (hora legal de Brasília)	117
Tábua Solar para 2023	118
Horário da Semana de Acordo com a Regência Planetária	119
Horas Planetárias	120
Tábua Planetária para 2023	125
As Lunações e os Trânsitos Planetários para 2023	130
Regências Planetárias	138
Guia Astral para 2023	140
Fenômenos naturais 2023	186
Tudo o que Você Precisa Saber Sobre a Lua em 2023	188
Tabela das Luas Fora de Curso	191
Tábua Lunar em 2023	197
Previsões para 2023 segundo a Numerologia	201
O Arcano do Tarô de 2023	204
Astrologia para relacionamentos: amigos e família	210
Calendário Agrícola	212
Agricultura e Pecuária	213

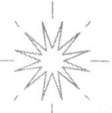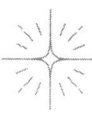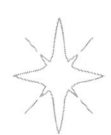

Vislumbre/Horóscopo do Brasil para 2023

Seguindo a ordem caldaica, o ano de 2023 será regido pela Lua, um significador do reino emocional e intuitivo, que nos traz a consciência daquilo que acontece da pele para dentro. Assim como a Lua tem natureza inconstante e se expressa em fases, um ano sob essa regência pode apresentar certas instabilidades e mudanças de cenário, sendo importante não perdermos a direção quando essas alterações nos alcançarem: o segredo é se permitir adaptar.

Na esfera coletiva, a Lua favorece os temas que envolvem a mulher, a maternidade, a moradia, a família, o passado, o povo, a alimentação e a saúde mental. Ela rege as marés, e seu movimento pode causar enchentes, ressacas e maiores precipitações de chuva. Subjetivamente, nos predispõe a maior atividade dos sentimentos e das emoções, bem como ao psiquismo e à sensibilidade criativa.

Revolução Solar

A revolução em curso tem ascendente em Gêmeos e Lua Crescente conjunta a Plutão, indicando um período de novidades e renascimentos. Gêmeos traz o elemento Ar (racional) harmonizado com Mercúrio em Libra e Saturno em Aquário, pedindo mente aberta, atualização de valores sociais, capacidade de diálogo e composição de alianças inteligentes.

Marte é o planeta em ascensão no horizonte e sedento por novos ares. Trata-se de um impulso muito criativo, vibrante e comunicativo, que pode nos levar a socializar mais e a produzir conteúdos artístico e cultural. Tudo o que se refira à infância, à adolescência e a temas escolares terá maior importância.

Com um Sol de Casa III, esse impulso se reflete nas comunicações, mídias e na educação, que pedirão novas práticas e regras de convivência. No signo de Virgem, este Sol nos fará perceber que algumas experiências não podem ser substituídas por um equivalente virtual, principalmente quando tratamos do desenvolvimento humano, que é uma construção cooperativa e contínua. Com Vênus nessa região, estaremos mais sensíveis para perceber como faz falta a presença dos outros no dia a dia e que aprendemos melhor com a observação das diferenças e com a complementariedade.

Mercúrio na Casa IV aponta a necessidade de repensar as relações familiares na contemporaneidade. Temas que envolvam casamento e novas formas de parcerias afetivas devem ganhar destaque, inclusive com atualização da legislação para favorecer o reconhecimento dessas uniões.

Reforçando esse ponto, a Lua com Plutão em Capricórnio na Casa VIII pede desprendimento de noções antiquadas a respeito da família, da mulher e de seu papel social, pois nestes novos tempos não podemos mais reduzir as situações reais a um repertório diminuído que não atenda as necessidades das pessoas. Todos merecem acolhimento, respeito e dignidade em seus núcleos afetivos, e, para que isso seja implementado de vez, é necessária uma reciclagem dos valores coletivos. Lilith em Câncer ressalta que não é mais possível ameaçar o ambiente de segurança emocional da vida familiar sustentando discursos baseados em interesses opressores muitas vezes de cunho econômico, tolerantes com a violência no lar Lua e Lilith, juntas, relembram que o pertencimento e o acolhimento são condições básicas para uma vida mais estável emocionalmente e que todos nós precisamos desenvolver a sensibilidade para perceber se estamos atingindo os outros com nossas atitudes; precisamos aprender a não ferir para conviver melhor.

Saturno em Aquário é quadrado por Urano em Touro ao longo de todo o ano, representando o embate de gerações. Trata-se de um confronto mitológico: de um lado Urano, o caos da liberdade total e do desafio às regras, e de outro Saturno, com sua ordenação de prioridades e a contenção em favor da preservação do todo. Esses aspectos continuarão a ser explorados ideologicamente para suscitar polarizações e rivalidades, e é preciso estar atento para reconhecer que esse embate simbólico deve ser resolvido primeiramente dentro de nós.

Saturno em Aquário impulsiona as descobertas científicas capazes de romper as fronteiras do conhecimento, favorecendo a ciência, a tecnologia e a democratização da informação. Porém, na Casa VIII, pode sinalizar dificuldades na área de pesquisa e inovação, que precisará de mais aportes.

Urano em Touro na Casa XI acelera os processos de circulação virtual de valores, os bancos digitais e as novas formas de pagamento, mais rápidas e práticas. Em quadratura com Saturno, porém, pode indicar a necessidade da certificação responsável dessas operações e seu lastro na realidade, a fim de não prejudicar a economia popular.

Netuno em Peixes, que se opõe ao Sol na Casa III, pede redobrada atenção para o uso mal-intencionado da mídia na propagação de desinformação. Júpiter em Áries sugere que é necessária uma atuação mais firme do Judiciário para coibir as *fake news* e seus prejuízos. Esse ponto também sinaliza que precisamos voltar a sonhar com um futuro de retomadas, e com oportunidades mais justas e solidárias, pois a vida pode ter se tornado concreta demais em suas perdas e teremos que relembrar como é bom "esperançar".

Júpiter, o grande benéfico, está em Áries no ponto mais destacado do mapa e prenuncia grande atividade dos setores Judiciário e Legislativo ao longo deste ciclo, sobretudo em temas que envolvam a infância, a educação e a intolerância religiosa. Como está na Casa X e em bom aspecto com Marte, pode indicar um período de inovações na condução do país; sua proximidade a Quíron sugere um período de reparações importantes e retomada econômica. A atuação conjunta de Júpiter e Saturno está favorecida, pois os elementos Fogo e Ar criam sinergia e sensibilizam a mente coletiva à necessidade de atualização das referências culturais, sociais e políticas, para acompanharem as demandas atuais por maior liberdade na expressão da individualidade (Áries), e por mais diversidade, inclusão e respeito às diferenças (Aquário).

Principais Trânsitos para o Mapa do Brasil em 2023

O ano se inicia na Lua Crescente e nos conecta a uma atitude mais confiante, ousada e entusiasmada com o que é possível construir. Essa Lua tem uma visão de futuro, acreditando que os objetivos estão ao nosso alcance e que precisamos nos engajar para alcançá-los.

Em janeiro, a primeira lunação acontece em Aquário em conjunção a Plutão, trazendo a sensação de que uma grande reformulação está para acontecer. É bom concluir processos que precisem de um ponto-final, a fim de abrir espaços para novas construções. O país estará em destaque e pode reencontrar sua vocação para reocupar o cenário internacional.

Em 21 de março, o ano novo astrológico chega em uma Lua Nova conjunta a Mercúrio, ativando Plutão natal na Casa II – posicionamento que sugere uma grande disposição para recomeços orientados pelo otimismo e pela proatividade. Mercúrio e Plutão indicam planos para uma retomada econômica com novas regras nesse setor. Neste período, também estarão sensíveis as questões dos povos originários, favorecendo os processos de reparação histórica.

Em 20 de abril, o eclipse solar total ativa Júpiter em Áries e atinge as áreas da educação, universidades e o sistema judiciário. Em 5 de maio, a Lua Cheia em Escorpião será um eclipse no eixo das Casas IV e X, envolvendo Urano e favorecendo a liberação de compromissos que sejam onerosos demais e estejam atrasando os planos ou desviando o curso do país. Em maio, a passagem de Marte pela Casa VI pode trazer certas preocupações para a saúde pública ou à saúde do representante do país.

Em agosto, a lunação de Leão se abre sobre Vênus retrógrada, enquanto Marte e Mercúrio estarão passando pela Casa VIII, indicando um momento delicado para as finanças, com revisão das políticas econômicas. Haverá mais atenção aos temas que envolvam a violência contra a mulher em suas múltiplas formas, sendo solicitado mais eficiência nos programas de prevenção e conscientização.

A lunação seguinte abre em Virgem na Casa VIII com Mercúrio retrógrado e pede cautela em investimentos e movimentações financeiras. Saturno estará retrógrado no polo oposto, em Peixes, e este pode ser um período de flutuações nos setores de infraestrutura, indústria e mineração. A partir de novembro, Saturno retoma o movimento direto e trará mais estabilidade para as áreas produtiva e financeira.

Em 28 de outubro teremos um novo eclipse no eixo das Casas IV e X, cuja área de sombra cobrirá todo o país; porém os alinhamentos melhoram significativamente deste ponto em diante, com Marte em trânsito sobre Marte natal (força) e Júpiter sobre Saturno natal (favorecimentos), além de Vênus em movimento direto passando pela Casa VIII e sinalizando recuperação financeira e retomadas de planos no longo prazo.

A sensação de retomada deve se ampliar em novembro, na lunação de Escorpião, que se abre em conjunção a Marte domiciliado, mais forte, estratégico e determinado a recuperar seu lugar no mundo. Saturno ingressa em Peixes e traz sensibilidade para corrigir as tragédias sociais com políticas de amparo às populações em situação de vulnerabilidade. A Lua Cheia deste período ativará Lilith ao mesmo tempo que Mercúrio ingressa na Casa XI, favorecendo políticas públicas de proteção à mulher, especialmente as que abarquem a saúde reprodutiva e a prevenção da violência doméstica. Este também é um bom período para discutir questões relativas ao cuidado da infância e novidades no setor escolar.

Em dezembro, a última lunação do ano acontece em Sagitário e novamente em conjunção a Marte, indicando crescimento e proatividade para abrir passagem a novos cenários. A Lua Cheia se harmoniza a Júpiter em Touro e a Saturno em Peixes, em uma bela sinergia celeste que fortalece o senso de unidade nacional, a busca por estabilidade econômica e a abertura de novos caminhos de crescimento. No último dia do ano, Júpiter sai da retrogradação e impulsiona a recolocação do país no cenário internacional.

   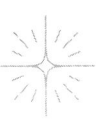 

PREVISÕES ASTROLÓGICAS POR SIGNO EM 2023

Nesta seção, você encontrará as características de cada um dos doze signos do Zodíaco, descritas por André Mantovanni, e as previsões astrológicas para cada um deles, por Tereza Kawall. Até a edição de 2015, optamos por usar o cálculo das lunações, que é feito no dia da Lua Nova, quando o Sol e a Lua se encontram no mesmo grau de um mesmo signo. A lunação permite uma visão mais geral do mês, que é justamente um ciclo mensal inteiro da relação entre o Sol e a Lua. A partir de 2016, optamos por fazer as previsões mensais divididas em ciclos de dez em dez dias, o que também permite uma orientação mais detalhada.

Em trinta dias há toda uma movimentação planetária, em especial dos planetas mais rápidos, que será levada em conta para facilitar a compreensão do leitor. Em resumo, as duas técnicas de interpretação, trânsitos e lunações, estão sendo analisadas em paralelo, mas a forma de apresentação ficará diferente. Vale salientar que essas previsões são de caráter genérico e que informações de âmbito individual exigem a elaboração de um horóscopo personalizado.

Esse fato faz com que as interpretações aqui expostas e as do *Guia Astral* por vezes pareçam contraditórias entre si; no entanto, elas são complementares.

ÁRIES
21 de março – 20 de abril

EU QUERO **PLANETA REGENTE:** Marte
ELEMENTO: Fogo **QUALIDADE:** Cardinal
PEDRAS DE PROTEÇÃO: Cornalina e ágata de fogo

✷ **PERSONALIDADE:** O signo de Áries tem a marca do guerreiro: os arianos são cheios de coragem, iniciativa, pioneirismo e intensidade. Sua natureza é expansiva, fazendo seus nativos darem grande valor aos ideais de liberdade e autossuficiência Típicos idealistas, gostam de sonhar alto e acreditam ser capazes de grandes realizações. O desafio aos nativos de Áries é aprender a lidar com a própria impulsividade, pois sua essência dinâmica nem sempre os conduz até a conclusão dos planos idealizados. Os arianos têm um grande espírito de liderança, e sua criatividade os torna excelentes motivadores dentro de seus grupos sociais.

❋ **TRABALHO:** Os arianos valorizam posições de liderança e autonomia, algo que pode se expressar tanto pela necessidade de trabalhar individualmente, quanto em posições de liderança e orientação. Arianos são bastante motivados por desafios profissionais, pois veem nessa área da vida uma oportunidade de provar o próprio valor. Signo naturalmente ambicioso, seus nativos precisam estar atentos aos próprios limites para não acabar sobrecarregados de tarefas, compromissos e funções.

❋ **AMOR:** Conquistadores e sedutores por natureza, os arianos costumam ter iniciativa no que diz respeito à vida afetiva, sentindo-se bastante atraídos pelo jogo de sedução. Seus sentimentos são sempre muito intensos, e colocam-se por inteiro em suas relações. Nesse campo da vida, é preciso tomar cuidado com o ciúme ou a possessividade, pois, os os arianos gostam de marcar território. Eternos apaixonados, não costumam se sentir confortáveis com relacionamentos sem dinamismo, que caem na rotina e não lhes oferecem novas possibilidades de aventura. A independência também é importante quando o assunto é o amor, e os arianos prezarão, ainda que em um relacionamento, manter parte de seu espaço pessoal de maneira privada.

❋ **SAÚDE:** Áries é um signo marcado por muita vitalidade e intenso vigor físico, que trazem aos nativos desse signo força e resistência. A área do corpo que precisa de atenção especial é a cabeça. Arianos também devem tomar cuidado para não negligenciar o autocuidado e a própria saúde enquanto cumprem suas tarefas diárias, pois, como são naturalmente dinâmicos, não costumam fazer pausas para repor as energias. É importante aprender a reconhecer os próprios limites e a necessidade de descanso.

Previsões para 2023

De 1º a 10 de janeiro: O ano tem início com a conjunção de Mercúrio e Sol, ambos fazendo um ótimo aspecto com Urano, em signos que pertencem ao elemento Terra. Favorável para você se inspirar e visualizar seus planos para o futuro profissional; dê asas à sua imaginação.

De 11 a 20 de janeiro: Na vida a dois, a comunicação e a cumplicidade estão mais fortes do que nunca. Bom momento para planejar uma viagem com a pessoa amada. Sol em sextil com Netuno é muito propício para o contato com o elemento Água, seja ele em rios, cachoeiras ou mar; aproveite!

De 21 a 31 de janeiro: Nestes dias você terá mais ousadia e empreendedorismo para alavancar suas metas profissionais. Ao expor suas ideias de forma clara e assertiva, poderá conquistar uma posição de mais destaque na carreira, vá em frente.

De 1º a 10 de fevereiro: O período sinaliza possíveis imprevistos e divergências de opiniões que paralisam suas atividades cotidianas. O mais recomendável é ter jogo de cintura e buscar se adaptar ao que chega, pois é tudo circunstancial.

De 11 a 20 de fevereiro: Agora já é possível enxergar as coisas com mais distanciamento e menos preocupação. Você estará mais confiante e seguro em função das experiências vivenciadas no passado. Siga em frente com dignidade, fazendo sempre a diferença.

De 21 a 28 de fevereiro: As perspectivas na vida a dois seguem promissoras. É provável que encontre alguém que lhe seja realmente importante. Mercúrio em Aquário e Marte em Gêmeos em ângulo positivo estão estimulando trocas intelectuais com pessoas queridas.

De 1º a 10 de março: O mês começa com a conjunção de Júpiter e Vênus em Áries. Momento de expandir seus ideais, tomando iniciativas com mais coragem e objetividade. Aceite convites para sair e se divertir, e, se for o caso, para conquistar alguém interessante!

De 11 a 20 de março: Sol e Netuno estão juntos no signo de Peixes, e isso significa que seus interesses relativos ao âmbito místico e espiritual terão mais relevância nesse período. Plutão na Casa X trará mais capacidade de afirmação em suas habilidades no trabalho.

De 21 a 31 de março: O Sol entrou em Áries, seu signo solar, no dia 20, e isso traz mais energia vital, disposição para ações firmes e corajosas, a fim de coordenar situações que exijam liderança e presença de espírito. Ótimo para viajar e ampliar seu horizonte intelectual ou cultural.

De 1º a 10 de abril: O planeta Mercúrio estará muito ativado nos próximos dias; talvez haja algum desentendimento causado por palavras precipitadas. No entanto, com diplomacia e discernimento, você poderá esclarecer o mal-entendido; não se preocupe demais com as coisas.

De 11 a 20 de abril: Júpiter e Sol estão em conjunção em Áries, e essa configuração representa mais otimismo e entusiasmo para seguir com seus projetos. Excelente ciclo para cuidar da sua saúde e bem-estar, fazer exercícios, fortalecer a musculatura e o tônus vital.

De 21 a 30 de abril: Mercúrio está entrando em movimento retrógrado, e assim pede cuidados maiores com as palavras e a assinatura de documentos. No entanto, ele faz bons aspectos com Marte, que está em sextil com Urano; isso torna o momento dinâmico e promissor para decisões nas esferas financeira e familiar.

De 1º a 10 de maio: Sol, Urano e Mercúrio encontram-se em ângulo harmonioso; esse ciclo é benéfico para fazer reformas ou mudanças em sua casa que vão atender seus desejos por beleza e harmonia. Neste momento, seu espírito anseia por novidades e desafios diferentes.

De 11 a 20 de maio: Saturno recebe bons aspectos de Vênus e Mercúrio nestes dias, favorecendo especialmente suas relações de longa data, com direito a boas lembranças. Mercúrio agora volta ao movimento direto, estimulando o bom planejamento de sua vida financeira.

De 21 a 31 de maio: Nos próximos dias você poderá estar mais intolerante e impaciente, e isso vai acarretar discussões e desarmonia na vida sentimental. Faça uma avaliação honesta se essa relação está realmente valendo a pena.

De 1º a 10 de junho: Nestes dias haverá uma oposição entre Plutão em Aquário e Vênus em Leão. Ela poderá trazer conflitos de interesses entre a vida familiar e profissional. Será importante não tomar decisões de caráter definitivo, pois as devidas soluções estão a caminho.

De 11 a 20 junho: Atividades no âmbito cultural serão muito bem-vindas neste ciclo. Aproveite para estudar assuntos interessantes, agregando valor ao seu desempenho no trabalho. Excelente para viagens rápidas a lugares desconhecidos.

De 21 a 30 de junho: Fase auspiciosa para tratar de assuntos patrimoniais, como inventários familiares. Suas opiniões serão acatadas e suas decisões, relevantes. Aconselhar-se com pessoas mais experientes nesse contexto poderá ser muito pertinente e oportuno.

De 1º a 10 de julho: Os temas relativos à vida familiar continuam sendo relevantes. Bom momento para receber ou hospedar parentes e amigos em sua casa, e ter mais contato com crianças. Boas oportunidades em negócios rápidos e lucrativos.

De 11 a 20 de julho: Nestes dias será interessante ter mais cautela com palavras impensadas ou ríspidas demais; suas opiniões radicais podem prejudicar o convívio social. Sol e Netuno estão favorecendo os cuidados com a saúde; invista em uma alimentação saudável, com mais líquidos e frutas.

De 21 a 31 de julho: Não se deixe levar por opiniões que surgem de forma autoritária ou intransigente. Procure dialogar e focar só naquilo que é realmente importante. Marte e Júpiter em bom aspecto favorecem bons aconselhamentos na área jurídica.

De 1º a 10 de agosto: Divergências de opiniões são importantes, uma vez que exercitam a flexibilidade intelectual e cognitiva. Assim você poderá mudar sua visão de mundo, uma vez que tudo tem um caráter mutável ou transitório. Seja paciente com o ritmo mais lento das pessoas.

De 11 a 20 de agosto: Vênus e o Sol se encontram no signo de Leão, iluminando sua casa de romance, lazer e filhos. Momento de mais confiança e autoestima; você sentirá a necessidade de estar perto de coisas belas. Aproveite para sair, namorar ou viajar.

De 21 a 31 de agosto: Preocupação excessiva e ansiedade podem rebaixar seu sistema imunológico neste período. Fique atento a isso. Procure relaxar, meditar ou mesmo pedir ajuda profissional, se for o caso, para poder se sentir melhor e mais saudável.

De 1º a 10 de setembro: O céu planetário nos mostra que Sol e Mercúrio estão em bom aspecto com Júpiter nos signos de Virgem e Touro, respectivamente. Posicionados em casas de trabalho, trazem um período promissor para organização e planejamento, e isso vale também para sua vida financeira.

De 11 a 20 de setembro: A motivação para criar novas estruturas na vida profissional está bem acentuada; invista em recursos tecnológicos para obter mais eficiência e rapidez no que executa. Na vida amorosa será interessante evitar atitudes intransigentes; busque a conciliação de interesses.

De 21 a 30 de setembro: Este período está pautado por boas notícias ou novidades, estimulando um desempenho mais original e criativo em seu trabalho ou nos estudos. Isso pode inspirar seus colegas. As nuvens cinzentas da vida a dois já estão passando.

De 1º a 10 de outubro: Indefinições ou falta de objetividade no que se propõe a fazer podem gerar insegurança à sua volta. Recue e reflita, para poder ver melhor o que está havendo e depois tomar uma decisão com mais discernimento.

De 11 a 20 de outubro: Mercúrio e o Sol estão em Libra em sua Casa VII. Essa configuração pode indicar bons movimentos na vida social, parcerias produtivas e novos contatos. Aproveite para expor suas ideias, dar aulas, palestras ou escrever, compartilhando aquilo que já sabe.

De 21 a 31 de outubro: Este ciclo tem grande movimentação planetária, acelerando o ritmo dos acontecimentos. Mercúrio e Vênus estão facilitando diálogos, interação e comunicação em geral, sua capacidade intelectual e interesses culturais. Saia mais de casa para ver pessoas queridas.

De 1º a 10 de novembro: Neste ciclo, todo o cuidado é pouco com gastos imprevistos ou exagerados, pois a conta sempre chega. Período favorável especialmente a tudo o que fizer tendo em vista seu amadurecimento emocional e autoconhecimento.

De 11 a 20 de novembro: O planeta Netuno está recebendo aspectos auspiciosos de Marte e Sol, que estão em Escorpião. Certamente essa será uma fase de mais intimidade consigo mesmo, sensibilidade psíquica e introspecção, que muito favorecerão seu processo evolutivo.

De 21 a 30 de novembro: É importante não ter pressa de ver os resultados daquilo que semeou anteriormente; na hora certa eles chegarão. Você será capaz de perceber talentos ou habilidades ainda desconhecidas, o que será uma surpresa prazerosa.

De 1º a 10 de dezembro: Vênus está no final do signo de Libra em quadratura com Plutão, o que pode trazer momentos de instabilidade à vida afetiva. Procure ter mais controle emocional, evitando críticas em excesso. Tudo se resolverá com mais tolerância e diplomacia.

De 11 a 20 de dezembro: Mercúrio está voltando ao movimento retrógrado, e isso pode exigir mais cuidados com seus planos de final de ano. Evite deixar o planejamento e tudo para a última hora. Seria igualmente oportuno ficar em dia com consultas e exames médicos anuais.

De 21 a 31 de dezembro: Sol em trígono com Júpiter indica um período benéfico para que tenha o reconhecimento profissional esperado e obtenha um relacionamento melhor com seus superiores. Deixe de lado os excessos alimentares, uma vez que seu organismo poderá estar mais vulnerável ou debilitado.

TOURO
21 de abril – 20 de maio

EU TENHO
ELEMENTO: Terra
PEDRAS DE PROTEÇÃO: Turmalina verde e aventurina
PLANETA REGENTE: Vênus
QUALIDADE: Fixo

- **PERSONALIDADE:** Filhos de Vênus, os taurinos são marcados por um ar doce, que busca ser sempre agradável com as pessoas por quem se afeiçoa. O humor dos nativos deste signo de Terra costuma ser mais constante, e dentre seus valores fundamentais estão a estabilidade, o bem-estar, o conforto e a segurança. A conquista por bases sólidas é importante em todas as áreas de sua vida, e os taurinos são conhecidos por sua imensa persistência – o que às vezes precisa de cuidado e atenção para não se converter em pura teimosia. Valorizam as relações humanas e são amigos leais e fiéis A satisfação dos próprios desejos é um grande motivador para os taurinos, que são grandes defensores dos próprios valores e interesses. O conservadorismo e a dificuldade em relação a mudanças podem ser um traço de personalidade que merece atenção e cuidado por parte desses nativos.

- **TRABALHO:** Como um signo que preza a organização e se sente confortável com rotinas, Touro prefere trabalhos que ofereçam estabilidade e segurança. Ao desempenharem suas funções, precisam fluir no próprio ritmo, e, se forem capazes de expressar seus talentos, têm tendência a construir uma carreira segura e duradoura. No trabalho, a produtividade é um valor essencial para os taurinos: sua motivação vem da percepção de que produz resultados bons, efetivos e concretos.

❈ **AMOR:** Quando o assunto é romance, os taurinos preferem relacionamentos longos e duradouros em vez de viver múltiplas aventuras. Evitam envolvimentos que sejam voláteis ou instáveis, e, como um signo que busca por estabilidade e segurança, precisa sentir firmeza e confiança no parceiro. A fidelidade é um valor importante para os nativos deste signo. Muitos deles têm uma personalidade naturalmente envolvente e sedutora, prezando relacionamentos cheios de sensualidade e prazer. O cuidado necessário na vida afetiva está na possessividade e no ciúme.

❈ **SAÚDE:** Taurinos são conhecidos por terem uma saúde de ferro, possuindo grande resistência e vitalidade. Costumam se preocupar com a saúde, sendo bem conscientes da necessidade de se estabelecer limites e descansar. Os cuidados devem se concentrar na região da garganta, e, como um signo bastante sensorial, é preciso tomar cuidado com excessos de todo tipo. Tem tendência a rápidas regeneração e recuperação.

Previsões para 2023

De 1º a 10 de janeiro: Os planetas Vênus e Plutão ocupam os últimos graus do signo de Capricórnio. Esse encontro pode deixá-lo mais vulnerável a altos e baixos na vida amorosa. Insatisfação e ressentimentos do passado podem surgir para que possam ser esclarecidos; não tenha receio de enfrentá-los.

De 11 a 20 de janeiro: O período agora é mais inspirador e pacífico, tendo em vista seu desempenho para amadurecer emocionalmente. Se houver alguma recaída, saiba que é passageiro. Excelente momento para rever amigos, viajar e espairecer mente e corpo em lugares que tenham mais a presença da natureza.

De 21 a 31 de janeiro: O Sol em Aquário está em sua casa da profissão, e isso representa mais vitalidade, empreendedorismo e autoconfiança em tudo o que faz. Momento bom para valorizar seus conhecimentos, pedir aumento e ascender na carreira. Invista em conhecimentos de tecnologia.

De 1º a 10 de fevereiro: O início do mês está pautado por situações inusitadas ou contratempos que vão demandar mais flexibilidade de sua parte. É provável que não encontre muita receptividade em suas ideias ou pontos de vista entre os amigos; evite discussões inúteis.

De 11 a 20 de fevereiro: Passada a maré do ciclo de adversidades, você tem agora a chance de se sentir mais valorizado em suas opiniões ou valores éticos. Mercúrio e Júpiter favorecem uma comunicação mais clara e assertiva. Os desentendimentos anteriores serão esclarecidos.

De 21 a 28 de fevereiro: Marte está em Gêmeos e Mercúrio em Aquário, que são signos de ar. Em bom aspecto, devem trazer um *upgrade* ao ambiente de trabalho, devido a sua presença de espírito e rapidez para tomar decisões. Vênus faz sextil com Plutão; ótimo para planejar uma viagem de longa distância.

De 1º a 10 de março: Sol e Urano em sextil ratificam esse momento benéfico para inovar ou reformular projetos de trabalho. As novidades chegam quando se está aberto para elas. Vênus e Júpiter estão estimulando a vida social, eventos artísticos e a companhia de pessoas queridas.

De 11 a 20 de março: Um *stellium* na Casa XI envolvendo o planeta Netuno sinaliza um ciclo auspicioso para estudar e vivenciar assuntos místicos, metafísicos ou espirituais. Isso pode ampliar sua visão e compreensão do mundo, e estimular bastante seu autoconhecimento.

De 21 a 31 de março: Marte em trígono com Saturno se manifestam com uma tendência de mais confiança, assertividade e comprometimento com tudo o que realizar. Você ficará satisfeito ao perceber que poderá utilizar a bagagem de experiências do passado para atuar mais efetivamente no presente.

De 1º a 10 de abril: Mercúrio em Touro faz sextil com Saturno e Marte neste período. Essa posição astral é excelente para estudos, pesquisas e todas as formas de comunicação, sejam orais ou escritas. Compartilhar suas ideias com amigos ou em redes sociais será bastante estimulante.

De 11 a 20 de abril: Sol e Júpiter fazem conjunção no signo de Áries, que representa coragem, iniciativas e capacidade de liderança. Talvez agora você não encontre espaço para expressar essas habilidades, mas elas estão sendo gestadas e amadurecidas para um novo ciclo que vai chegar.

De 21 a 30 de abril: Um *stellium* se formará no signo de Touro, reforçando as características de energia para o trabalho, resiliência e obstinação para seguir em frente. Marte ativado na Casa III torna este ciclo excelente para passeios e viagens a lugares novos.

De 1º a 10 de maio: O Sol se encontra com Mercúrio e depois com Urano no signo de Touro. Agora você pode exteriorizar facilmente sua natureza vital e alegre, atraindo coisas boas e direcionando seus projetos da forma que achar melhor. Bom para o convívio familiar.

De 11 a 20 de maio: Júpiter vai entrando em seu signo solar, trazendo reconhecimento, alegria de viver, otimismo e o prazer de estar com pessoas importantes de sua vida. Netuno recebe bons aspectos de Sol e Marte, ratificando e enfatizando este ciclo de bem-estar físico, psíquico e emocional.

De 21 a 31 de maio: Plutão está no início do signo de Aquário, recebendo bons aspectos do Sol em Gêmeos, que por sua vez faz um sextil com Marte. Este é um momento significativo, em que você possui mais consciência de seu valor pessoal e de que seus talentos vão se tornando conhecidos.

De 1º a 10 de junho: Plutão e Vênus encontram-se em oposição, e isso pode provocar situações conflitantes entre sua vida familiar e a profissional. Procure ter discernimento para separar as coisas e não sobrecarregar demais as pessoas que lhe são caras.

De 11 a 20 de junho: Assuntos relativos a jurisprudência não são favoráveis neste momento; se for o caso, opte por acordos que agilizem o processo. Sua oratória e capacidade diplomática têm o poder de modificar a opiniões dos outros.

De 21 a 30 de junho: Saturno e o Sol em ângulo favorável sinalizam um momento de maturidade, em que você poderá assumir uma nova responsabilidade em sua vida. O aconselhamento de pessoas mais experientes será fundamental para essa decisão.

De 1º a 10 de julho: Mercúrio e Sol movimentam sua Casa III e tornam estes dias favoráveis para passeios, viagens ou turismo em geral. Benéfico também para negócios; use sua presença de espírito para obter bons resultados financeiros.

De 11 a 20 de julho: Este ciclo pode ser marcado por notícias que o aborrecem e que demandam menos teimosia e mais flexibilidade em seus juízos de valor, que são muito rígidos. Por outro lado, o bom aspecto com Netuno indica que a tolerância será possível, assim como a dissolução das tensões.

De 21 a 31 de julho: Plutão e Sol sinalizam momentos de conflito em relações de ordem pessoal e mesmo profissionais. Evite decisões precipitadas sem antes entender melhor os fatores que desencadearam essa situação; espere o tempo passar.

De 1º a 10 de agosto: As deficiências na sua comunicação ainda mostram alguns vestígios de mágoas ou retraimento na vida social. Mas não desanime, pois Marte em bom aspecto com Júpiter vai trazer uma energia de otimismo e sabedoria para superar tudo isso.

De 11 a 20 de agosto: Ângulos difíceis entre Sol e Urano ainda mostram certa ansiedade e inquietação em relação à vida amorosa. Fique atento, pois a falta de confiança em si mesmo poderá comprometer outros aspectos de sua vida; afaste os pensamentos negativos.

De 21 a 31 de agosto: Vênus em quadratura com Júpiter ainda se manifesta em uma postura dramática e exagerada na vida a dois. Procure focar sua energia em outros assuntos, permitindo que o tempo esclareça o que estiver pendente.

De 1º a 10 de setembro: O céu agora está mais satisfatório, uma vez que Sol e Mercúrio dialogam com Júpiter de maneira benéfica. Você terá o reconhecimento de suas opiniões e valores, e se sentirá mais valorizado por suas qualidades. Bom período para assuntos jurídicos.

De 11 a 20 de setembro: Alguma pendência emocional poderá ser superada nestes dias. Mercúrio retoma seu movimento direto, e o Sol está em harmonia com Urano. Você experimenta uma energia de renovação, podendo retomar assuntos que estavam parados.

De 21 a 30 de setembro: Essa é certamente uma fase mais feliz e prazerosa na vida amorosa. O entendimento e a cumplicidade estão de volta. Aproveite para mudar a paisagem do dia a dia, visitar lugares desconhecidos, investir na vida cultural e artística.

De 1º a 10 de outubro: Duas coisas precisam ser evitadas: a procrastinação com a sua saúde e a automedicação. Faça as consultas ou exames que estiver precisando, pois poderá se aborrecer mais tarde. Siga a orientação de pessoas mais velhas e experientes se for necessário.

De 11 a 20 de outubro: O Sol está em sua casa de trabalho, manifestando um período de mais criatividade e presença de espírito para acatar novos desafios. Momento benéfico para fazer novos contatos e investir mais tempo nas redes sociais, divulgando suas habilidades.

De 21 a 31 de outubro: Os bons aspectos entre Saturno, Sol e Mercúrio tornam essa fase propícia para sua vida social; se possível, marque encontros com amigos de longa data. Isso será corroborado por Vênus em Virgem fazendo trígono com Júpiter em Touro, que animam os prazeres da vida a dois.

De 1º a 10 de novembro: Neste período pode haver conflitos de interesse em suas parcerias. Suas motivações e opiniões não encontrarão a ressonância que você gostaria ou então serão mal compreendidas. Tente rever sua postura e se adaptar às demandas que surgirem.

De 11 a 20 de novembro: Você terá êxito e reconhecimento na vida social, agindo de maneira mais assertiva e otimista. Sua visão mais abrangente das coisas, aliada à capacidade de síntese, serão essenciais para atingir seus novos objetivos; siga em frente.

De 21 a 30 de novembro: Saturno está recebendo aspectos tensos de Sol e Marte. Você deverá agir com mais cautela, estudando cada passo a ser dado com atenção – e sem pressa, pois podem ocorrer atrasos. De qualquer maneira, lembre-se de que a perseverança é a marca dos fortes.

De 1º a 10 de dezembro: Os ângulos planetários feitos com Vênus vão predominar neste ciclo. De um lado há certa tendência ao dogmatismo e à intransigência em seus julgamentos. Mas, por outro, o bom senso já adquirido em experiências anteriores irá prevalecer.

De 11 a 20 de dezembro: Neste momento, Mercúrio entra em movimento retrógrado, demandando cautela e concentração quanto a negociações, compras, contatos e assinatura de documentos. Certamente uma boa dose de humor também ajudará a superar eventuais impasses.

De 21 a 31 de dezembro: Os cuidados com a saúde devem ser mantidos; o ideal seria fazer uma dieta de desintoxicação nestes dias. Momento bom para celebrar o ano que já está terminando e reencontrar amigos do passado. Os esforços feitos trouxeram bons frutos!

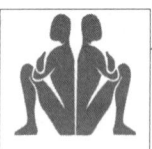

GÊMEOS   21 de maio – 20 de junho

EU QUESTIONO   PLANETA REGENTE: Mercúrio
ELEMENTO: Ar   QUALIDADE: Mutável
PEDRAS DE PROTEÇÃO: Ágata e sodalita

❋ **PERSONALIDADE:** Os nativos deste signo de Ar possuem um temperamento altamente volátil. A leveza é um traço importante em sua personalidade, e os geminianos têm uma mente dinâmica e constantemente agitada, que pode se manifestar tanto de maneira mais privada e intelectual, por meio de sua curiosidade insaciável, como também por meio da comunicação, fazendo desses nativos pessoas sociáveis e expansivas. Valorizam a busca por informação e conhecimento, e são naturalmente criativos, o que pede cuidado com a dispersão e a mudança constante de foco. Preferem ambientes dinâmicos, que os desafiem e lhes permitam expressar suas habilidades com naturalidade. Por vezes, os geminianos podem se tornar excessivamente racionais, trazendo um ar de distância afetiva ou superficialidade: seus nativos devem aprender a criar raízes.

- **TRABALHO:** Geminianos têm tendência a trocar de carreira ao longo da vida, envolvendo-se com diversas áreas, pois são motivados pelo senso de novidade. Valorizam ambientes dinâmicos e que ofereçam desafios à sua criatividade, evitando tarefas e ocupações que sejam repetitivas e totalmente previsíveis. São adaptativos e flexíveis a mudanças no trabalho, mas não se dão bem em ambientes de cobrança excessiva. Precisam tomar cuidado com a dispersão, a inconstância ou a perda repentina de interesse.

- **AMOR:** A necessidade de leveza é a principal característica do geminiano na vida amorosa. Os nativos deste signo gostam de ser, antes de tudo, bons amigos de seus companheiros, e perderão o interesse assim que a relação se tornar monótona. Valorizam as trocas de ideias e a comunicação no romance, e têm facilidade tanto para inícios quanto para finais. Prezam a sinceridade e a confiança, sendo atraídos e conquistados também pela afinidade mental e originalidade das pessoas.

- **SAÚDE:** Sua saúde apresenta variações e oscilação que precisam de atenção, mas sua resiliência e capacidade de lidar com o estresse são pontos positivos. Devem tomar cuidado com a região do pulmão, os braços e as mãos, e podem desenvolver problemas respiratórios e relacionados ao sistema nervoso.

Previsões para 2023

De 1º a 10 de janeiro: Plutão e Vênus em conjunção neste ciclo indicam que poderá haver passionalidade nos encontros amorosos, e você terá a oportunidade de vivenciar experiências fortes e transformadoras. No entanto, evite ações controladoras que prejudiquem sua relação.

De 11 a 20 de janeiro: Na esfera profissional, você será favorecido por sensibilidade e criatividade; sua visão mais abrangente faz toda a diferença em seu desempenho. O clima de cumplicidade na vida amorosa se faz presente; aproveite para fazer uma viagem rápida a algum lugar desconhecido.

De 21 a 31 de janeiro: Saturno e Vênus se encontram agora em Aquário, e esse fato pode indicar mais solidez e segurança na maneira de encarar a vida a dois. Você atravessa um momento de mais vitalidade e assertividade, podendo direcionar seus projetos da forma que achar mais conveniente.

De 1º a 10 de fevereiro: Nesta fase você poderá ser surpreendido por imprevistos que desafiam a sua compreensão das coisas. De qualquer modo, é importante evitar opiniões ou palavras muito duras, controlando mais seu pessimismo ou mau humor.

De 11 a 20 de fevereiro: Você agora poderá assumir responsabilidades e levá-las até o fim. Resiliência e otimismo são a pedida para realizar aquilo que planejou no longo prazo. Você está mais sensível; tente analisar seus sonhos e ver o que eles estão lhe dizendo.

De 21 a 28 de fevereiro: Suas atitudes seguras e mais diplomáticas abrem caminhos para conseguir bons resultados no trabalho ou nos estudos. Bom ciclo para investimentos financeiros mais arriscados. Mercúrio e Marte estimulam estudos e a interação intelectual produtiva.

De 1º a 10 de março: Este ciclo tem uma conjunção de Júpiter e Vênus em Áries, em sua casa dos amigos e projetos para o futuro. Excelente para iniciar e expandir planos voltados para a coletividade. Entusiasmo, coragem e garra são a tônica destes dias; siga a sua intuição.

De 11 a 20 de março: Nesta fase, talvez você precise desacelerar o ritmo do período anterior. Fique atento para não dispersar energia vital nem colocar o foco naquilo que é possível nesse momento, sem grandes ilusões. Uma vez mais centrado, saberá encaminhar os seus sonhos e ideais.

De 21 a 31 de março: Mercúrio agora vai se unir a Júpiter, que está no signo de fogo de Áries. Esse aspecto está indicando planos promissores na área de comunicação e divulgação daquilo que pretende fazer. O trígono entre Marte e Saturno também corrobora com seu êxito.

De 1º a 10 de abril: Mercúrio agora está em Touro em sextil com Marte e Saturno, que estão em signos de Água. Você pode aliar sensibilidade com pragmatismo e capacidade de materializar seus projetos. A Lua Cheia é favorável para expor seus feitos.

De 11 a 20 de abril: Os ventos continuam favoráveis para o seu trabalho; você pode liderar seus colegas ou colaboradores, estimulando-os de maneira contagiante. Na vida sentimental, será preciso evitar o criticismo exagerado e valorizar mais a pessoa que lhe quer bem.

De 21 a 30 de abril: Estes dias devem ser intensos e repletos de desafios: nem tudo vai ocorrer conforme o planejado; se for necessário, recue ou adie alguns planos. O aconselhamento de pessoas mais velhas será bastante significativo para este ciclo.

De 1º a 10 de maio: Sol e Urano juntos em Touro apontam para motivações inusitadas, mais desejo de liberdade e renovação da vida. Excelente momento para pôr em prática seus conhecimentos na área tecnológica, que devem dinamizar seus contatos e formas de trabalho.

De 11 a 20 de maio: Saturno ocupa a Casa X e recebe bons aspectos de Mercúrio e Vênus neste ciclo. Sem dúvida você pode e deve ter motivos para querer subir na carreira e melhorar seu desempenho. Divulgue mais seus interesses nas redes sociais.

De 21 a 31 de maio: O Sol em Gêmeos faz trígono com Plutão em Aquário, e essa configuração representa um período de mais poder pessoal, em que se descobrem novos talentos com os quais você poderá reformular coisas importantes na vida. Ótimo para se aprofundar em temas místicos ou espirituais.

De 1º a 10 de junho: Continue com seus planos de estudo para ampliar o repertório intelectual. Urano está em conjunção com Mercúrio, o regente de seu signo solar. Sua mente está plena de ideias criativas, e sua jovialidade e curiosidade por tudo serão contagiantes para todos.

De 11 a 20 de junho: Mercúrio ainda recebe muitos aspectos nesta fase, dando continuidade a esse período rico em conhecimentos, descobertas, estudos e interação social. Sendo o regente da Casa IV, favorece também o contato e o convívio com os familiares mais próximos.

De 21 a 30 de junho: Este momento se apresenta com orientações contraditórias; fique mais atento. De um lado, você estará mais sensível e fantasioso, sujeito a decepções. No entanto, o bom ângulo entre Saturno e Sol o obrigará a colocar os pés no chão e focar na realidade do aqui e agora.

De 1º a 10 de julho: Sol e Mercúrio recebem bons aspectos de Júpiter em Touro, o que torna este momento benéfico para sua vida financeira. Caso surjam oportunidades de ganhos inesperados, saiba aproveitá-los. Na vida amorosa, pode haver algum conflito passageiro.

De 11 a 20 de julho: É preciso ter cuidado com palavras duras; evite a ironia ou insinuações que possam desencadear problemas. Você tem agora uma visão mais clara e abrangente de seus ideais de trabalho; aproveite para prospectá-los no médio e longo prazos.

De 21 a 31 de julho: É possível que surjam assuntos delicados ou ainda não resolvidos no âmbito familiar. Será interessante manter uma atitude positiva para tentar solucioná-los da melhor maneira possível. Não procrastine decisões importantes no trabalho.

De 1º a 10 de agosto: Este ciclo se inicia em um ritmo pouco acelerado para sua natureza inquieta, e isso tem sua razão de ser. Aperfeiçoe e finalize com atenção seus projetos antes de apresentá-los aos colegas ou superiores; faça a diferença.

De 11 a 20 de agosto: Sol e Vênus estão em quadratura com Netuno, e essa configuração dificulta a interação social e a vida sentimental. Tudo será bem equacionado se você tiver presença de espírito e senso de humor, e conseguir ver tudo como um aprendizado.

De 21 a 31 de agosto: Agora há uma tendência a fazer dramas com expectativas frustradas na vida a dois. Não piore as coisas com o excesso de negatividade. Tenha em mente que as relações podem terminar em algum momento, mas lembre-se também de que não existem príncipes encantados.

De 1º a 10 de setembro: Neste momento você poderá ter êxito em novas parcerias; seus projetos terão o aval de todos para seguir em frente. Tire a palavra "impossível" do seu vocabulário e continue avançando com fé no amanhã e em suas capacidades.

De 11 a 20 de setembro: O céu destes dias mostra uma possível turbulência na vida amorosa. Uma coisa é certa: alguém terá que recuar. Sol em trígono com Urano sinaliza mais criatividade e capacidade de empreendimentos; suas realizações vão agradar a todos.

De 21 a 30 de setembro: A maré de boas notícias continua em andamento, e seu otimismo e confiança serão fundamentais em tudo. Amplie seus conhecimentos em recursos tecnológicos; permita-se conviver com pessoas de mente mais aberta e livre.

De 1º a 10 de outubro: Plutão e Marte estão em um ângulo difícil, e isso pode significar a necessidade de descanso por excesso de compromissos. Tenha a sabedoria de delegar algumas responsabilidades e assim revitalizar seu corpo e sua mente.

De 11 a 20 de outubro: Sol e Mercúrio se unem no signo de Libra; tal aspecto dinamiza sua capacidade de comunicação e expressão de tudo o que sente e pensa. Esse ângulo favorece a vida amorosa, a vontade de sair e se relacionar; invista em atividades artísticas e culturais.

De 21 a 31 de outubro: A vida social continua intensa e fortalece vínculos feitos no passado. Vênus recebe bons aspectos de Urano e Júpiter, o que traz uma abertura para o contato com pessoas de outros países e culturas, que modificarão sua visão de mundo.

De 1º a 10 de novembro: Mercúrio faz vários aspectos nestes dias e vai movimentar bem seu cotidiano, alterando sua rotina. Será interessante criar novos hábitos ou horários para dar conta de tantas novidades. Evite gastos supérfluos; agora é hora de poupar.

De 11 a 20 de novembro: Três planetas estão dialogando entre si: Sol, Marte e Netuno, todos em signos de Água. Momento excelente para cuidar de seu bem-estar, ficando atento às demandas do corpo. Opte por alimentos saudáveis e beba muito líquido para depurar seu organismo.

De 21 a 30 de novembro: No início deste ciclo, você deve estar mais consciente de seus recursos e talentos para tocar a vida. No final dele, será colocado à prova com prováveis adversidades ou incertezas na esfera profissional. Seja resiliente; mantenha-se firme em seus ideais.

De 1º a 10 de dezembro: Os desafios deste período estão centrados em suas relações pessoais. Isso vai exigir de você paciência e tolerância. Cobranças e exigências devem ficar de lado, mesmo porque não há como controlar certos eventos; vá com calma.

De 11 a 20 de dezembro: Com a chegada do final do ano, a tendência mais óbvia são os excessos alimentares associados à vida social mais intensa. Procure se cuidar, pois Sol e Netuno em tensão indicam baixas no sistema imunológico. Caminhadas e bastante sol serão muito bem-vindos!

De 21 a 31 de dezembro: As precauções com sua saúde devem continuar, mas evite a automedicação. Se os planos para o fim de ano não derem certo, tenha um plano B para poder descansar. O importante são as boas companhias e poder celebrar as conquistas do ano!

CÂNCER   21 de junho – 21 de julho

EU SINTO   **PLANETA REGENTE:** Lua
ELEMENTO: Água   **QUALIDADE:** Cardinal
PEDRAS DE PROTEÇÃO: Pedra da lua e selenita

❋ **PERSONALIDADE:** Movidos por seus ciclos interiores, os nativos deste signo lunar possuem um temperamento marcado por variações, como as fases da Lua, mas também por um ar de cuidado e delicadeza. Sua atenção é orientada a seu mundo interior, o que pode dar aos cancerianos uma atitude mais reservada. Apesar de prezarem vínculos de intimidade e profundidade, não estabelecem relações intensas à primeira vista e são muito cuidadosos com aqueles que permitem se aproximar deles verdadeiramente. Gostam de dar passos seguros e não costumam se deixar levar pela impulsividade, apesar de às vezes agirem com ingenuidade. Sensíveis e empáticos, os cancerianos são muito intuitivos e conseguem perceber as outras pessoas à sua volta com facilidade. Devem tomar cuidado com a nostalgia ou o pessimismo.

❋ **TRABALHO:** Na vida profissional, os cancerianos têm uma atitude obstinada e costumam se dedicar muito ao trabalho. Gostam de estabelecer o próprio espaço e se sentem motivados quando percebem que suas funções são úteis a outras pessoas. Os desafios lhes são atraentes, mas devem acontecer dentro de um ambiente de segurança, respeito e certa autonomia. São prestativos, lidam bem com a rotina profissional e desempenham suas atividades de maneira organizada.

✳ **AMOR:** Cancerianos são conhecidos por serem grandes românticos. Idealistas, gostam de compromisso e valorizam as relações estáveis e sólidas, que lhes ofereçam parceria, comunicação e segurança. Como um signo que valoriza muito o lar e a família, dão valor a relacionamentos duradouros e se sentem nutridos pelo ambiente de intimidade na vida afetiva. Têm necessidade de se sentirem compreendidos no amor; não apreciam a frieza ou o distanciamento. A parceria e o companheirismo são valores fundamentais para sua vida amorosa.

✳ **SAÚDE:** Possuem uma preocupação natural com a própria saúde e os cuidados pessoais. Suas oscilações de temperamento e humor podem ser somatizadas, criando mal-estar. Devem tomar cuidado com as emoções para manter a boa saúde. As áreas do corpo mais afetadas são o peito e o sistema digestivo. Podem enfrentar transtornos associados à vida emocional.

Previsões para 2023

De 1º a 10 de janeiro: Bom ciclo astrológico para iniciar o ano: temos um trígono de Sol e Mercúrio com Urano em Capricórnio e Touro, respectivamente. Dinamismo e ímpetos de renovação da vida estão a caminho. Ótimo também para novas parcerias informais com amigos ou pessoas afinadas com seus ideais.

De 11 a 20 de janeiro: Vênus em Aquário está em quadratura com Urano em Touro e requer de sua parte atitudes mais diplomáticas e conciliadoras nos assuntos do coração. O Sol em conjunção com Plutão lhe dará força e obstinação para modificar estruturas ultrapassadas que demandam uma transformação mais profunda.

De 21 a 31 de janeiro: Momento oportuno para solidificar uma relação importante para você. Marte em trígono com o Sol torna este período favorável para investimentos de risco. Excelente para se exercitar e investir em uma alimentação mais energética, visando seu bem-estar e o aumento de vitalidade.

De 1º a 10 de fevereiro: Na fase da Lua Cheia as emoções ficam à flor da pele para quase todas as pessoas. Seja mais cauteloso com ações dramáticas e fora de contexto. Interessante também será controlar gastos feitos por impulso e que poderão comprometer o orçamento.

De 11 a 20 de fevereiro: Mercúrio faz sextil com Júpiter, que estão agora em sua Casa X. Bom momento para investir em estudos e conhecimentos que ampliem sua atuação profissional e os horizontes intelectuais. Ciclo positivo para assumir responsabilidades de longo prazo.

De 21 a 28 de fevereiro: Continue firme em seus planos de fazer crescer seu repertório cultural. Período interessante e promissor para o equilíbrio na vida a dois, em que dar e receber se alternam, evidenciando o respeito mútuo e a inteligência emocional.

De 1º a 10 de março: Período em que seus interesses devem estar mais voltados para projetos sociais ou humanitários. A presença ou amizade de pessoas originais e diferenciadas vai influenciá-lo positivamente. Vênus e Júpiter em Áries propiciam fase de assertividade e boa autoestima.

De 11 a 20 de março: Sua mente pode estar voltada para temas mais filosóficos, místicos ou espirituais. Tudo isso promove o autoconhecimento, que é essencial para relações mais saudáveis e seu equilíbrio mental.

De 21 a 31 de março: Marte está entrando no signo de Câncer e faz trígono com Saturno, que agora está em Peixes, ambos os signos de Água. Suas emoções e sensibilidade estão intensas e pode haver o desejo de mais interação com pessoas que estejam trilhando o caminho espiritual. Vá em frente.

De 1º a 10 de abril: Mercúrio em Touro vai confirmar a necessidade ou o compromisso com a dimensão mais filosófica ou mística da vida. Isso significa maturidade e novas posturas em relação a sua existência. Na vida sentimental, tudo caminha bem.

De 11 a 20 de abril: Nesse período, você poderá brilhar profissionalmente, atrair oportunidades para crescer, viajar, receber convites, iniciar cursos importantes. Saiba otimizar este ciclo com positividade e confiança, fazendo seu melhor para realizar seus sonhos.

De 21 a 30 de abril: O planeta Marte está em Câncer e faz sextil com Urano e Mercúrio em Touro, impulsionando sua vida social e a capacidade de fazer novos amigos. Marte na Casa I indica mais disposição e energia vital; se for necessário, adie seus planos, mas não desista deles.

De 1º a 10 de maio: Urano, Sol e Mercúrio fazem um *stellium* em Touro na Casa XI. Esse aspecto reforça suas motivações voltadas para a sociedade e o desejo de liberdade na maneira de viver. Você poderá ter reencontros prazerosos com amigos que não vê há tempos.

De 11 a 20 de maio: Vênus e Mercúrio estão em harmonia com Saturno, e essa posição sinaliza boas chances de parcerias produtivas e rentáveis. É também um aspecto de consolidação e maturidade na vida emocional. Marte e Netuno estão favorecendo viagens longas.

De 21 a 31 de maio: Neste período pode haver situações difíceis que fogem ao seu controle, deixando-o desanimado ou frustrado. O mais importante é não exagerar e saber que tudo se resolverá com o passar do tempo.

De 1º a 10 de junho: Nesta fase haverá uma oposição entre Vênus em Leão e Plutão em Aquário. Será preciso controlar impulsos negativos ou ciúme em excesso na vida amorosa; todo tipo de desconfiança pode surgir. A Lua Cheia tende a inflar as emoções; seja mais tolerante.

De 11 a 20 de junho: Mercúrio se movimenta rapidamente neste mês, acelerando o ritmo dos eventos cotidianos, intensificando sua curiosidade e necessidade de movimento. Júpiter faz sextil com Saturno e mostra agora o valor do trabalho, que depois trará os frutos do esforço feito anteriormente.

De 21 a 30 de junho: É possível que surja o interesse em saber mais sobre sua história familiar ou árvore genealógica. Ciclo positivo para pesquisar sobre suas matrizes emocionais, que também apontam não só de onde você veio, mas também para onde está se dirigindo.

De 1º a 10 de julho: Sol e Mercúrio estão na Casa I em sextil com Júpiter em Touro. Ciclo de mais energia vital, bom para aprender, viajar, escrever, pesquisar assuntos de seu interesse. Sua presença de espírito e intuição serão cativantes e influenciarão positivamente os outros.

De 11 a 20 de julho: Agora a comunicação já não flui tão bem. Isso demanda cuidados ao fazer julgamentos unilaterais, que geram discussões intermináveis. Se puder evitá-las, tanto melhor. Sol e Netuno tornam este ciclo ótimo para diagnósticos acertados e tratamentos alternativos.

De 21 a 31 de julho: Nesta fase, há aspectos tensos em que surgem situações que estão fora de seu controle. Você poderá ficar restrito por atrasos ou descumprimento do que havia sido planejado. Ao final deste período, porém, tudo vai se equacionar de maneira mais equilibrada e justa.

De 1º a 10 de agosto: Marte faz trígono com Júpiter, e isso se traduz em mais confiança e otimismo, que serão fundamentais para avançar com seus planos. Não é um bom período para tratar de assuntos jurídicos. Evite fazer compras por impulso; poupe seu dinheiro.

De 11 a 20 de agosto: Vênus e Sol em Leão estão em quadratura com Urano em Touro, e esse ângulo o predispõe a ficar resistente a qualquer demanda de alterações em sua rotina. É hora de se abrir para o novo e perceber que as mudanças são melhorias em sua vida; deixe a teimosia de lado.

De 21 a 31 de agosto: Neste período, todo cuidado é pouco com seu orçamento doméstico, pois podem surgir despesas inesperadas. Aproveite para fazer um planejamento financeiro, para não ficar mais refém dessas situações; tudo é aprendizado.

De 1º a 10 de setembro: Agora você já pode usufruir de algumas mudanças realizadas, pois elas representam rapidez e facilidades em sua rotina de trabalho. Sol e Mercúrio fazem trígono com Júpiter, sinalizando um momento de mais autoestima, fé e confiança em si e na vida. Ótimo para viagens rápidas.

De 11 a 20 de setembro: Se possível, faça investimentos em conhecimentos ou recursos tecnológicos para assim dinamizar seu dia a dia. Urano ocupa sua casa dos amigos e dos projetos para o amanhã. Faça uma reflexão a respeito das coisas que realmente gosta de fazer, já de olho no futuro e na sua felicidade.

De 21 a 30 de setembro: Sol em Virgem faz trígono com Plutão; esse aspecto sinaliza mais poder para direcionar sua vida e interesses imediatos. O trabalho feito em equipe será mais eficiente e trará bons resultados. Acredite em seu potencial e na sua intuição.

De 1º a 10 de outubro: Agora estamos na fase minguante da Lua, o que torna este ciclo favorável para a introspecção. A energia vital fica mais recolhida, para que possa se interiorizar. Mercúrio em trígono com Plutão pode mostrar talentos e qualidades ainda desconhecidos.

De 11 a 20 de outubro: Sol e Mercúrio estão na sua Casa IV, podendo trazer uma movimentação intensa na vida familiar. O diálogo e a convivência com todos serão harmoniosos para resolver pendências. Saturno e Marte mostram um momento rico para conhecer a si mesmo.

De 21 a 31 de outubro: Muitos aspectos com Saturno mostram um ciclo dinâmico no sentido de planejamento, realizações e maturidade; ótimo também para adquirir conhecimentos. Vênus em trígono com Júpiter e Urano trazem um momento animado e inspirador para a vida social e amorosa; divirta-se!

De 1º a 10 de novembro: Júpiter e Sol em oposição sugerem um momento delicado para sua vida sentimental, uma vez que ressentimentos do passado podem vir à tona para serem esclarecidos. Evite julgamentos e críticas, optando pela tolerância. Só assim a confiança mútua será restaurada.

De 11 a 20 de novembro: Neste período você se sentirá mais animado e determinado a transformar padrões internos mais inconscientes que em geral não é capaz de perceber. Toda ajuda terapêutica será bem-vinda para que possa melhorar seus relacionamentos – algo crucial para uma vida psíquica mais saudável.

De 21 a 30 de novembro: Sol em sextil com Plutão indica uma fase favorável para planejar os próximos passos no trabalho, não só no âmbito da eficiência, mas também no da criatividade. Não tenha pressa em ser avaliado pelo que já fez, pois tudo virá na hora certa.

De 1º a 10 de dezembro: Caso perceba que ainda existem mágoas antigas na vida a dois, evite atitudes provocativas, pouco inteligentes ou de revide, que nada adiantarão. Agora é tempo de superar a falta de confiança em si mesmo, aceitando também as próprias limitações.

De 11 a 20 de dezembro: Agora é fase de Lua Nova em Sagitário, enquanto Mercúrio inicia seu movimento retrógrado. É oportuno continuar atento ao poder que as palavras têm, tanto no sentido construtivo quanto no destrutivo. Evite o excesso de bebidas alcoólicas e a automedicação.

De 21 a 31 de dezembro: Saturno faz sextil com Sol e Mercúrio, tornando este momento rico para uma avaliação objetiva do ano que passou, dos desafios que foram solucionados e dos passos que você deu em nome de sua realização profissional e pessoal. É hora de celebrar e agradecer!

LEÃO
22 de julho – 22 de agosto

EU GOVERNO
ELEMENTO: Fogo
PEDRAS DE PROTEÇÃO: Olho e tigre e citrino
PLANETA REGENTE: Sol
QUALIDADE: Fixo

❋ **PERSONALIDADE:** Cheios de vida, brilho e entusiasmo, os leoninos, possuem uma personalidade expansiva digna de um rei. Vivem de maneira intensa e cheia de entusiasmo, com um magnetismo pessoal que aquece e atrai as pessoas ao redor. São apaixonados pela vida e possuem um carisma natural e um otimismo contagiante. A honra é um valor fundamental para estes nativos, e eles viverão de acordo com o próprio código de conduta. Com uma personalidade naturalmente artística e cativante, são extremamente leais e prezam todas as pessoas que estão à sua volta. Devem tomar cuidado com o egocentrismo, que pode se manifestar como tirania ou narcisismo, mas também com o excesso de generosidade, outro de seus pontos fracos, o que os faz às vezes agir com ingenuidade.

❋ **TRABALHO:** Altamente competitivos, os leoninos gostam de se destacar no campo profissional e dar o melhor de si. Sua produtividade está diretamente relacionada ao seu grau de motivação, e compreendem o ambiente de trabalho como um território a ser explorado e conquistado. Líderes natos, têm a capacidade de inspirar e motivar outras pessoas. Como a expressividade é um de seus traços fundamentais, todas as profissões que lhe permitam mostrar a própria autenticidade, fazendo as coisas à sua maneira, lhe serão apropriadas.

❋ **AMOR:** O charme é um de seus traços fortes, e os leoninos são naturalmente conquistadores e sedutores. Extremamente leais, têm na confiança um dos pilares mais importantes para um bom relacionamento. Sentem-se naturalmente atraídos por pessoas que lhes transmitam confiança. Cobranças, excessos de qualquer tipo ou alguma atitude que demonstre que ele não pode confiar em determinada pessoa os farão bater rapidamente em retirada.

❋ **SAÚDE:** Cheios de energia e vigor, leoninos tendem a demorar em perceber que sua saúde está debilitada, embora possuam uma capacidade grande de regeneração. O coração é a área do corpo que merece mais atenção, além da espinha dorsal e do metabolismo de modo geral. Devem tomar cuidado com a tendência ao esgotamento, pois os leoninos tendem a acreditar que sua reserva de energia é interminável.

Previsões para 2023

De 1º a 10 de janeiro: No início deste ciclo haverá no céu planetário a Lua Cheia em Câncer e o aspecto de Plutão em conjunção a Vênus. Isso intensifica a vida amorosa, colocando em evidência os lados positivos da relação e também aquilo que precisa ser transformado.

De 11 a 20 de janeiro: O aspecto de Sol e Plutão em Capricórnio atua de modo a mostrar seus talentos pessoais e mais eficiência para contornar e solucionar assuntos de trabalho; suas metas devem ser preservadas. Vênus e Marte estão em signos de Ar, estimulando a cumplicidade na vida amorosa.

De 21 a 31 de janeiro: Neste período, o Sol recebe bons aspectos de Marte em Gêmeos e de Júpiter em Áries. Você vive uma fase de expansão, otimismo e autoconfiança em tudo o que faz ou pretende fazer. Ótimo para realizar alguma viagem ou esboçar planos para o futuro.

De 1º a 10 de fevereiro: Certos imprevistos podem deixá-lo contrariado, mas lembre-se que você não precisa provar nada para ninguém. Continue focado em seus negócios ou propósitos. Na vida social, nem tudo flui como gostaria, mas evite exigir demais dos outros.

De 11 a 20 de fevereiro: Agora você está apto a assumir responsabilidades maiores, tendo em vista ideais que estejam voltados para a coletividade. Bom ciclo para viajar em boa companhia e conhecer lugares diferentes, cuidar da mente e do corpo.

De 21 a 28 de fevereiro: Mercúrio e Marte estão em harmonia e sinalizam uma fase interessante para buscar novas parcerias com os amigos. Todo estímulo intelectual será relevante para continuar acreditando em si mesmo, pois isso fará aumentar sua autoestima.

De 1º a 10 de março: Este é um período auspicioso para tudo o que precisar inovar ou reformular em sua atividade profissional. Com mais otimismo e criatividade, você conseguirá convencer seus colegas da qualidade de seus novos propósitos; vá em frente.

De 11 a 20 de março: Sol, Netuno e Mercúrio em Peixes fazem ângulo favorável com Plutão, que está nos últimos graus de Capricórnio. Você poderá enxergar as coisas de maneira mais abrangente, favorecendo assim decisões acertadas e de longo prazo. Bom também para práticas meditativas ou espirituais.

De 21 a 31 de março: Mercúrio está em conjunção com Júpiter em Áries. Você será capaz de exercitar sua capacidade de liderança, estimulando e elogiando aqueles que estão próximos a você. Pessoas mais experientes e maduras poderão dar bons conselhos para o seu desenvolvimento pessoal.

De 1º a 10 de abril: Mercúrio em sextil com Marte e Saturno impulsiona sua atividade profissional, facilitando a interação social e a troca de conhecimentos relevantes. Momento oportuno para planejamento dos próximos passos, ou seja, estudar e ampliar seu repertório intelectual.

De 11 a 20 de abril: Sol e Júpiter se encontram em Áries, sinalizando um ciclo de expansão, em que deseja abraçar novos desafios. Poderá ter êxito em assuntos de jurisprudência, fazendo assim valer seus direitos. Período auspicioso para viagens a longa distância.

De 21 a 30 de abril: É possível que surjam contrariedades ou frustrações no âmbito familiar, perante as quais você não poderá fazer muita coisa. Saiba aceitar seus limites, fazendo seu melhor e tendo a consciência de que nem sempre é aconselhável se responsabilizar por inabilidades alheias.

De 1º a 10 de maio: Nestes dias, você terá as bênçãos planetárias de Vênus em Gêmeos em sextil com Júpiter em Áries. A vida social ficará mais movimentada, e você poderá encontrar ou fazer novos amigos, sentir-se feliz em compartilhar interesses comuns. Os ventos também são favoráveis para a vida amorosa; aproveite.

De 11 a 20 de maio: Saturno e Vênus em harmonia propiciam um bom período para cuidar da sua saúde psíquica e física. Não procrastine os exames e consultas que está precisando fazer. Os bons aspectos de Netuno devem trazer bons diagnósticos; não desanime.

De 21 a 31 de maio: Sol e Plutão estão em trígono nos signos de Gêmeos e Aquário, respectivamente. Neste ciclo, alguma informação poderá ter um efeito impactante em sua visão de mundo. É provável que consiga influenciar positivamente quem está ao redor com sua oratória.

De 1º a 10 de junho: Vênus entra no signo de Leão e faz oposição a Plutão em sua Casa VII. Você vai precisar de mais discernimento e controle emocional para equilibrar conflitos pessoais ou familiares que de algum modo possam prejudicar seu desempenho profissional.

De 11 a 20 de junho: Neste período, bons aspectos com Mercúrio vão promover mais entendimento e boa vontade nas questões domésticas. O aspecto difícil entre Sol e Netuno pode deixá-lo mais sensível ou suscetível a dúvidas; fique atento e não se deixe levar por intrigas ou confusões.

De 21 a 30 de junho: Saturno recebe bons aspectos de Júpiter e Sol neste período. Agora já está mais fácil contornar as dificuldades, pois você está mais centrado e otimista. A sabedoria é uma conquista preciosa que chega com experiências bem vividas e elaboradas.

De 1º a 10 de julho: Vênus e Urano estão em signos fixos formando um ângulo difícil. É importante não bater de frente com a pessoa amada, uma vez que isso poderá gerar uma ruptura. O melhor agora é focar naquilo que está prosperando em sua vida, sem muitos conflitos.

De 11 a 20 de julho: Neste ciclo, com Mercúrio pressionado, é necessário ponderar palavras impulsivas ou negativas. A fase da Lua Nova e o bom ângulo entre Sol e Netuno favorecem a introspecção, tornando auspicioso investir em seu autoconhecimento.

De 21 a 31 de julho: O Sol agora vai entrando em seu signo solar. Você está mais seguro e determinado, podendo dirigir sua vida de maneira mais criativa. Mercúrio e Vênus estão dinamizando sua vida social; saia para se divertir e encontrar os amigos!

De 1º a 10 de agosto: O mês tem início com um bom aspecto entre Marte e Júpiter, o que deve representar mais assertividade e otimismo para realizar seus projetos profissionais. Entretanto, será preciso conter a tendência com excessos, ou seja, fazer gastos por impulso, pois as contas sempre chegam.

De 11 a 20 de agosto: Sol e Vênus em Leão tornam o período benéfico para vibrar e atrair tudo aquilo que está querendo para sua vida: amor, saúde e prosperidade. Você terá oportunidade de aperfeiçoar seus talentos, agindo de maneira segura e pragmática.

De 21 a 31 de agosto: Fique atento a situações em que possa se ver envolvido em alguma polêmica ou desentendimento relacionado a algo que não lhe diz respeito. Caso se sinta sobrecarregado com suas atividades, delegue parte delas a alguém de sua confiança.

De 1º a 10 de setembro: Mercúrio e Sol fazem trígono com Júpiter, trazendo reconhecimento profissional, convites ou oportunidades para expandir suas metas de carreira ou de finanças. Ótimo para viajar, estudar e ampliar seus horizontes culturais.

De 11 a 20 de setembro: Este ciclo dá continuidade ao anterior, propiciando impulsos de renovação e mais motivação para reformular o que achar necessário neste momento. Período favorável a investimentos em tecnologia, que aperfeiçoarão seu desenvolvimento.

De 21 a 30 de setembro: Siga em frente com seus propósitos de inovação, organizando melhor sua rotina. Otimize seus horários de modo a poder cuidar mais da saúde. Sol e Plutão em sextil favorecem atividades físicas e atenção com a alimentação.

De 1º a 10 de outubro: Este ciclo vai demandar mais cautela e atenção com palavras impulsivas. Evite revidar alguma situação em que não foi tratado como gostaria. Em algumas circunstâncias, é melhor esperar a hora certa para os devidos esclarecimentos.

De 11 a 20 de outubro: Agora o momento é bem favorável a diálogos e reparações relativos a assuntos do passado. Marte e Mercúrio fazem trígono com Saturno em Peixes, o que representa inteligência emocional para elaborar questões pessoais com mais lucidez.

De 21 a 31 de outubro: Mercúrio e Sol estão no signo de Escorpião, estimulando soluções para assuntos domésticos ou familiares que estejam pendentes. Vênus em trígono com Júpiter e Urano sinalizam êxito e reconhecimento no trabalho, mais cumplicidade na vida amorosa e alegrias na vida social.

De 1º a 10 de novembro: As demandas na vida familiar continuam intensas. Caso precise resolver assuntos relativos a imóveis ou heranças, procure ajuda jurídica para assim agilizar documentos e decisões que possam favorecer a todos. Bom ciclo para uma dieta com frutas e saladas.

De 11 a 20 de novembro: Sol e Marte em Escorpião fazem trígono com Netuno em Peixes, ambos signos de Água. Momento oportuno para levar sua atenção a assuntos espirituais ou psicológicos que facilitem o contato com sua história e raízes emocionais, que ampliam o entendimento sobre a importância do legado de seus antepassados em sua vida atual.

De 21 a 30 de novembro: Caso as decisões no âmbito doméstico não andem no ritmo que você queria, não se preocupe demais. Atrasos se fazem necessários para que possa aperfeiçoar e finalizar tudo da melhor forma que puder. Cuide da saúde; não procrastine exames nem consultas necessárias.

De 1º a 10 de dezembro: Mercúrio em trígono com Júpiter no céu planetário apontam para um ciclo positivo e exitoso para a área de negócios. Você se verá com grande facilidade na comunicação; sua mente está mais ágil e ao mesmo tempo concentrada naquilo que é importante. Bom período para viagens curtas.

De 11 a 20 de dezembro: Período de mais movimentação na vida social ou cultural; Mercúrio em movimento retrógrado favorece a revisão ou reformulação de planos que precisam ser melhorados. Há também possibilidade de reencontro com pessoas importantes do seu passado.

De 21 a 31 de dezembro: Saturno em Peixes está recebendo bons aspectos de Sol e Mercúrio em Capricórnio, o que pode sinalizar ainda um ciclo de revisões pessoais, ou a retomada de algum projeto relevante. Sua curiosidade pode estar voltada para temas filosóficos, culturais ou mesmo espirituais.

VIRGEM — 23 de agosto – 22 de setembro

EU ORGANIZO PLANETA REGENTE: Mercúrio
ELEMENTO: Terra QUALIDADE: Mutável
PEDRAS DE PROTEÇÃO: Amazonita e malaquita

PERSONALIDADE: Conhecidos pela necessidade em sistematizar suas atividades e tarefas, os virginianos gostam muito de uma rotina estabelecida em que se sintam produtivos, úteis e integrados às outras pessoas. São ótimos planejadores e executores, e desenvolvem suas habilidades muito mais por meio da prática que da teoria. Possuem boas habilidades de comunicação e buscam sempre o aprimoramento dos próprios resultados. Sempre solícitos, são capazes de encontrar respostas e soluções objetivas para os mais complexos problemas, sentindo-se realizados sempre que podem ajudar com sua prestatividade.

Amantes da estabilidade, não apreciam surpresas nem mudanças constantes. Planejadores por natureza, não costumam agir de maneira impulsiva e tentam prever todas as possibilidades antes de tomar uma decisão, o que pode acabar se transformando em uma atitude pessimista e catastrófica, com a qual precisam tomar cuidado.

❉ **TRABALHO:** Virginianos são apaixonados pelo trabalho, e gostam de realizá-lo com autonomia e disciplina, buscando sempre elevar o próprio padrão e manifestar o seu melhor. São ambiciosos e desejam sempre crescer. Trabalham bem com o sistema de hierarquias, desde que sejam capazes de sentir admiração e respeito pelos superiores, mas também prezam a sistematização de suas atividades à própria maneira.

❉ **AMOR:** Com sua mente que enxerga tudo a longo prazo, os virginianos não costumam se envolver romanticamente com pessoas que não lhe parecem oferecer uma experiência duradoura – para eles, isso seria perda de tempo. Buscam estabelecer parcerias sinceras e expressam seu amor muito mais por atos práticos de cuidado e preocupação com o parceiro do que com excesso de carinho. Exigentes e criteriosos, escolhem com cuidado antes de se envolverem com alguém. A confiança e o respeito, para estes nativos, são valores essenciais.

❉ **SAÚDE:** Virginianos costumam se preocupar naturalmente com seu bem-estar, e às vezes podem apresentar comportamentos exagerados em relação à própria saúde. Valorizam muito a higiene e os cuidados pessoais, mantendo hábitos saudáveis dentro de sua própria realidade. Devem tomar cuidado com a região do abdômen e dos intestinos, bem como com problemas decorrentes da própria ansiedade.

Previsões para 2023

De 1º a 10 de janeiro: Um *stellium* em sua Casa V vai intensificar sua vida amorosa e social. Não recuse convites para se divertir, passear e fazer novos amigos. Deixe as desculpas esfarrapadas de lado, pois os astros estão lhe dizendo que agora não valem só intenções, mas sim ações!

De 11 a 20 de janeiro: Os bons ares de Cupido continuam soprando em sua direção. Continue acreditando que o amor vale a pena, seja o que for que já tenha vivido. Momento de mais disposição e vitalidade; não deixe de lado os esportes ou atividades físicas.

De 21 a 31 de janeiro: Marte em Gêmeos faz trígono com o Sol em Aquário, sinalizando um bom ponto de partida para semear novas metas neste ano, sejam elas relacionadas a estudos, viagens a longa distância ou trabalho. Momento positivo para estar com seus familiares ou recebê-los em sua casa.

De 1º a 10 de fevereiro: Sol em quadratura com Urano no céu planetário vai demandar mais flexibilidade de espírito, bem como mudanças nos hábitos cotidianos. Tente não brigar com os imprevistos que possam surgir, pois são circunstanciais; será preciso paciência.

De 11 a 20 de fevereiro: Sua mente está bem acelerada, com muitas ideias e impulsos voltados para a renovação, além de um forte desejo de estar mais livre para fazer coisas não usuais. No entanto, os eventos externos caminham num ritmo menos acelerado; tente equacionar essa diferença e persevere em suas metas.

De 21 a 28 de fevereiro: Momento auspicioso para a comunicação, o aprendizado, realizar bons contatos para seu *networking*. Podem surgir várias novidades, e você terá vontade de fazer tudo de uma só vez. Muitas demandas também na vida social e intelectual.

De 1º a 10 de março: Vênus e Júpiter em Áries ainda sinalizam um ciclo de busca por autonomia e afirmação pessoal. Você está mais assertivo e deseja se lançar no mundo sem medo de ser feliz. Uma paixão inesperada pode surgir.

De 11 a 20 de março: Sol, Mercúrio e Netuno estão no signo de Peixes. Você passa por um momento em que pode expandir sua visão de mundo ao estar em sintonia com ensinamentos de natureza espiritual. Ótimo para estudos místicos, esotéricos e filosóficos, e também para atividades humanitárias.

De 21 a 31 de março: O planeta Marte está ocupando agora sua Casa IX, trazendo mais interação com amigos. Com eles, você poderá criar planos que sejam voltados para a coletividade. Esses compromissos podem se estender a longo prazo, demandando bastante perseverança.

De 1º a 10 de abril: Plutão e Mercúrio fazem uma quadratura entre si, dificultando a comunicação por falta de tolerância com o próximo. Porém,

Mercúrio faz também um sextil com Marte e Saturno, o que deve ajudá-lo a ter boa vontade e discernimento para impedir que aquilo que está em andamento seja prejudicado.

De 11 a 20 de abril: A configuração tensa entre Saturno e Vênus tende a se manifestar como rigidez ou desconfiança de pessoas próximas. É provável que você se sinta incompreendido ou sozinho em suas demandas íntimas. O importante é não fazer drama e tirar a lente de aumento de sua visão.

De 21 a 30 de abril: Sol em Touro faz sextil com Saturno em Peixes, o que promove mais concentração e determinação para continuar com seus compromissos profissionais. Parcerias e planos realizados com pessoas maduras tendem a se consolidar com o passar do tempo.

De 1º a 10 de maio: Nestes dias, o contato com o estrangeiro ou outras culturas pode ser muito inspirador. Aproveite para estudar, ampliar seus conhecimentos e aprender línguas; esteja receptivo a novidades. Vênus e Júpiter em bom aspecto estimulam e equilibram a vida sentimental.

De 11 a 20 de maio: O planeta Netuno recebe bons aspectos de Sol e Marte nesta fase. Isso reafirmará seu interesse ou motivações para se aprofundar em temas de espiritualidade e autoconhecimento. Você poderá reencontrar familiares ou amigos que são importantes em sua história de vida.

De 21 a 31 de maio: Aspectos tensos com Marte devem exigir mais atenção em relação a sua saúde e bem-estar. Fique atento à alimentação, evitando produtos processados, açúcar e excesso. Mantenha-se longe de discussões acaloradas, que nada acrescentam ao seu dia a dia.

De 1º a 10 de junho: Neste ciclo poderão surgir conflitos relativos a assuntos do coração; no entanto, são desafios que estimulam o crescimento da relação. É preciso abandonar os apegos, o controle excessivo, e se livrar de ressentimentos do que ficaram no passado.

De 11 a 20 de junho: Júpiter em sextil com Saturno no céu, mostram uma fase de mais responsabilidades e compromissos, além de expansão na vida social. Você poderá colher os frutos de seus esforços, que são conquistas preciosas. Poderá também fazer nova semeadura para o futuro.

De 21 a 30 de junho: Ainda que surjam certas interferências ou dúvidas em relação aos seus projetos, não tome nenhuma decisão por enquanto, pois esses obstáculos vão se dissipar naturalmente. O importante agora é o foco naquilo que está dando certo; tudo na verdade é um grande aprendizado.

De 1º a 10 de julho: O mês se inicia com um sextil entre Sol em Câncer e Júpiter em Touro, que ocupa agora a Casa IX. Excelente fase para planejar o segundo semestre, tendo em perspectiva o aprofundamento de seus conhecimentos espirituais. Sua fé e otimismo serão contagiantes.

De 11 a 20 de julho: Mercúrio, que rege seu signo solar, recebe aspectos difíceis nestes dias, podendo causar divergências de opiniões. É importante relevar essa situação, respeitando outras visões de mundo, uma vez que é bom pensar também se vale a pena perder amigos queridos.

De 21 a 31 de julho: Sol e Plutão em oposição sinalizam certa falta de controle em situações que surgem inesperadamente. O ritmo da vida estará mais lento, o que pode causar dificuldades no cumprimento de seus compromissos da maneira que gostaria. Cultive a paciência.

De 1º a 10 de agosto: O planeta Júpiter é regente da Casa IV, e faz aspectos divergentes com Sol e Marte neste período. Sendo assim, não sofra por antecipação, para que possa atrair o melhor para você. Exercite uma determinação otimista, sabendo que vai contornar as adversidades na vida familiar.

De 11 a 20 de agosto: Talvez seja um pouco difícil manter a rotina que você tanto valoriza. Imprevistos também têm seu lado positivo, pois funcionam como um estímulo à criatividade. Tenha em mente esse fato e seja flexível, vendo as coisas com mais humor, pois tudo é passageiro.

De 21 a 31 de agosto: O mês termina com excesso de trabalho e responsabilidades que você deveria delegar a alguém de sua confiança. Marte em trígono com Plutão pode revelar talentos ainda desconhecidos, o que lhe dará mais eficiência e garra em suas realizações.

De 1º a 10 de setembro: Sol e Mercúrio estão em seu signo solar, fazendo trígono com Júpiter em Touro. Neste período, suas características mais essenciais ficarão acentuadas, como a lógica, a visão dos detalhes e a busca pela perfeição em tudo o que faz. Você se sentirá com mais vitalidade e alegria de viver.

De 11 a 20 de setembro: A fase é excelente para você ampliar seus conhecimentos em tecnologia, obtendo novas ferramentas com as quais possa dinamizar seu desempenho e produtividade. O contato com o estrangeiro está em aberto, e seu interesse por outras culturas deve ser levado em conta.

De 21 a 30 de setembro: Agora você pode estar mais eficiente, colocando em prática recursos pessoais ainda adormecidos. Você terá mais poder pessoal para influenciar os outros positivamente. Momento oportuno para conquistas na vida amorosa; aproveite!

De 1º a 10 de outubro: Tenha mais cuidado com pessoas cujas supostas boas intenções possam confundir sua mente. Evite entrar em conversas polêmicas que, afinal, são só intrigas vazias e nada mais. Você pode até pedir ajuda a alguém, mas correrá o risco de não ser bem compreendido.

De 11 a 20 de outubro: Assuntos do coração podem reaparecer e deixá-lo desconfiado ou arisco com seu novo relacionamento. Fique atento para não reeditar situações vivenciadas no passado. Aja com inteligência emocional, tendo a sabedoria de separar o que já ficou para trás do aqui e agora.

De 21 a 31 de outubro: Sol e Mercúrio em Escorpião fazem aspecto positivo com Saturno em Peixes. Você terá momentos rico para conhecer a si mesmo, e isso representará a liberdade de ser do jeito que você é. Vênus e Urano favorecem a vida a dois, trazendo a superação de incertezas e inseguranças.

De 1º a 10 de novembro: Mercúrio fará aspectos com vários planetas nestes dias. Seu pensamento ficará acelerado, o que vai causar ansiedade e preocupações excessivas com o futuro. Tente manter o foco em sua rotina, naquilo que está ao seu alcance para ser feito, simples assim.

De 11 a 20 de novembro: Netuno em sua Casa VII está ativado por Marte e Sol em Escorpião, o que representa direção, coragem para agir, empreendedorismo e confiança. Parcerias momentâneas podem ser produtivas e estimulantes. Vênus e Mercúrio favorecem eventos culturais e artísticos.

De 21 a 30 de novembro: Sol e Saturno em tensão podem significar restrição em suas decisões, especialmente se elas também dependem de seus colegas ou parceiros. Mal-entendidos serão logo esclarecidos; o importante agora é fugir de decisões definitivas.

De 1º a 10 de dezembro: Todo cuidado é pouco com assuntos do coração. Podem surgir brechas para ciúme ou desconfiança, que comprometem a sua relação. Antes de julgar ou condenar antecipadamente, pergunte, reflita, tente entender o que se passa; você pode estar equivocado.

De 11 a 20 de dezembro: O planeta Mercúrio está em movimento retrógrado e pede mais atenção e foco em decisões que dependam de documentos formalizados com assinatura. É bom ter parcimônia também com gastos feitos por impulso. Evite o excesso de alimentos pesados e bebidas alcoólicas.

De 21 a 31 de dezembro: É possível que seus planos para o final do ano não se concretizem como havia planejado. Se puder, deixe um plano B encaminhado. Porém, Sol e Júpiter em harmonia indicam um estado de espírito otimista e confiante para que tudo se encaminhe da melhor forma possível.

LIBRA — 23 de setembro – 22 de outubro

EU EQUILIBRO
PLANETA REGENTE: Vênus
ELEMENTO: Ar
QUALIDADE: Cardinal
PEDRAS DE PROTEÇÃO: Quartzo rosa e turmalina melancia

PERSONALIDADE: Como filhos de Vênus, a deusa do amor, os nativos deste signo são naturalmente atraídos por tudo o que é belo, harmônico, estético, agradável e artístico. Detentores de uma personalidade conciliadora, são excelentes mediadores; tendem a evitar conflitos e são amantes da paz. Sociáveis, são também bons comunicadores e conseguem cativar todos ao seu redor. Sedutores e românticos, sabem como usar as palavras para encantar e atrair, sendo persuasivos e capazes de convencer os outros a adotarem o próprio ponto de vista, uma vez que eles próprios tenham se decidido por um deles. A dualidade em sua personalidade é marcante, pois são capazes de avaliar os dois lados de todas as situações. Valorizam muito seu círculo social e têm tendência ao otimismo e à alegria.

TRABALHO: Librianos têm um talento natural para trabalhar com outras pessoas e gostam de desenvolver projetos em grupo. Com seu senso estratégico, podem buscar maneiras de sempre crescer profissionalmente. Sua natureza conciliadora faz deles excelentes comunicadores e negociadores, e podem se beneficiar de todas as funções que envolvam a necessidade de estabelecer acordos ou que se valham do poder da palavra. Também podem se sentir atraídos pelo trabalho em áreas associadas a arte, estética, música e tudo o que envolver o belo.

❊ **AMOR:** Naturalmente românticos, os librianos possuem um ar magnético e sedutor sem que precisem fazer muito esforço para isso. Ao mesmo tempo que gostam do jogo de sedução, os nativos deste signo também se sentem muito confortáveis em relacionamentos duradouros e buscam formar parcerias sólidas e verdadeiras, valorizando a harmonia, o respeito e o companheirismo. Valorizam bastante a beleza e sentem necessidade de estar com pessoas com quem tenham compatibilidade intelectual e possam trocar boas ideias.

❊ **SAÚDE:** Os nativos de Libra costumam se preocupar com a saúde e o bem-estar, o que os faz manter bons hábitos de autocuidado. As áreas mais afetadas para os nativos deste signo são os rins e o aparelho urinário, o que pede cuidado e atenção para evitar problemas como cólicas, pedras nos rins e infecções.

Previsões para 2023

De 1º a 10 de janeiro: Sol e Mercúrio fazem bons aspectos com Urano neste início de ano, dinamizando sua Casa IV, associada à família, a moradia e suas raízes afetivas. Você poderá tomar decisões positivas e relevantes no âmbito de heranças, ou na compra ou venda de imóveis.

De 11 a 20 de janeiro: Este também é um ciclo favorável para resolver pendências familiares, visando atender os interesses de todos. Vênus na Casa V em trígono com Marte vai impulsionar sua vida amorosa, promovendo encontros com alguém com quem tenha afinidades significativas.

De 21 a 31 de janeiro: Marte e Sol em harmonia indicam mais disposição e assertividade para direcionar seus projetos e interesses intelectuais. Ótimo momento para atrair o que precisa, desenvolvendo sua criatividade, senso estético e seu conhecido bom gosto.

De 1º a 10 de fevereiro: Nesta fase, seus planos podem sofrer alterações ou desvios de rota por fatores que não dependem de sua vontade; não desanime. Agora é hora de exercitar sua flexibilidade, fugindo de discussões e polêmicas sobre o que é supostamente certo ou errado.

De 11 a 20 de fevereiro: Vênus e Netuno estão juntos em Peixes e agora já fica mais fácil esclarecer desentendimentos, esquecer mágoas e tocar a vida adiante. Você terá a oportunidade de expressar com clareza suas ideias, no trabalho ou na escola.

De 21 a 28 de fevereiro: A fase continua produtiva para se comunicar com mais objetividade e versatilidade a respeito de seus interesses em geral. Você poderá se surpreender com talentos que ainda desconhecia, e dos quais poderá tirar bom proveito.

De 1º a 10 de março: Período excelente para fazer parcerias ou associações exitosas no trabalho. É hora de agir com mais coragem e audácia, investir em sua intuição e sensibilidade. Recursos na área de tecnologia serão muitos úteis como investimento.

De 11 a 20 de março: O ritmo da vida continua intenso e prazeroso. No entanto, é será importante dar mais atenção a sua saúde; não procrastine exames nem consultas que estejam pendentes. Evite os alimentos processados; opte por alimentos mais frescos e naturais.

De 21 a 31 de março: O planeta Marte está em Câncer, movimentando a casa da profissão e fazendo agora trígono com Saturno em Peixes. Você será capaz de agir com determinação, usando sua sensibilidade de modo a envolver os colegas com seus ideais. Momento favorável para projetos de longo prazo.

De 1º a 10 de abril: A Lua vai transitando para sua fase cheia, e suas metas e demandas caminham muito bem. Ótimo período para fechar bons negócios, conhecer pessoas interessantes, fazer viagens rápidas. Vênus e Netuno indicam mais tranquilidade na vida sentimental.

De 11 a 20 de abril: Este momento vai demandar mais atenção aos seus empreendimentos. Mercúrio retrógrado é positivo para rever ou reavaliar os seus próximos passos. Adie reuniões que não tenham urgência. Mas não desista de nada; trata-se apenas de uma breve pausa em sua rotina.

De 21 a 30 de abril: Sol faz conjunção com Júpiter no signo de Áries, estimulando viagens rápidas e o desejo de abraçar novos desafios. Bom para fazer parcerias temporárias com as quais possa exercer sua criatividade. Novas e oportunas amizades poderão surgir.

De 1º a 10 de maio: Sol, Marte e Urano impulsionam suas realizações no campo profissional. Tudo pode acontecer rapidamente se confiar em sua intuição e presença de espírito. Vênus em sextil com Júpiter indica que você estará receptivo a eventos artísticos e culturais.

De 11 a 20 de maio: Experiências feitas no passado lhe dão segurança para seguir em frente com o aspecto positivo entre Mercúrio e Saturno no céu planetário. Os bons aspectos de Netuno são favoráveis para informações, leituras e conversas ligadas à sua vida psíquica e espiritual.

De 21 a 31 de maio: Sol e Plutão estão em trígono em Gêmeos e Aquário, respectivamente. Este ciclo favorece o aprofundamento de seus conhecimentos, e isso representa um *upgrade* no trabalho. Confie mais em seu poder pessoal; suas palavras têm o poder de influenciar as outras pessoas.

De 1º a 10 de junho: Vênus em Leão em tensão com Plutão em Aquário pode criar situações de conflitos ou decepções na vida amorosa. Seria interessante não fazer muito drama, tentando entender as causas de um possível ressentimento. Não há nada que uma boa conversa não possa esclarecer.

De 11 a 20 de junho: Tente dissipar qualquer resquício de desconfiança que esteja ainda em seu coração. Mercúrio em Gêmeos vai facilitar seu jogo de cintura para resolver pendências e reformular o que precisa ser transformado. Ótimo para viagens rápidas.

De 21 a 30 de junho: Agora Saturno recebe bons aspectos de Júpiter e do Sol, que estão em Touro e Câncer, respectivamente. Você pode colher os frutos do esforço feito anteriormente. Favorável também para o convívio familiar, e o contato com pessoas mais maduras e experientes que querem o seu bem.

De 1º a 10 de julho: Mercúrio e o Sol ocupando a sua casa relacionada a realizações profissionais sinalizam uma fase de inspiração, criatividade e originalidade no modo de conduzir seus ideais. Excelente para estudar, escrever, dar palestras, entrevistas, divulgar seu trabalho em redes sociais.

De 11 a 20 de julho: Podem surgir certas divergências quanto aos seus valores e opiniões e, em um primeiro momento, essa situação resulta em algum tipo de conflito. Contudo, sua capacidade para ver tudo de maneira mais ampla vai minimizar esse fato. A diplomacia será ótima conselheira.

De 21 a 31 de julho: Será importante não levar suas pendências familiares para o ambiente de trabalho. Tente separar os assuntos e relativizar suas preocupações. Fique focado naquilo que precisa ser finalizado, evitando dispersão e incertezas passageiras.

De 1º a 10 de agosto: Sol e Júpiter em tensão em signos fixos estão demandando mais flexibilidade de sua parte no que diz respeito a opiniões muito arraigadas. Sua teimosia e obstinação por manter tudo exatamente igual podem revelar insegurança; pense nisso.

De 11 a 20 de agosto: Mudanças necessárias ao seu amadurecimento emocional devem chegar e, assim, romper com hábitos do passado. Você pode experimentar uma sensação de liberdade prazerosa e até se perguntar por que tudo isso demorou tanto para acontecer!

De 21 a 31 de agosto: Este ciclo pode sinalizar certa falta de vitalidade, relacionada a uma provável baixa no sistema imunológico. Procure fazer mais exercícios ao ar livre, comer melhor e, principalmente, evitar a automedicação, que não trará bons resultados.

De 1º a 10 de setembro: Saúde, otimismo e vitalidade são as bênçãos do Sol em trígono com Júpiter. Bom período para viagens, investir em marketing e fechar contratos com negócios produtivos. Sua mente está mais ágil, e sua presença de espírito o auxiliará em acordos exitosos.

De 11 a 20 de setembro: Urano e Sol estão em harmonia no céu e tendem a trazer surpresas prazerosas à vida sentimental. Saia da rotina de hábitos e horários, se dando a permissão de estar mais disponível para encontrar alguém interessante em sua vida!

De 21 a 30 de setembro: Sol em trígono com Plutão propicia um bom momento para soluções relativas à vida familiar, que podem ser heranças, inventários etc. Vênus em Leão em sextil com Marte em Libra sugere momentos felizes na vida a dois; lembre-se de elogiar e valorizar quem lhe quer bem.

De 1º a 10 de outubro: É possível que surjam conflitos ou divergências de interesses envolvendo o trabalho e a vida familiar. Não esmoreça e opte pela diplomacia, evitando o acirramento da situação. Recuar de alguma decisão agora pode ser sinônimo de inteligência, e não de fraqueza.

De 11 a 20 de outubro: Mercúrio e Marte fazem trígono com Saturno, que está na casa do trabalho e pode representar ganhos materiais merecidos. Valorize suas capacidades e conquistas, que não chegaram por acaso. O Sol está na Casa I, indicando mais saúde, vitalidade e alegria de viver.

De 21 a 31 de outubro: O Sol entra em sua Casa II, gerando mais garra e capacidade para ganhos financeiros. Seu otimismo e confiança acabarão atraindo oportunidades e contagiando quem está ao seu lado. Vênus e Urano podem promover alegrias e surpresas na vida afetiva.

De 1º a 10 de novembro: Neste ciclo, Mercúrio faz vários aspectos com os demais planetas. Isso representa um período de bastante interação social, trocas de informações sobre diversos assuntos, mais curiosidade e necessidade de estar com amigos. Cuidado com gastos excessivos!

De 11 a 20 de novembro: Marte, Sol e Netuno indicam um ciclo favorável para tudo o que você fizer em benefício da sua saúde psíquica e física; tratamentos alternativos serão bem-vindos. Se puder viajar para descansar e recarregar as energias em algum lugar próximo à natureza, será ótimo.

De 21 a 30 de novembro: Pode haver sobrecarga de responsabilidades ou certa preocupação com pessoas de mais idade. É bom ter um plano B, ou seja, delegar parte das tarefas para alguém de sua confiança. Pedir auxílio é uma solução e também uma necessidade.

De 1º a 10 de dezembro: O reencontro com pessoas do passado poderá ser estimulante e de alguma forma ampliar a imagem que você tem de si mesmo. Mercúrio e Júpiter indicam boas chances de programar alguma viagem para o final de ano.

De 11 a 20 de dezembro: Vênus em Escorpião em sextil com Mercúrio em Capricórnio traz bons indícios de alegrias no reencontro com amigos. Vênus está favorecendo ganhos materiais e também todos os tipos de tratamento estético, o que certamente aumentará sua autoestima.

De 21 a 31 de dezembro: Seu final de ano será abençoado por um trígono entre Sol e Júpiter, que iluminam sua casa associada à família, sua base emocional. Você estará mais otimista e confiante com o que vem pela frente. Fique de olho nos excessos típicos dessa fase, mas não deixe de se divertir!

ESCORPIÃO

23 de outubro – 21 de novembro

EU DESEJO
ELEMENTO: Água
PEDRAS DE PROTEÇÃO: Obsidiana e jaspe
PLANETA REGENTE: Plutão
QUALIDADE: Fixo

PERSONALIDADE: Os nativos deste signo de Água possuem uma natureza emocional intensa, mas que tem tendência a permanecer sob a superfície. Costumam ter uma atitude reservada perante as outras pessoas, e mesmo aqueles mais sociáveis reservam seu espaço pessoal restrito aos poucos em quem decidem confiar. Sempre verdadeiros, permanecer fiéis a si mesmos e aos seus ideais é um dos grandes valores dos escorpianos. Amantes da liberdade e da autonomia, valorizam muito o poder, usando toda a sua energia para realizar suas ambições, que não são poucas. Essencialmente obstinados e apaixonados, não medem esforços para realizar seus desejos.

TRABALHO: Quando se sentem envolvidos e emocionalmente conectados com o emprego, escorpianos tendem a trabalhar arduamente e dar o máximo de si para chegar o mais longe possível, e precisam tomar cuidado para que não acabem negligenciando outras áreas da vida. A ambição é um de seus traços fundamentais, e eles podem ser bons líderes. Gostam de autonomia para fazer as coisas à própria maneira, e seu olhar detalhista, observador e sensível os capacita a executar tarefas minuciosas com precisão.

AMOR: Escorpianos não amam pouco – para eles é tudo ou nada. Calorosos, gostam de se envolver com outras pessoas, mas podem ter dificuldade em confiar nelas à primeira vista. Devem tomar cuidado para evitar atitudes ciumentas ou possessivas. Tendem a se sentir vulneráveis quando estão em um relacionamento, exatamente porque se entregam de corpo e alma.

SAÚDE: A intensidade escorpiana pede que os nativos deste signo tomem cuidado com comportamentos autodestrutivos. Eles costumam negligenciar completamente a saúde, ou manter cuidados excessivos e exagerados. As áreas do corpo que merecem mais cuidado e atenção são os sistemas reprodutor e excretor. Os escorpianos também têm uma tendência natural à somatização, precisando estar sempre atentos ao seu padrão emocional para evitar problemas.

Previsões para 2023

De 1º a 10 de janeiro: Neste início de ano, Sol e Mercúrio atuam em sua terceira casa, sinalizando impulsos por renovação, quebra de rotina, desejo de sair da mesmice e dos horários de sempre. Excelente período para fazer viagens e também novos amigos.

De 11 a 20 de janeiro: Nesta fase haverá movimentação em sua vida amorosa. Vênus em Aquário e Marte em Gêmeos devem ampliar seus contatos, e você terá mais facilidade para estabelecer conexões com outras pessoas. A troca de informações e cumplicidade em relação aos mesmos ideais serão tudo de bom.

De 21 a 31 de janeiro: Momento bastante propício para iniciativas acertadas e mesmo corajosas relacionadas à vida familiar. O Sol em sextil com Júpiter traz indicações de reconhecimento do valor de seu trabalho. Tenha metas mais claras e objetivas para atrair aquilo que deseja em sua vida.

De 1º a 10 de fevereiro: Nesta fase, os entendimentos e oportunidades para fazer alianças não estão favorecidos. Podem surgir divergências de interesses que atrasarão ou modificarão seus planos. Vênus em Peixes mostra forte tendência a idealizar a pessoa amada; tome cuidado.

De 11 a 20 de fevereiro: Este ciclo é mais benéfico no que diz respeito aos assuntos do coração, sendo positivo para viagens rápidas e românticas. Bons negócios podem ser concluídos. O Sol em conjunção a Saturno é auspicioso para resolver pendências no âmbito familiar e doméstico.

De 21 a 28 de fevereiro: Marte e Mercúrio em trígono tornam esse período favorável para assuntos de comunicação, publicidade e, contatos em redes sociais. Você poderá atuar mais a favor de seus negócios, recebendo estímulos e apoio por tudo o que está fazendo.

De 1º a 10 de março: O mês se inicia com Vênus em conjunção a Júpiter em Áries, e esse aspecto vai se manifestar como garra, coragem e criatividade no trabalho. Você poderá liderar os colegas com novas ideias, recebendo vários elogios. Sol e Urano indicam grande presença de espírito e originalidade.

De 11 a 20 de março: Este período tem vários aspectos planetários relevantes. Fique atento a notícias confusas ou intrigas que aparecerem; sabendo disso, evite tomar decisões de grande impacto. Vênus em sextil com Saturno indica atitudes confiantes, que estão baseadas em experiências anteriores.

De 21 a 31 de março: Marte em trígono com Saturno mostra um período de eficiência e produtividade em suas realizações. Saber compreender e se relacionar bem com todos será o grande diferencial em seu desempenho neste momento.

De 1º a 10 de abril: Mercúrio está movimentando positivamente sua área de associações e parcerias. Aproveite para pesquisar e estudar, ampliar seu repertório intelectual e tudo o que valorize seu desempenho no trabalho. Na vida afetiva, tudo caminha bem.

De 11 a 20 de abril: Vênus em aspecto de tensão com Saturno indica dificuldades em assuntos do coração, tais como mágoas, baixa autoestima e desconfiança. É hora de se desvencilhar do que houve no passado, perdoar e olhar para a frente.

De 21 a 30 de abril: Ainda que alguns acontecimentos o contrariem, é preciso saber que nem tudo depende só da sua vontade; algumas coisas sempre estarão fora do seu controle. Os bons aspectos entre Mercúrio, Urano e Marte são auspiciosos para cuidar do corpo e do bem-estar.

De 1º a 10 de maio: Vênus em sextil com Júpiter sinaliza um período benéfico para questões relacionadas à saúde. No âmbito de trabalho, você poderá ser valorizado, e esse reconhecimento elevará seu amor-próprio. Contatos com o estrangeiro estão favorecidos neste ciclo.

De 11 a 20 de maio: O aspecto favorável entre Saturno e Vênus pode enraizar e fortalecer sua vida afetiva, especialmente os laços que demandam compromisso e segurança. Sol e Netuno trazem um ciclo excelente para que você desenvolva sua sensibilidade e desfrute de eventos artísticos em geral.

De 21 a 31 de maio: O período astral tem aspectos difíceis com Marte, resultando em possíveis atritos em que valores e opiniões serão divergentes.

Assim, se possível, exerça um papel mais conciliador, atuando com mais boa vontade e diplomacia.

De 1º a 10 de junho: Urano em sextil com Mercúrio traz mais rapidez ao seu pensamento e prontidão para responder às demandas do dia a dia. Sua criatividade e pragmatismo farão o trabalho fluir de maneira mais equilibrada. Vênus e Plutão estão demandando mais tolerância na vida afetiva.

De 11 a 20 de junho: Este período promete o acúmulo de atividades e responsabilidades. Tente dar prioridade ao que tem mais urgência. Você pode adiar ou delegar aquilo que não está ao seu alcance neste momento, assim não vai decepcionar pessoas próximas.

De 21 a 30 de junho: Urano e Marte em desarmonia podem significar impaciência e irritabilidade devido às pressões no trabalho. Será mais adequado não repassar o estresse para os colegas, o que poderia ser motivo para rupturas. Respire fundo; não seja refém das suas emoções.

De 1º a 10 de julho: Sol e Mercúrio estão na Casa IX, que representa os estudos superiores e a filosofia. Neste ciclo, você poderá obter alguns *insights* interessantes em relação aos seus propósitos de vida. Perguntas como: "O que estou fazendo aqui?", "Meu trabalho me traz alegria ou satisfação?", poderão lhe ocorrer.

De 11 a 20 de julho: Mercúrio recebe agora aspectos tensos de Plutão e Júpiter, que ocupam os signos de Capricórnio e Touro, respectivamente. É tempo de alargar seus horizontes mentais e praticar o desapego, inclusive das próprias opiniões, que teimam em não mudar.

De 21 a 31 de julho: Nesta fase ainda se mantêm os conflitos dos dias anteriores. Não queira controlar tudo o que acontece; faça só o que estiver ao seu alcance, e não se culpe sem motivos. O imediatismo sem reflexão não será uma boa pedida.

De 1º a 10 de agosto: É provável que nem tudo esteja correndo tranquilamente por esses dias. Mas o trígono entre Marte e Júpiter no céu pode mostrar que uma atitude mental mais positiva ou bem-humorada será o ponto de partida para se chegar a uma solução. Pense nisso.

De 11 a 20 de agosto: Os aspectos tensos de Urano não favorecem ações compartilhadas, e a aceitação de suas propostas pode não se concretizar. Procure ver por outros ângulos a situação que foi criada; essa atitude poderá lhe mostrar uma saída mais rápida para os impasses deste ciclo.

De 21 a 31 de agosto: Este período vai demandar uma boa dose de abstração de sua parte. De um lado, há uma atmosfera de confusão e intrigas entre amigos que causam frustração. Por outro, ainda não é hora para diálogos muito construtivos; tenha calma.

De 1º a 10 de setembro: O mês começa com aspectos mais auspiciosos, em que a vida flui melhor com os aspectos benéficos de Júpiter. Com mais razão e discernimento, você poderá esclarecer os atritos do ciclo anterior. Bom para planejar seu orçamento doméstico.

De 11 a 20 de setembro: Urano na Casa VII pode trazer novos e diferenciados amigos, que o desafiarão a fazer mudanças bem-vindas em sua vida. Planos e projetos para o futuro poderão ser definidos com mais segurança interior.

De 21 a 30 de setembro: Sol e Plutão em harmonia em signos de Terra devem evidenciar sua capacidade de ver as coisas com mais sensibilidade e profundidade. Marte e Vênus, por sua vez, trazem mais inspiração e romantismo para a vida a dois.

De 1º a 10 de outubro: Nesta fase, é melhor não confiar demais em suas fantasias, pois a realidade pode se impor rapidamente. As decepções geralmente provêm de idealizações. Evite também discussões com irmãos ou familiares.

De 11 a 20 de outubro: Neste período, o planeta Saturno recebe bons aspectos de Marte e Mercúrio. Essa configuração é excelente para tudo o que precisa ser realizado com mais eficiência e sensibilidade em relação aos outros. Você poderá assumir responsabilidades e levá-las até o final.

De 21 a 31 de outubro: Mercúrio, Marte e Sol estão transitando em sua primeira casa, e isso se reflete em mais saúde, ânimo e alegria de viver. Vênus está bem posicionada com Urano e Júpiter, trazendo o desejo de renovar ou tornar sua casa mais bonita.

De 1º a 10 de novembro: O período poderá ser marcado por ansiedade e precipitação das palavras no ambiente doméstico. As contradições aparecem e trazendo com elas ressentimentos. O processo todo vai funcionar como uma boa "faxina" emocional para todos os envolvidos, o que também é positivo.

De 11 a 20 de novembro: Sol e Marte juntos fazem trígono com Netuno em Peixes. Esse ângulo é auspicioso para tudo o que você precisa direcionar em sua vida com mais segurança e criatividade. Não se preocupe tanto com os detalhes, deixe sua imaginação desenhar seus ideais para um futuro próximo.

De 21 a 30 de novembro: Animosidades ainda poderão reverberar no contexto familiar, mas agora você já sabe como contornar os conflitos. Plutão e Sol indicam mais poder, força e criatividade no setor profissional; aproveite bem!

De 1º a 10 de dezembro: Mercúrio em trígono com Júpiter sinaliza um bom momento para fechar negócios e planejar viagens; se for o caso, pode haver êxito em assuntos jurídicos. Vênus e Saturno indicam a possibilidade de reencontros significativos com pessoas do seu passado.

De 11 a 20 de dezembro: Vênus em Escorpião faz sextil com Mercúrio em Capricórnio, que está na Casa III. Boa fase para interagir socialmente com pessoas mais jovens, viajar, sair mais e buscar por entretenimentos. Sol e Netuno indicam tendência a excessos com a alimentação; vá com calma!

De 21 a 31 de dezembro: Saturno recebe sextil do Sol e Mercúrio, o que sinaliza bom relacionamento com pessoas de mais idade, com as quais você também se sentirá mais seguro. Sol em trígono com Júpiter mostra um momento de mais fé, otimismo e confiança, que combina bem com os desejos de final de ano; divirta-se!

SAGITÁRIO — 22 de novembro – 21 de dezembro

EU ELEVO
ELEMENTO: Fogo
PEDRAS DE PROTEÇÃO: Ametista e lápis-lazúli
PLANETA REGENTE: Júpiter
QUALIDADE: Mutável

PERSONALIDADE: Com uma intensa energia de renovação e regeneração, os sagitarianos conseguem manter um ar de jovialidade, mesmo quando são mais maduros. Grandes amantes da liberdade, possuem uma natureza expansiva e aventureira. Divertidos e espontâneos, também gostam muito de viajar e têm a capacidade de levantar o astral de qualquer ambiente onde estiverem. Os nativos deste signo são sociáveis e gostam de estar na companhia dos amigos, a cujos laços afetivos dão grande valor. Extremamente entusiasmados, possuem uma motivação interminável para realizar seus planos e conseguem manter um olhar positivo sobre as situações mesmo em momentos difíceis. São bastante generosos, e sua criatividade os ajuda a sair de problemas difíceis, encontrando novas alternativas.

❋ **TRABALHO:** Conseguem tornar o ambiente de trabalho leve e descontraído ao mesmo tempo que são capazes de manter o foco em tarefas e deveres. Sua mente rápida corre o risco de se entediar com facilidade ao desempenhar funções monótonas e repetitivas, por isso os sagitarianos preferem trabalhos dinâmicos e que lhe tragam um ar de novidade e aventura, além da possibilidade de novas experiências. Para que sejam felizes profissionalmente, é preciso encontrar uma ocupação que lhes transmita um sentido de satisfação interior e pessoal.

❋ **AMOR:** Como um típico signo de Fogo, os nativos de Sagitário são conquistadores e gostam de tomar a iniciativa e a liderança quando o tema é sedução. O bom par amoroso é aquele que, antes de tudo, é um bom amigo e companheiro. Sagitarianos prezam muito seu senso de liberdade, o que às vezes resulta em certa demora para firmar um compromisso sério, mas, quando estão em um relacionamento, demonstram toda a sua autenticidade, sendo excelentes parceiros.

❋ **SAÚDE:** Sagitarianos costumam ser resistentes, mas, como bons filhos de Júpiter, devem tomar cuidado com exageros e excessos quando o assunto é saúde. As áreas do corpo que pedem atenção especial são o fígado e a região das coxas.

Previsões para 2023

De 1º a 10 de janeiro: O ano se inicia com aspectos positivos entre Sol, Mercúrio e Urano. Momento especial para mudar sua rotina, ver novas paisagens e oxigenar seu espírito com novidades. Você poderá ter ideias mais criativas para o trabalho.

De 11 a 20 de janeiro: Marte está em Gêmeos e Vênus em Aquário, ambos signos do elemento Ar, que devem sinalizar um ciclo de mais entendimento na vida afetiva. A comunicação ou expressão dos desejos acontece de maneira mais fluida, tornando a relação mais prazerosa.

De 21 a 31 de janeiro: Há no céu um trígono entre Marte e Sol, o que torna esta fase oportuna para viagens interessantes que vão estimular seus interesses intelectuais. Uma aventura amorosa pode bater à sua porta; mesmo que seja algo passageiro, será também especial; aproveite!

De 1º a 10 de fevereiro: Sol e Urano em ângulo de tensão podem iniciar um ciclo de tensão marcado por imprevistos que vão alterar seu cotidiano e o cumprimento de suas tarefas. Seria interessante providenciar cópia de seus documentos para não ter surpresas no caso de haver problemas com aparelhos eletrônicos.

De 11 a 20 de fevereiro: Momento em que sua sensibilidade psíquica está intensa. Excelente para aproveitar eventos artísticos e musicais, deixando-se levar por um clima romântico. Talvez reencontre amigos do passado, e isso terá um impacto positivo em sua autoestima.

De 21 a 28 de fevereiro: Marte em Gêmeos faz bom aspecto com Mercúrio, e essa configuração planetária deve impulsionar novas parcerias e associações inspiradoras em seu trabalho e nos estudos. Interessante para viajar, ampliar seu *networking* ou aprender alguma nova língua.

De 1º a 10 de março: Vênus agora está em Áries, ao lado de Júpiter, o regente de seu signo solar. Momento em que estará mais suscetível a romances especiais. Certamente essa não é a hora de se esconder em casa, mas sim de conquistas e alegrias na vida a dois.

De 11 a 20 de março: Sol, Mercúrio e Netuno em Peixes movimentam a casa da família e dos antepassados. Momento interessante para rever fotos ou imagens de pessoas que foram importantes em seu desenvolvimento emocional. Agora você já pode assumir um compromisso mais sério ou duradouro.

De 21 a 31 de março: Os assuntos filosóficos e espirituais estarão beneficiados pela conjunção de Mercúrio e Júpiter no céu estelar. Sua mente estará ávida por conhecimentos que alimentem seu espírito curioso. Marte e Saturno podem promover encontros com pessoas mais maduras e experientes.

De 1º a 10 de abril: Mercúrio em sextil com Saturno podem ajudá-lo a compreender o papel relevante que a família e o ambiente doméstico têm em sua vida. Isso com certeza lhe dará mais segurança para seguir em frente, rumo a conquistas cotidianas que sempre aparecem.

De 11 a 20 de abril: Júpiter agora recebe a visita do Sol no signo de Áries, do elemento Fogo. Isso terá especial relevância para que você possa tomar iniciativas acertadas relativas ao seu trabalho. Você poderá mobilizar energias criativas e ousadas para expandir seus projetos.

De 21 a 30 de abril: Não deixe de investir em conhecimentos na área tecnológica, pois ela é o futuro. Uma opção é a *internet das coisas*, que poderá ampliar suas perspectivas profissionais. Não resista às mudanças que estão chegando ao cotidiano de todos, por meio desse tipo de tecnologia.

De 1º a 10 de maio: Júpiter em sextil com Vênus traz um momento dinâmico em sua vida social e cultural; aproveite para dar prioridade ao seu lazer, cercado de boas companhias. Sol e Urano ocupam a casa de saúde, o que sugere um ciclo excelente para terapias e tratamentos alternativos.

De 11 a 20 de maio: Este período é favorável para negociações relativas a bens patrimoniais, imóveis ou bens duráveis. Sua atitude conciliadora e responsável será decisiva para que tudo se resolva de maneira equilibrada e justa.

De 21 a 31 de maio: Sol em Gêmeos e Plutão em Aquário apontam para bons encontros, parcerias gratificantes e ações transformadoras. Excelente momento para aprofundar conhecimentos, iniciar pesquisas ou se lançar a assuntos diferentes dos de seu interesse rotineiro.

De 1º a 10 de junho: Plutão e Vênus encontram-se em oposição, e o ciclo pode ser marcado por desconfianças ou ressentimentos na vida sentimental. É melhor não impor sua vontade nem ceder aos desejos de provocações; vá com calma.

De 11 a 20 de junho: O planeta Mercúrio está em seu próprio signo, sendo ativado por Plutão, Vênus e Marte. Bom para viajar, interagir, divulgar seu trabalho em redes sociais, dar palestras e escrever. Positivo também para fazer investimentos financeiros.

De 21 a 30 de junho: Marte em Leão e Urano em Touro estão em tensão em signos fixos. Agora não é hora de insistir em opiniões muito rígidas e arraigadas, o que só aumentaria a tendência a rupturas. Procure se aconselhar com pessoas mais maduras.

De 1º a 10 de julho: Sol e Mercúrio em Câncer fazem aspectos com Netuno, Júpiter e Urano. Sua mente está mais acelerada e fantasiosa ao mesmo tempo. Dessa feita, essa tendência se torna produtiva quando canalizada para atividades criativas ou práticas meditativas que refinem sua fé e seu espírito.

De 11 a 20 de julho: Urano e Sol em harmonia vão favorecer a criatividade, agora voltada para seu desempenho profissional. Aproveite melhor seu tempo para dar espaço a novas ideias ou intuições. Não se preocupe se tiver que mudar horários ou encontros já agendados.

De 21 a 31 de julho: Agora o ritmo do cotidiano pode estar mais lento, restando uma sensação de sobrecarga ou incapacidade para finalizar suas tarefas. Você pode simplesmente adiá-las ou então delegar certas responsabilidades a alguém que seja de sua confiança.

De 1º a 10 de agosto: Faça um esforço para organizar seu cotidiano e agenda, apesar dos atrasos que ainda persistem. Estabelecer prioridades será uma boa pedida para poder dissipar sua ansiedade. Permaneça firme em seus propósitos, e tudo se resolverá bem.

De 11 a 20 de agosto: Urano em aspecto tenso com Vênus pode criar uma atmosfera de insatisfação ou contrariedade na vida sentimental. Você pode ter a sensação de que está perdendo sua liberdade de ir e vir, e que precisa de mais espaço. Mercúrio e Júpiter estão favorecendo o diálogo e o entendimento; vá em frente.

De 21 a 31 de agosto: Atribulações ou contratempos na vida familiar podem deixá-lo desapontado ou magoado. Fique atento para que isso não prejudique seu desempenho profissional. Seja mais humilde em suas expectativas por reconhecimento ou elogios pelo seu esforço.

De 1º a 10 de setembro: Você poderá mostrar seu amor pelo trabalho nesta fase, que é auspiciosa para a execução de seus projetos. Sol, Mercúrio em trígono com Júpiter em Touro indicam maior capacidade de organização e discernimento, que vão gerar resultados positivos e palpáveis para seus colegas e superiores.

De 11 a 20 de setembro: Há aqui a continuidade do ciclo anterior, sendo que agora tende a ser mais criativo e original em suas propostas de inovação. Talvez não possa contar com o apoio de todos, mas não se incomode; siga sua trajetória de êxito.

De 21 a 30 de setembro: Sua capacidade de expressão e comunicação está em fase excelente. Aproveite para estudar, aprender assuntos novos, participar de seminários e palestras ou iniciar um curso de línguas. Você poderá fechar bons contratos em negócios significativos.

De 1º a 10 de outubro: Nestes dias, é importante ter cautela com gastos feitos por impulso; evite investimentos de risco que possam trazer prejuízos. Sua mente está mais suscetível a enganos e decepções; fuja de conversas tendenciosas e intrigas no seu trabalho.

De 11 a 20 de outubro: Saturno ocupa a Casa IV, recebendo um bom aspecto de Marte em Escorpião. Essa configuração é corroborada pela fase da Lua Nova, que torna este momento propício para a reflexão e introspecção, ou seja, para buscar o contato consigo mesmo.

De 21 a 31 de outubro: Nesta fase, o cuidado com despesas maiores deve continuar. Por outro lado, se for o caso, não deixe de pensar ou prospectar negócios imobiliários que sejam de longo prazo. Vênus faz trígono com Júpiter, o que sugere boas surpresas na vida amorosa.

De 1º a 10 de novembro: O excesso de trabalho pode gerar ansiedade e preocupações exageradas. Por conta dessa tendência, fique atento em não relaxar demais com a alimentação, mantendo uma rotina de exercícios para evitar o indesejável ganho de peso.

De 11 a 20 de novembro: Seja perseverante com seus bons hábitos de saúde, ainda que a procrastinação esteja sugerindo o contrário. Eventos culturais e artísticos podem animar este ciclo; saia mais para se divertir, rever seus amigos queridos e fazer planos para o final do ano.

De 21 a 30 de novembro: O Sol vai entrando em seu signo solar. Ótimo momento para inovar a autoimagem e a maneira de ser ou reagir às circunstâncias externas, sem temer a opinião dos amigos. Propício para criar novos projetos, de acordo com seu espírito otimista e aventureiro.

De 1º a 10 de dezembro: Pense duas vezes antes de ceder à vontade de revidar alguma frustração amorosa. Se você mantiver o autocontrole, poderá resolver tudo de forma mais equilibrada e madura, com palavras mais positivas e relevando as contrariedades.

De 11 a 20 de dezembro: Mercúrio entra em movimento retrógrado; talvez seja preciso reavaliar sua programação para o final do ano. Mas veja isso com bons olhos, pois as coisas têm sua razão de ser. O Sol em quadratura com Netuno pode indicar baixa no sistema imunológico; mantenha os seus exames anuais em dia.

De 21 a 31 de dezembro: Um sextil entre Sol e Saturno sinaliza encontros prazerosos com pessoas do seu passado. O Sol também faz trígono com Júpiter, e Mercúrio e Marte estão no seu signo solar, ou seja, ciclo de entusiasmo, esperança e otimismo em relação à vida. Celebre bastante!

CAPRICÓRNIO — 22 de dezembro – 20 de janeiro

EU CONQUISTO
ELEMENTO: Terra
PLANETA REGENTE: Saturno
QUALIDADE: Cardinal
PEDRAS DE PROTEÇÃO: Magnetita e ônix

- **PERSONALIDADE:** Os capricornianos são conhecidos no Zodíaco por terem um ar maduro, prático e realista desde muito cedo. Tendem a valorizar bastante a responsabilidade e possuem um senso de compromisso e dever inabaláveis. Persistentes e pragmáticos, a impulsividade não tem muito lugar em seus planos, pois os nativos deste signo são calculistas e metódicos, e gostam de planejar cada passo do caminho com muito cuidado. Obstinados e ambiciosos, querem sempre chegar ao longe, por isso mantêm os olhos voltados para o topo. Com tendência ao perfeccionismo, devem tomar cuidado com o excesso de rigor ou a dificuldade em deixar os planos de lado para lidar com a imprevisibilidade do mundo, que muitas vezes pode ser causa de grande sofrimento para os capricornianos.

- **TRABALHO:** A vida profissional é o território natural dos capricornianos, onde gostam de provar seu valor, enfrentar desafios e chegar cada vez mais longe. Determinados, persistentes e exigentes, sempre batalharão pelos melhores resultados. Dão-se muito bem em ambientes rígidos e hierárquicos, onde as funções, atribuições e expectativas são bem definidas. O cuidado importante aqui é evitar negligenciar outras áreas da vida. Rigorosos, quando chegam a funções de liderança, são bons professores, mas também exigentes.

- **AMOR:** Os nativos do signo de Capricórnio são tradicionais no que diz respeito a relacionamentos, podendo levar certo tempo para abrirem as portas do coração. Apesar de terem a fama de possuírem um coração gelado, os capricornianos amam de maneira intensa e profunda, demonstrando isso ao compartilhar a própria vida com o parceiro, mesmo que nem sempre haja grandes manifestações externas de afeto. Têm expectativas claras quanto ao que buscam em um parceiro, sendo exigentes na hora de se relacionar.

SAÚDE: A estrutura física é um ponto forte dos nativos de Capricórnio, que costumam ter uma saúde cada vez melhor à medida que envelhecem. Os problemas aos quais precisam ficar atentos envolvem artrite, pedras nos rins, resfriados, problemas de pele e reumatismo.

Previsões para 2023

De 1º a 10 de janeiro: Plutão, Sol e Mercúrio estão em seu signo solar, o que lhe confere mais vitalidade, carisma, confiança e segurança em suas realizações. Urano em Touro estão bem aspectados e sinalizando um bom período para reformulações positivas na vida financeira.

De 11 a 20 de janeiro: Sol e Plutão estão em conjunção, e essa configuração astral indica maior poder pessoal e consciência dos próprios talentos para você tomar decisões transformadoras e profundas em sua vida. Vênus e Marte em harmonia movimentam e alegram sua interação social e amorosa.

De 21 a 31 de janeiro: Marte e Sol devem impulsionar de maneira mais dinâmica seus interesses na área de trabalho e estudos. Ótimo para aprender, viajar, ampliar seu repertório intelectual, assim como liderar atividades em grupo, compartilhando ideais coletivos.

De 1º a 10 de fevereiro: Nesta fase podem surgir contratempos relacionados a seus aparelhos eletrônicos em geral. Se possível, faça um *backup* de documentos importantes por prevenção. Contrariedades no campo amoroso colocarão sua paciência à prova.

De 11 a 20 de fevereiro: Este período pode ser benéfico para tratar de assuntos financeiros de longo prazo, como aposentadorias ou negócios relativos a bens patrimoniais e duráveis. É interessante buscar aconselhamento com pessoas capacitadas para tal função.

De 21 a 28 de fevereiro: Mercúrio em Aquário e Marte em Gêmeos, ambos em signos de Ar, tornam esta fase fértil e auspiciosa para seu trabalho.

Novas ideias e projetos podem ser estimulantes também para os seus colegas. Excelente momento para viagens rápidas e bons negócios.

De 1º a 10 de março: Sol em Peixes e Urano em Touro indicam que sua criatividade e intuição continuam em alta, e isso trará dividendos financeiros interessantes. Júpiter e Vênus ocupam a Casa IV, mostrando uma disposição generosa de sua parte para o convívio familiar e o desejo de embelezar a sua moradia. Vá em frente!

De 11 a 20 de março: Sol, Netuno e Mercúrio estão em Peixes, e esse *stellium* movimenta sua Casa III. Período excelente para você imaginar o que deseja realizar em sua vida; deixe bem claro para si mesmo aquilo que o deixaria feliz e realizado. Grandes obras começaram dessa forma, acredite.

De 21 a 31 de março: Momento oportuno para buscar soluções para sua moradia, sejam referentes a compra, reformas ou mesmo a decisão de trabalhar em casa. Parcerias com pessoas mais velhas e experientes também poderão abrir novos caminhos profissionais.

De 1º a 10 de abril: O planeta Mercúrio faz aspectos relevantes neste momento. De um lado, muitas ideias e a vontade de fazer acontecer, com a pressa de realizá-las. Mas será também importante não acelerar demais o ritmo dos outros, evitando assim conflitos desnecessários.

De 11 a 20 de abril: Júpiter e Sol próximos trazem uma fase de expansão, otimismo e talvez o crescimento da família. Os assuntos de moradia continuam em pauta e demandam decisões e iniciativas rápidas. Confie em sua intuição, que poderá beneficiar todos os envolvidos.

De 21 a 30 de abril: A entrada do Sol em sua Casa V em aspecto difícil com Plutão mostra a tendência para uma postura muito intransigente e pouco diplomática com pessoas queridas. Às vezes é preciso recuar um pouco para encontrar novas soluções até melhores daquelas que já estavam planejadas.

De 1º a 10 de maio: O planeta Urano ocupa a Casa V, recebendo bons aspectos de Sol e Marte. Essa configuração deve impulsionar sua criatividade, o desejo por novas experiências e mais autonomia para poder mostrar aos outros seus valores e visão de mundo.

De 11 a 20 de maio: Este momento é bastante auspicioso para o desenvolvimento de sua vida espiritual e o autoconhecimento. Ótimo para buscar terapias e outras ferramentas que o auxiliem nesse sentido; as práticas meditativas também serão muito bem-vindas.

De 21 a 31 de maio: Marte em tensão com Plutão pode trazer turbulências internas que mexerão com sua segurança e autoestima. O autocontrole será essencial para não tomar atitudes polêmicas. Reflita bem e relativize os eventos externos, sem levar tudo para o lado pessoal.

De 1º a 10 de junho: A insatisfação emocional ainda pode permanecer, e o importante é não negar seus sentimentos e também não jogar mais lenha na fogueira. Procure conselhos antes de tomar uma decisão, sabendo que tudo isso certamente vai passar.

De 11 a 20 de junho: Aos poucos tudo vai se esclarecendo e você deixa de ser refém das emoções. Mercúrio em Gêmeos em sextil com Marte e Vênus, que estão em Leão, estão indicando mais leveza e bom humor na maneira de encarar a vida e os relacionamentos em geral.

De 21 a 30 de junho: O Sol está no signo de Câncer em trígono com Saturno, que é o regente de seu signo solar. A vida íntima e familiar passa por um período mais tranquilo. Você poderá assumir compromissos com mais segurança e resiliência, sem deixar que as adversidades se sobreponham à sua alegria de viver.

De 1º a 10 de julho: Mercúrio e o Sol ocupam a Casa VII, dinamizando associações e parcerias que poderão ter bons resultados. Sua criatividade e imaginação ultrapassam os parâmetros convencionais, e essa originalidade será bem-aceita em seu trabalho.

De 11 a 20 de julho: Neste período, Mercúrio faz aspectos tensos com Júpiter e Plutão, e isso deve comprometer sua comunicação com pessoas próximas. Ao ser questionado, avalie as críticas, evitando retaliações; será preciso ter mais jogo de cintura e humildade.

De 21 a 31 de julho: Neste ciclo há uma continuidade do anterior, ou seja, é tempo de controlar sua mente agitada e a ansiedade. Delegue algumas responsabilidades e assim se sentirá mais aliviado, pois nem sempre é possível ter o controle sobre tudo e todos.

De 1º a 10 de agosto: Nesta fase ainda é preciso evitar a autocrítica e a apreensão em relação a suas tarefas. Faça aquilo que estiver ao seu alcance. Marte em trígono com Júpiter deve trazer mais leveza e esperança; pense positivamente para atrair o que está desejando.

De 11 a 20 de agosto: A vida está demandando uma postura menos racional e ao mesmo tempo uma consciência mais panorâmica do mundo à sua volta. Marte em trígono com Urano estão sugerindo mais novidades na vida afetiva; não desperdice as oportunidades que surgirem!

De 21 a 31 de agosto: Fique atento aos assuntos de saúde; não procrastine exames nem consultas que já estejam atrasados. É conveniente ter mais cautela com os excessos na alimentação, evitando alimentos processados ou muito calóricos.

De 1º a 10 de setembro: Sol e Mercúrio em Virgem fazem bons aspectos com Júpiter, que ocupa a Casa V. Momento benéfico de superação, em que seu otimismo pode ser a bússola e o norte para crescer e expandir, liberando seu espírito para outras verdades e valores.

De 11 a 20 de setembro: Nestes dias, Urano favorecerá os assuntos financeiros; pode haver surpresas ou ganhos inesperados. Será positivo reciclar seus conhecimentos na área de tecnologia, os quais com certeza vão aumentar sua produtividade.

De 21 a 30 de setembro: A fase de mais satisfação e criatividade segue firme neste ciclo. É sempre bom lembrar que eventos futuros são criados no presente. Você agora se apropria de habilidades desconhecidas para poder seguir adiante com seus ideais ou projetos.

De 1º a 10 de outubro: Ainda que surjam certas indefinições ou instabilidades em sua caminhada, não se preocupe. De alguma maneira, elas o ajudarão a desenvolver a resiliência e o direcionamento interior, mesmo em meio a possíveis adversidades.

De 11 a 20 de outubro: Mercúrio e Sol em Libra sinalizam a possibilidade de viagens, bons negócios, oportunidades para aprender e se expandir intelectualmente. Fase positiva para reencontrar amigos do passado e interagir mais socialmente.

De 21 a 31 de outubro: Sol e Mercúrio vão adentrando o signo de Escorpião, ativando a casa dos amigos. Vênus e Júpiter em harmonia também intensificam a vida social e cultural, que sempre enriquece o espírito. Momento auspicioso para o lazer e entretenimentos em geral.

De 1º a 10 de novembro: Nestes dias será aconselhável não se render a rompantes na comunicação, entendendo que a sua verdade não é absoluta.

O Sol em oposição a Júpiter tende a levar tudo para os extremos, o que pode gerar rupturas intransponíveis; a tolerância será a melhor conselheira.

De 11 a 20 de novembro: O planeta Netuno recebe aspectos positivos de Sol e Marte neste ciclo. Isso significa que os esclarecimentos necessários vão chegar, e atitudes mais diplomáticas devem superar as divergências do ciclo anterior. Bom momento para lazer e viagens rápidas.

De 21 a 30 de novembro: Plutão está em posição de destaque nesta fase, e os aspectos positivos que recebe vão reverberar positivamente em sua saúde e vitalidade. Aproveite para colocar em dia assuntos pendentes, pois isso vai deixá-lo mais leve e com a sensação de dever cumprido.

De 1º a 10 de dezembro: Sua vida profissional vai demandar uma postura mais moderada e madura. Ainda que existam conflitos de ordem pessoal ou subjetiva, sua lógica e bom senso darão conta do recado, e tudo se resolverá pacificamente.

De 11 a 20 de dezembro: Em nome da boa convivência, é importante não fazer exigências descabidas em relação à pessoa amada, vale dizer: ninguém é perfeito. Mercúrio faz sextil com Vênus, o que é ótimo para a vida social, rever amigos ou fazer planos para o final de ano, aproveite!.

De 21 a 31 de dezembro: O ano vai terminando com bons aspectos do Sol, que agora está em seu signo solar. Os bons ângulos que ele faz com Júpiter e Saturno propiciarão o reconhecimento de suas realizações durante o ano. O reencontro com pessoas do passado será muito inspirador e prazeroso.

AQUÁRIO — 21 de janeiro – 19 de fevereiro

EU CONHEÇO
ELEMENTO: Ar
PEDRAS DE PROTEÇÃO: Fluorita e sodalita
PLANETA REGENTE: Urano
QUALIDADE: Fixo

❉ **PERSONALIDADE:** Ousados e questionadores, os aquarianos são filhos de Urano, o planeta da liberdade e da transposição dos limites. Com uma personalidade intensa e expansiva, são cheios de iniciativa, mas também marcados por gestos de solidariedade e altruísmo. A criatividade é um traço marcante em sua personalidade, e sentem necessidade de explorar novas ideias e territórios. Vivenciam suas emoções e relações de maneira leve e desapegada, pois se relacionam melhor por meio de ideias, e não de sentimentos. Seus valores pessoais são fundamentais e inabaláveis, e fugirão de todo e qualquer ambiente em que precisem sacrificar sua livre expressão. O cuidado deve estar na tendência à desobediência, uma vez que aquarianos tendem a respeitar apenas aqueles que consideram dignos de admiração genuína.

TRABALHO: Se a leveza é um traço fundamental para que aquarianos tenham boas relações, assim também será no trabalho, a menos que percebam nele a possibilidade de expressão do próprio potencial criativo, o que fará deles grandes idealistas e apaixonados pela profissão. Trabalham bem sozinho, mas, quando é necessário desempenhar funções coletivas, são capazes de colaborar com sua criatividade ao sentirem que suas ideias e pontos de vista são acolhidos e valorizados. Inspiradores por natureza, podem se tornar bons líderes, e valorizam ambientes dinâmicos e alternativos.

AMOR: Um aquariano se relaciona de maneira intelectual com as pessoas à sua volta; por isso, ele se apaixona pela visão de mundo de seu parceiro. Os nativos deste signo sentem uma imensa necessidade de troca nas relações românticas, e, mesmo ao desenvolverem intimidade com a pessoa amada, ainda assim precisam do sentimento de liberdade e autonomia. Preferem relações leves e livres de grandes conflitos ou problemas, em que possam se expressar de maneira original e autêntica, com acolhimento e reconhecimento.

SAÚDE: Aquarianos devem tomar cuidado com o sistema ósseo, que costuma ser mais frágil, com problemas de insônia e também doenças do sistema nervoso. O cuidado com a saúde mental também é fundamental.

Previsões para 2023

De 1º a 10 de janeiro: O ano tem início com Mercúrio e Plutão em Capricórnio fazendo ângulos favoráveis com Urano em Touro, todos signos do elemento Terra. Momento favorável para investir em seu autoconhecimento, e assim sentir-se mais determinado e livre para ser exatamente como é. Ciclo positivo para viagens com familiares.

De 11 a 20 de janeiro: Vênus em Aquário faz aspecto com Gêmeos, ambos signos de Ar. Momento de mais dinamismo e alegria em sua vida afetiva, com a promessa de cumplicidade e alegrias compartilhadas. Aproveite o período para fazer viagens rápidas.

De 21 a 31 de janeiro: Júpiter e Sol em harmonia sinalizam generosidade e otimismo no contato com amigos, com os quais você poderá compartilhar planos para o futuro. Essa troca, além de alimentar seu espírito, o deixará motivado para expandir seus conhecimentos.

De 1º a 10 de fevereiro: Contratempos na vida doméstica e familiar podem deixá-lo frustrado, mas eles independem da sua vontade. A vida sentimental está suscetível a altos e baixos. Modere as palavras para não comprometer sua relação.

De 11 a 20 de fevereiro: Sol e Saturno agora podem significar uma fase de maturidade e sabedoria na forma de contornar as adversidades que surgiram no ciclo anterior. Você perceberá que a empatia ou a compaixão pelo outro é a melhor opção na convivência com todos.

De 21 a 28 de fevereiro: Plutão e Vênus em harmonia propiciam acordos e cooperação em seu trabalho; sua eficiência e produtividade poderão ser elogiadas. Mercúrio em Aquário facilita sua comunicação e presença de espírito para encontrar soluções rápidas para eventualidades.

De 1º a 10 de março: O planeta Urano, que rege seu signo solar, está em sextil com o Sol, dinamizando sua mente e espírito. Bom momento para reformar sua moradia, deixando-a mais funcional e organizada para poder receber amigos ou familiares.

De 11 a 20 de março: Período benéfico para estruturar sua vida financeira, estabelecer prioridades nos gastos, fazer uma previsão de fluxo de entrada e saída de seus recursos. Fique atento aos excessos com alimentação mais pesada, que poderá sobrecarregar seu sistema digestório.

De 21 a 31 de março: Vênus está em conjunção com Urano em Touro, o que torna este ciclo favorável também para seguir adiante com as melhorias em sua casa. Pode haver o desejo de torná-la mais bonita e confortável; use sua criatividade e bom gosto sem medo de ser feliz!

De 1º a 10 de abril: Mercúrio em Touro se contrapõe a Plutão em Aquário, e isso deve dificultar sua comunicação com os demais. Tente não ser intransigente nem obstinado em suas opiniões, dando espaço para que outros pensem de forma diferente. Na vida afetiva, tudo corre bem.

De 11 a 20 de abril: Sol e Júpiter estão juntos no signo de Áries, do elemento Fogo, impulsionando sua capacidade de agir com determinação e de acordo com sua vontade. Excelente momento para expandir seus horizontes intelectuais, aprendendo coisas diferentes.

De 21 a 30 de abril: Agora Mercúrio entra em movimento retrógrado, o que torna adequado rever ou reformular algum projeto que já estava em andamento; isso lhe permitirá aperfeiçoá-lo. O contato com pessoas de mais idade será interessante nesse processo.

De 1º a 10 de maio: Esta fase pode ser muito importante no sentido de se liberar de valores ou crenças limitantes oriundas de sua vida familiar. A consciência de saber quem você é vai se tornar um fator essencial para enfrentar melhor as adversidades do dia a dia.

De 11 a 20 de maio: Vênus e Marte em Câncer transitam em sua casa de trabalho, facilitando a interação social com aqueles com os quais convive diariamente. Você estará mais receptivo às necessidades deles, e essa atenção os deixará mais motivados e produtivos.

De 21 a 31 de maio: Sol e Plutão fazem trígono em signos de Ar, deixando-o mais consciente de seus talentos e recursos ainda desconhecidos. Aproveite para expor suas ideias e sentimentos com mais liberdade, sem preocupação com a opinião alheia.

De 1º a 10 de junho: É provável que você se depare com situações difíceis em suas associações, sejam elas pessoais ou profissionais. Mesmo que nem tudo esteja sob seu controle, tente observar melhor o que está se passando, sem tomar decisões equivocadas.

De 11 a 20 de junho: Aos poucos, as nuvens cinzentas vão se dissipando, e as coisas ficarão mais claras. Use sua lógica e discernimento para julgar o que pode ser reformulado. Procure sair mais, se divertir, estar em boas companhias e, assim, deixar de lado as preocupações.

De 21 a 30 de junho: Fique atento a contratempos com seus aparelhos eletrônicos; por precaução, se achar necessário, faça cópias de seus documentos. Procure evitar gastos supérfluos com aquilo que não vai atender a uma demanda específica.

De 1º a 10 de julho: Neste ciclo, Júpiter está recebendo aspectos favoráveis de Mercúrio e Sol, que estão em Câncer. Aproveite para resolver pendências na vida familiar, de forma a considerar as necessidades de todos. Invista em uma alimentação mais saudável e com menos calorias.

De 11 a 20 de julho: Divergências de opiniões com pessoas queridas podem deixá-lo frustrado, e o melhor a fazer é não prolongar as discussões. Concentre-se naquilo que está dando certo, para não desperdiçar energia nem tempo com coisas que ainda não pode modificar.

De 21 a 31 de julho: Mercúrio e Vênus estão juntos no signo de Leão, e esse período é positivo para encontros, colocar ideias e novidades em dia, trocar afeto com aqueles que o querem bem. Contudo, fique atento a gastos excessivos.

De 1º a 10 de agosto: Os contratempos do dia a dia podem se intensificar com a quadratura entre Vênus e Urano. Caberá a você não ficar refém de sentimentos negativos; respire fundo e não se preocupe demais, pois Marte e Júpiter também mostram uma disposição otimista e confiante na vida.

De 11 a 20 de agosto: Agora quem se une a Vênus é o Sol, o regente de sua Casa VII. Não adie ações ou atitudes que o deixarão mais feliz, como viajar, ou sentir-se mais livre para conhecer pessoas diferentes, criativas e especiais. Viva o aqui e agora.

De 21 a 31 de agosto: No céu planetário temos uma oposição entre Marte em Virgem e Netuno em Peixes. Procure manter distância de conflitos que pressupõem intrigas ou fofocas sem fundamento. Observe os fatos, sabendo que não precisa tomar partido de alguém ou de um lado.

De 1º a 10 de setembro: Nesta fase, Júpiter, que é o regente da Casa XI, faz bons ângulos com Mercúrio e o Sol. Momento auspicioso para colocar em perspectiva suas metas e planos para o futuro. Melhor ainda será poder compartilhá-los com os amigos do coração.

De 11 a 20 de setembro: Vênus em Leão está em ângulo difícil com Júpiter em Touro, o que traz intransigência à vida amorosa e opiniões muito dogmáticas que poderão comprometer os relacionamentos em geral. Abra sua mente e procure agir com mais empatia; dessa maneira, tudo vai correr melhor nessa fase.

De 21 a 30 de setembro: Os princípios femininos e masculinos são representados por Vênus e Marte no simbolismo astrológico. Este é um ciclo importante para acreditar que o amor vale a pena e que as portas estão abertas para encontrar alguém especial; vá em frente.

De 1º a 10 de outubro: É preciso estar atento aos padrões inconscientes que surgem para boicotar seus sonhos relevantes. Não se deixe levar por emoções do passado que insistem em atrapalhar o seu aqui e agora. Deixe o passado no devido lugar e olhe para a frente.

De 11 a 20 de outubro: Na Casa X temos agora Marte em Escorpião, que vibra positivamente com Saturno em Peixes. Direcione sua energia de ação e liderança para a vida profissional, acreditando cada vez mais que tudo é possível para os perseverantes.

De 21 a 31 de outubro: Neste ciclo, você segue firme com uma postura determinada para alcançar seus objetivos. Sol e Mercúrio fazem trígono com Saturno, mostrando o valor das experiências feitas no passado, que serão úteis no momento presente.

De 1º a 10 de novembro: Período delicado e complexo. As demandas de trabalho vão afetar a vida familiar e vice-versa. Não se precipite em decisões impulsivas; tenha jogo de cintura para não se expor demais perante os outros. Confie, pois é tudo passageiro.

De 11 a 20 de novembro: Marte e Sol estão em trígono com Netuno, e isso lhe permite ter uma visão mais abrangente de tudo o que está ao seu redor e, assim, tomar atitudes mais inteligentes. O contato com amigos que estão fora do país pode se intensificar.

De 21 a 30 de novembro: Plutão está favorecendo seu desempenho profissional de forma explícita. Você será capaz de dirigir e orientar os colegas de maneira firme e assertiva, podendo ainda descobrir que possui talentos ou capacidades que desconhecia.

De 1º a 10 de dezembro: A movimentação profissional segue de forma produtiva e intensa. Agora as demandas também envolvem maturidade e inteligência emocional, e com elas a diplomacia para lidar com diferentes interesses. Na vida familiar, tudo corre com tranquilidade.

De 11 a 20 de dezembro: Mercúrio em sextil com Vênus em Escorpião pode facilitar o planejamento de viagens curtas ou longas para seu final de ano. No entanto, será importante não se comprometer demais financeiramente; tenha discernimento para fugir dos exageros.

De 21 a 31 de dezembro: O Sol faz trígono com Júpiter, ambos em signos de Terra e estão manifestando uma energia favorável para agradecer ao universo as realizações do ano que vai terminando. Você se desenvolveu bastante em termos espirituais, o que é muito significativo. Celebre a vida!

PEIXES
20 de fevereiro – 20 de março

EU CREIO
ELEMENTO: Água
PEDRAS DE PROTEÇÃO: Água-marinha e turquesa

PLANETA REGENTE: Netuno
QUALIDADE: Mutável

❊ **PERSONALIDADE:** Os nativos deste signo de Água têm como ambiente natural o mundo das emoções, dos sonhos e das fantasias. Empáticos por natureza, os piscianos têm muita facilidade para perceber e sentir as pessoas ao redor. Carinhosos, possuem tendência ao cuidado com os outros, devendo, contudo, tomar cuidado para não se anularem nesse processo. Sensíveis, seu humor sofre leves variações, mas costuma manter um ar sereno. São muito generosos e gostam de se devotar a uma causa ou propósito de vida. Para os piscianos, a vida pode ser simples, desde que seja preenchida de sentido e significado.

❊ **TRABALHO:** Para os piscianos, o trabalho é muito mais uma realidade idealista que expresse elementos de seu mundo interior do que uma simples obrigação prática e um modo de sobrevivência. Mais do que se dedicar a um trabalho, piscianos gostam de se entregar a um tipo de *serviço*, ou seja, ao ato de servir a um propósito que seja repleto de significado. Podem ter dificuldades para se encontrar em termos profissionais, pois precisarão também lidar com aspectos objetivos na carreira, mas, uma vez que encontrem um ambiente onde possam criar vínculos emocionais com suas funções, tendem a prosperar e ter muito sucesso.

❊ **AMOR:** Essencialmente afetuosos, os piscianos têm um ar maternal e gostam de suprir as necessidades do parceiro. No romance, têm tendência a se doar e fazer tudo o que estiver ao seu alcance pelo sucesso da relação. Amam de maneira altruísta, vendo na realização afetiva um importante aspecto de sua vida. Valorizam o carinho e precisam se sentir valorizados e acolhidos dentro do relacionamento.

SAÚDE: Os nativos deste signo tendem a cuidar de outras pessoas muito mais do que de si mesmos. Devem tomar cuidado, portanto, para não negligenciarem a própria saúde em detrimento dos demais nem absorverem para si problemas que não são seus, evitando se sobrecarregar. A sensibilidade do corpo está na região dos pés, mas também devem estar atentos aos sistemas respiratório e circulatório. Mudanças climáticas e de ambiente costumam exercer influência em sua saúde, o que pede um olhar cuidadoso para sua sensibilidade e ansiedade.

Previsões para 2023

De 1º a 10 de janeiro: Urano está recebendo bons ângulos de Sol e Mercúrio em Capricórnio, que ocupam a Casa XI. Momento oportuno para se animar com a presença de amigos e criar perspectivas de novos planos para o ano que se inicia; aposte no amanhã.

De 11 a 20 de janeiro: Netuno, o planeta regente de seu signo solar, está na Casa I em sextil ao Sol. Sua natureza compassiva, delicada e sonhadora ficará mais evidenciada agora. Seus desejos de paz e equilíbrio se fortalecem em práticas meditativas com amigos com os quais você tem afinidades.

De 21 a 31 de janeiro: Urano em trígono com Mercúrio torna esta fase favorável para bons negócios, comprar ou vender coisas de seu interesse ou necessidade. Bom momento para fazer viagens rápidas de lazer ou descanso, para renovando as energias físicas e psíquicas.

De 1º a 10 de fevereiro: Neste ciclo é possível que surjam conflitos com a pessoa amada; fuja de discussões inúteis e cansativas. Na vida familiar, nem tudo está tranquilo; acalme-se e diminua as expectativas por apoio a suas ideias, mas ainda assim continue firme em seus propósitos.

De 11 a 20 de fevereiro: Momento de crescimento e maturidade para enfrentar frustrações ou contratempos. A perseverança é a assinatura dos fortes, e tudo tem hora certa para acontecer; desta feita, faça a melhor opção que puder.

De 21 a 28 de fevereiro: Este ciclo traz a superação de adversidades no âmbito familiar. Suas opiniões agora são compreendidas, e você pode agir de acordo com sua vontade, sem precisar se submeter às expectativas dos outros.

De 1º a 10 de março: Júpiter e Vênus em Áries ocupam a Casa II, atraindo oportunidades relevantes para ganhos materiais. Faça planos para poder se desenvolver no campo profissional e conte com a proteção de pessoas importantes.

De 11 a 20 de março: Saturno, Sol e Mercúrio estão em Peixes na sua Casa I. Você terá a habilidade de dirigir sua vida conforme seus valores e motivações internas, porém é preciso considerar a realidade, ou seja, aquilo que está ao alcance de suas mãos.

De 21 a 31 de março: Marte e Saturno em harmonia facilitam decisões baseadas na confiança que você tem em pessoas mais próximas, entre elas, os seus familiares. Sua segurança e sabedoria de hoje advêm de experiências anteriores; saiba aproveitá-las.

De 1º a 10 de abril: Nestes dias, Mercúrio traz a seguinte informação: não deixe para amanhã aquilo que você pode fazer hoje. A questão do tempo adequado para interagir e assumir compromissos tem a ver com a segurança de que poderá terminá-los no prazo.

De 11 a 20 de abril: A Lua está em sua fase minguante, e isso representa um bom período para recolhimento ou introspecção. Não veja isso como algo negativo. Vênus e Saturno também têm a ver com a demanda de autoconhecimento, em que se podem priorizar sentimentos importantes.

De 21 a 30 de abril: Marte em sextil com Urano indica que agora a energia de superação vai ganhar mais força. Ouça sua intuição para buscar caminhos diferentes e ampliar seus conhecimentos. Pesquise e estude mais assuntos do seu interesse.

De 1º a 10 de maio: Marte está no signo de Câncer em sextil com Sol e Urano em Touro. Momento benéfico para planejar e se determinar a atrair o que ainda falta para sua autorrealização. A criatividade será essencial para seu êxito, assim como o apoio de familiares.

De 11 a 20 de maio: Continue firme em suas demandas intelectuais para avançar nos estudos ou no trabalho. Sol e Marte em bom aspecto com Netuno tornam este momento auspicioso para fazer dietas de desintoxicação do organismo.

De 21 a 31 de maio: Sol em Gêmeos e Plutão em Aquário indicam maior poder pessoal e dinamismo para a criação ou transformação do que você julga ser necessário em sua vida. O importante não é impor sua vontade, mas dar bons exemplos aos outros.

De 1º a 10 de junho: Plutão e Vênus encontram-se em oposição no céu planetário. Esse ângulo frequentemente implica em dificuldades nos relacionamentos amorosos. Aquilo que está indo mal acaba vindo à tona para ser modificado. Julgue menos para compreender mais.

De 11 a 20 de junho: Com paciência e tolerância agindo como conselheiras, os conflitos do coração vão se amenizando. Lembre-se de que uma postura de dignidade é sempre valorizada, em qualquer situação. Viagens rápidas serão bem-vindas.

De 21 a 30 de junho: Esteja mais atento ao mau funcionamento dos seus aparelhos eletrônicos; providencie o conserto logo que possível. O Sol em Câncer na Casa V está iluminando sua vida amorosa, o relacionamento com os filhos e com crianças em geral.

De 1º a 10 de julho: Mercúrio e Sol estão ocupando a Casa V, dando continuidade ao ciclo positivo para a vida a dois. Oportuno também para vender, comprar, fazer bons negócios ou expandir seu *networking* nas redes sociais. Se possível, faça uma viagem rápida.

De 11 a 20 de julho: Neste ciclo, as posições estelares mudaram e agora demandam mais cautela e parcimônia com assuntos financeiros. Portanto, não é hora de pecar por excesso de confiança. Ótimo momento para participar de eventos artísticos com música, artes visuais, fotografia etc.

De 21 a 31 de julho: Neste período poderá haver divergências de interesses com autoridades em geral, e você não terá como se defender imediatamente. Assim, distancie-se da situação para poder observá-la melhor antes de tomar alguma decisão.

De 1º a 10 de agosto: Marte em trígono com Júpiter está favorecendo assuntos ligados à jurisprudência; se houver necessidade, consulte alguém dessa área para orientá-lo. Seu cotidiano está sobrecarregado; tente delegar as tarefas para alguém em quem confie.

De 11 a 20 de agosto: Agora já é possível obter o reconhecimento dos seus direitos; brigue por eles e tenha confiança em seu mérito pessoal. O Sol ao lado de Vênus sinaliza um período de mais criatividade e autoconfiança em seu trabalho.

De 21 a 31 de agosto: Marte em oposição a Netuno traz o pressuposto de que pode haver uma atmosfera de intriga e confusão em suas associações ou parcerias. Esse clima só será superado com mais tolerância, discernimento e objetividade.

De 1º a 10 de setembro: Júpiter faz bons ângulos com Mercúrio e Sol nestes dias. Você estará mais otimista e confiante, e isso vai atraindo soluções esperadas e oportunidades para expandir sua mente e projetos pessoais. Organize melhor sua agenda financeira.

De 11 a 20 de setembro: Sol e Urano em trígono indicam um ciclo em que você vai desejar ser mais livre e independente em suas convicções e do *status quo* em geral. Permita-se questionar, ponderar ou pensar de maneira diferente do habitual, e conhecer pessoas mais originais e diferenciadas.

De 21 a 30 de setembro: Vênus em Leão faz sextil com Marte em Libra, o que estimula seu poder de atração e conquista. Caso exista alguém que desperte seu interesse, é chegada a hora de mostrar mais claramente seus sentimentos. Sol em trígono com Plutão facilitará a descoberta de talentos que você ainda não conhece.

De 1º a 10 de outubro: Neste período, Mercúrio faz oposição a Netuno, o que pode deixá-lo mais suscetível e vulnerável em termos psicológicos. Não acredite em tudo o que vê e ouve, e, em especial, mantenha distância de pessoas negativas, que podem afetar seu humor.

De 11 a 20 de outubro: Sol e Mercúrio estão juntos em Libra e regem as Casas IV e VI, respectivamente. Desta feita aproveite para resolver assuntos domésticos pendentes. No trabalho, você vai perceber que sua mente está mais ágil e com mais disposição para inovações.

De 21 a 31 de outubro: Agora Mercúrio e o Sol estão em Escorpião em trígono com Saturno em Peixes, ambos signos de água. Certamente sua sagacidade e sensibilidade para entender a alma humana estarão em alta. Vênus em trígono com Júpiter sinalizam êxito no trabalho e nos estudos.

De 1º a 10 de novembro: Mercúrio está ocupando a Casa IX e, em movimento rápido, faz contato com outros planetas. Por um lado, há certa dificuldade para você se acertar o ritmo lento dos acontecimentos, o que pode gerar ansiedade. Por outro, você é capaz de obter uma visão mais panorâmica de tudo.

De 11 a 20 de novembro: Vênus está em Libra em sextil com Mercúrio em Sagitário, capacitando-o a interagir de forma mais positiva e confiante com todos. A diplomacia e a escuta atenciosa farão toda a diferença em suas relações. Excelente para organizar uma viagem de longa distância.

De 21 a 30 de novembro: Sol e Marte fazem sextil com Plutão, ativando a casa dos amigos e dos planos para o futuro. Momento oportuno para se dedicar a atividades que envolvam grupos ou associações, e também para fazer novos amigos e compartilhar experiências.

De 1º a 10 de dezembro: Saturno e Vênus em harmonia promovem o reencontro com pessoas do passado, o que será muito significativo para sua alma. Mercúrio e Júpiter estão expressando mais pragmatismo e lógica em sua comunicação e eficiência na organização do cotidiano e de sua casa.

De 11 a 20 de dezembro: Vênus em oposição a Júpiter sinalizam a necessidade de conter gastos feitos por impulso com coisas que depois não servirão aos seus interesses. Sol e Netuno indicam uma possível baixa no sistema imunológico; evite o excesso de bebidas alcoólicas e a automedicação.

De 21 a 31 de dezembro: Mercúrio está em conjunção com Marte no signo de Sagitário, deixando sua mente acelerada e ávida por novidades. Júpiter em trígono com o Sol se traduz em bênçãos de otimismo e fé no amanhã, o que não deixa de ser relevante e especial nestes dias de celebrações do ano que vai terminando.

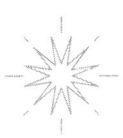

Descubra o seu Ascendente

O signo solar representa o potencial de nossa vida. Saber isso, no entanto, não basta. Para termos uma visão completa das possibilidades com que os astros nos acenam, precisamos levar em conta todo o Sistema Solar, tal como ele se apresenta no mapa astral. Talvez o Sol seja o corpo celeste mais importante na Astrologia, pois ele mostra nossa personalidade mais profunda; no entanto, é imprescindível conhecer o signo que, na hora e no local do nosso nascimento, despontava no horizonte leste. Esse é o signo Ascendente, que determinará o "horizonte" pessoal, ou seja, nosso ponto de vista particular com relação à vida.

A seguir serão apresentadas tabelas práticas e fáceis com as quais você poderá descobrir, *com precisão relativa*, qual é o seu Ascendente.

Como usar as tabelas

❶ Descubra na Tabela 1 se você nasceu no horário de verão. Nesse caso, subtraia 1 hora do horário do seu nascimento.

❷ De acordo com o Estado em que você nasceu, some ou subtraia do horário do seu nascimento o número indicado na coluna de correção de horário constante da Tabela 2. Por exemplo, se você nasceu no dia 06 de abril de 1970, às 24h10, no Estado de São Paulo, terá de subtrair 6 minutos. Desse modo, a Hora Local será fixada em 24h04.

❸ Localize, na Tabela 3, a Hora Sideral, seguindo o dia do seu nascimento até chegar, na mesma linha, à coluna do mês. De acordo com o exemplo anterior, você vai encontrar 1h01 como Hora Sideral.

❹ O próximo passo é somar a Hora Local com a Hora Sideral, ou seja, 24h04 + 1h01, e terá 25h05 como resultado. No entanto, se os resultados forem acima de 24 horas, é preciso subtrair 24 horas da soma. Se forem abaixo, vá direto à Tabela 2. No exemplo, a soma foi superior a 24 horas, motivo pelo qual foi preciso subtrair 24 horas, chegando a um resultado final de 1h05 – Hora Sideral individual. Vá agora à Tabela 2 para localizar a latitude do Estado de nascimento ou de um Estado bem próximo. No exemplo, São Paulo está a 23 graus de latitude sul.

❺ Com todos os dados em mãos, vá até a Tabela 4 e procure nas colunas horizontais a latitude mais próxima do seu Estado de nascimento. No exemplo, a mais próxima de 23 é 25 graus. Retome então a Hora Sideral, que no exemplo é 1h05. Veja que na coluna dos 25 graus, à 1h05, ascendia aos céus o signo de Capricórnio. Portanto, o signo Ascendente do exemplo analisado é Capricórnio. Observe que a Tabela 4 dá as horas em que cada signo começa e termina sua ascensão. Assim, para a latitude de 25 graus, Capricórnio fica entre 23h00 e 1h19, pois à 1h20 começa a ascensão do signo de Aquário.

TABELA 1
Períodos em que o horário de verão foi adotado
03 out. 31, às 11h00 a 31 mar. 32, às 24h00
03 out. 32, às 23h00 a 31 mar. 33, às 24h00
01 dez. 49, à 00h00 a 16 abr 50, às 24h00
01 dez. 50, à 00h00 a 28 fev. 51, às 24h00
01 dez. 51, à 00h00 a 28 fev. 52, às 24h00
01 dez. 52, à 00h00 a 28 fev. 53, às 24h00
23 out. 63, à 00h00 a 01 mar. 64, às 24h00[1]
09 dez. 63, à 00h00 a 01 mar. 64, às 24h00[2]
31 jan. 65, à 00h00 a 31 mar. 65, às 24h00
30 nov. 65, à 00h00 a 31 mar. 66, às 24h00
01 nov. 66, à 00h00 a 01 mar. 67, às 24h00
01 nov. 67, à 00h00 a 01 mar. 68, às 24h00
02 nov. 85, à 00h00 a 15 mar. 86, às 24h00
24 out. 86, à 00h00 a 14 fev. 87, às 24h00
25 out. 87, à 00h00 a 07 fev. 88, às 24h00
16 out. 88, à 00h00 a 29 jan. 89, às 24h00
15 out. 89, à 00h00 a 11 fev. 90, às 24h00
21 out. 90, à 00h00 a 17 fev. 91, às 24h00

TABELA 2		
Estados	Correção	Latitude
Acre	+ 29 min	10 graus
Alagoas	+ 37 min	9 graus
Amapá	– 24 min	0 grau (Equador)
Amazonas	–	3 graus
Bahia	+ 26 min	13 graus
Ceará	+ 26 min	3 graus
Distrito Federal	– 12 min	15 graus
Espírito Santo	+ 19 min	20 graus
Goiás	– 17 min	16 graus
Maranhão	+ 3 min	3 graus
Mato Grosso	+ 16 min	15 graus
Minas Gerais	+ 4 min	19 graus
Pará	– 14 min	2 graus
Paraíba	+ 40 min	7 graus
Paraná	– 17 min	25 graus
Pernambuco	+ 40 min	8 graus
Piauí	+ 9 min	5 graus
Rio Grande do Norte	+ 39 min	5 graus

TABELA 1
Períodos em que o horário de verão foi adotado
20 out. 91, à 00h00   a 19 fev. 92, às 24h00
25 out. 92, à 00h00   a 31 jan. 93, às 24h00
17 out. 93, à 00h00   a 20 fev. 94, às 24h00
16 out. 94, à 00h00   a 19 fev. 95, às 24h00
15 out. 95, à 00h00   a 11 fev. 96, às 24h00
06 out. 96, à 00h00   a 16 fev. 97, às 24h00
06 out. 97, à 00h00   a 01 mar. 98, às 24h00
11 out. 98, à 00h00   a 21 fev. 99, às 24h00
03 out. 99, à 00h00   a 27 fev. 00, às 24h00
08 out. 00, à 00h00   a 18 fev. 01, às 24h00
14 out. 01, à 00h00   a 17 fev. 02, às 24h00
03 nov. 02, à 00h00   a 16 fev. 03, às 24h00
18 out. 03, à 00h00   a 14 fev. 04, às 24h00
02 nov. 04, à 00h00   a 20 fev. 05, às 24h00
16 out. 05, à 00h00   a 18 fev. 06, às 24h00
05 nov. 06, à 00h00   a 24 fev. 07, às 24h00
14 out. 07, à 00h00   a 17 fev. 08, às 24h00
18 out. 08, à 00h00   a 15 fev. 09, às 24h00
18 out. 09, à 00h00   a 21 fev. 10, às 24h00
17 out. 10, à 00h00   a 20 fev. 11, às 24h00
16 out. 11, à 00h00   a 26 fev. 12, às 24h00
21 out. 12, à 00h00   a 17 fev. 13, às 24h00
19 out. 13, à 00h00   a 16 fev. 14, às 24h00
18 out. 14, à 00h00   a 22 fev. 15, às 24h00
18 out. 15, à 00h00   a 21 fev. 16, às 24h00
16 out. 16, à 00h00   a 19 fev. 17, às 24h00
15 out. 17, à 00h00   a 18 fev. 18, às 24h00
21 out. 18, à 00h00   a 17 fev. 19, às 24h00

TABELA 2		
Estados	Correção	Latitude
Rio Grande do Sul	– 25 min	30 graus
Rio de Janeiro	+ 7 min	23 graus
Rondônia	– 3 min	9 graus
Roraima	– 16 min	3 graus (N)
Santa Catarina	– 14 min	28 graus
São Paulo	– 6 min	23 graus
Sergipe	+ 32 min	10 graus
Tocantins	– 17 min	10 graus

(1) Só SP, MG, RJ e ES.
(2) Todos os demais Estados.

TABELA 3 – HORA SIDERAL

Dia	Jan.	Fev.	Mar.	Abr.	Maio	Jun.	Jul.	Ago.	Set.	Out.	Nov.	Dez.
1	18h42	20h45	22h39	0h41	2h39	4h42	6h36	8h38	10h40	12h40	14h41	18h40
2	18h46	20h49	22h43	0h45	2h43	4h46	6h40	8h42	10h44	12h44	14h45	16h43
3	18h50	20h53	22h47	0h49	2h47	4h50	6h44	8h46	10h48	12h48	14h49	16h47
4	18h54	20h57	22h51	0h53	2h51	4h54	6h48	8h50	10h52	12h52	14h53	16h51
5	18h58	21h00	22h55	0h57	2h55	4h57	6h52	8h54	10h56	12h55	14h57	16h55
6	19h02	21h04	22h59	1h01	2h59	5h01	6h56	8h58	11h00	12h58	15h01	16h59
7	19h06	21h08	23h03	1h05	3h03	5h05	7h00	9h02	11h04	13h02	15h05	17h03
8	19h10	21h12	23h07	1h09	3h07	5h09	7h04	9h06	11h08	13h06	15h09	17h07
9	19h14	21h16	23h11	1h13	3h11	5h13	7h08	9h10	11h12	13h10	15h13	17h11
10	19h18	21h20	23h14	1h17	3h15	5h17	7h12	9h14	11h16	13h14	15h17	17h15
11	19h22	21h24	23h18	1h21	3h19	5h21	7h15	9h18	11h20	13h18	15h21	17h19
12	19h26	21h28	23h22	1h25	3h23	5h25	7h19	9h22	11h24	13h22	15h24	17h23
13	19h30	21h32	23h26	1h29	3h27	5h29	7h23	9h26	11h28	13h28	15h28	17h27
14	19h34	21h36	23h30	1h32	3h31	5h33	7h27	9h30	11h32	13h30	15h32	17h31
15	19h38	21h40	23h34	1h36	3h35	5h37	7h31	9h33	11h36	13h34	15h36	17h34
16	19h42	21h44	23h38	1h40	3h39	5h41	7h35	9h37	11h40	13h38	15h40	17h38
17	19h48	21h48	23h42	1h44	3h43	5h45	7h39	9h41	11h44	13h42	15h44	17h42
18	19h49	21h52	23h46	1h48	3h47	5h49	7h43	9h45	11h48	13h46	15h48	17h46
19	19h53	21h56	23h50	1h52	3h50	5h53	7h47	9h49	11h52	13h50	15h52	17h50
20	19h57	22h00	23h54	1h56	3h54	5h57	7h51	9h53	11h56	13h54	15h56	17h54
21	20h02	22h04	23h58	2h00	3h58	6h01	7h55	9h57	11h58	13h58	16h00	17h58
22	20h06	22h08	0h02	2h04	4h02	6h05	7h59	10h01	12h02	14h02	16h04	18h02
23	20h10	22h12	0h06	2h06	4h06	6h09	8h03	10h05	12h06	14h06	16h08	18h06
24	20h14	22h16	0h10	2h12	4h10	6h13	8h07	10h09	12h10	14h10	16h12	18h10
25	20h18	22h20	0h14	2h18	4h14	6h17	8h11	10h13	12h14	14h14	16h16	18h14
26	20h22	22h24	0h18	2h20	4h18	6h21	8h15	10h17	12h18	14h18	16h20	18h18
27	20h26	22h27	0h23	2h24	4h22	6h24	8h19	10h21	12h22	14h22	16h24	18h22
28	20h30	22h31	0h26	2h28	4h25	6h28	8h23	10h25	12h26	14h26	16h28	18h26
29	20h33	22h35	0h30	2h32	4h30	6h32	8h26	10h29	12h30	14h29	16h32	18h30
30	20h37		0h34	2h36	4h34	6h36	8h30	10h33	12h36	14h33	16h36	18h34
31	20h41		0h37		4h38		8h34	10h37		14h37		18h38

Latitude Sul		5 graus	10 graus	15 graus	20 graus	25 graus	30 graus
Áries	das às	6h00 7h59	6h00 8h09	6h00 8h09	6h00 8h14	6h00 8h19	6h00 8h24
Touro	das às	8h00 9h59	8h05 10h09	8h10 10h19	8h15 10h29	8h20 10h39	8h25 10h49
Gêmeos	das às	10h00 12h19	10h10 12h29	10h20 12h39	10h30 12h49	10h40 12h59	10h50 13h09
Câncer	das às	12h20 13h39	12h30 13h54	12h40 14h09	12h50 14h24	13h00 14h39	13h10 14h54
Leão	das às	13h40 15h39	13h55 15h49	14h10 15h59	14h25 16h09	14h40 16h19	14h55 16h29
Virgem	das às	15h40 17h59	15h50 17h59	16h00 17h59	16h10 17h59	16h20 17h59	16h30 17h59
Libra	das às	18h00 20h19	18h00 20h09	18h00 19h59	18h00 19h49	18h00 19h39	18h00 19h29
Escorpião	das às	20h20 22h19	20h10 22h04	20h00 21h49	19h50 21h34	19h40 21h19	19h30 21h04
Sagitário	das às	22h20 23h39	22h05 23h29	21h50 23h19	21h35 23h09	21h20 22h59	21h05 22h49
Capricórnio	das às	23h40 01h59	23h30 01h49	23h20 01h39	23h10 01h29	23h00 01h19	22h50 01h09
Aquário	das às	02h00 03h59	01h50 03h54	01h40 03h49	01h30 03h49	01h20 03h39	01h10 03h34
Peixes	das às	04h00 05h59	03h55 05h59	03h50 05h59	03h50 05h59	03h40 05h59	03h35 05h59

A ORDEM OCULTA DOS SIGNOS

Na Astrologia, o cinturão do Zodíaco é composto por doze signos em uma ordem sequencial fechada, e cada signo representa um padrão específico de resposta à natureza.

Alguns signos têm características comuns e os dividimos conforme o elemento a que estejam associados. Assim, temos os signos de Fogo (Áries, Leão e Sagitário), de Terra (Touro, Virgem e Capricórnio), de Ar (Gêmeos, Libra e Aquário) e de Água (Câncer, Escorpião e Peixes). Cada grupo tem características próprias ao seu elemento, e os signos de um mesmo grupo se diferenciam pela intensidade da emanação do elemento.

Há uma ordenação e uma lógica oculta que acompanha a disposição dos signos na estrutura zodiacal, que é a capacidade corretiva e compensatória de um signo em relação às características de seu antecessor.

Na Astrologia psicológica, encontramos associações entre a ordenação zodiacal e seus sistemas de compensação com as etapas de desenvolvimento da consciência humana. Desse modo, mais uma vez experimentamos a máxima hermética de que "O que está em cima é como o que está embaixo".

Vamos falar dessas características em cada um dos signos e veremos como o universo se expressa em uma ordem autorregulatória e incrivelmente inspiradora.

Áries é o primeiro signo do Zodíaco e tem como característica o impulso dinâmico para a ação, o reconhecimento do seu desejo e o ímpeto de realizá-lo. Assim, Áries precisa de liberdade e independência para vivenciar esse impulso, agindo conforme manda a cabeça e sem se deixar influenciar pelas ideias de outras pessoas. O exagero, porém, dessa expressão ariana mais ativa leva a um desgaste energético, tanto pela ação como pela diversidade de interesses.

Assim, quando chega a emanação do signo seguinte, Touro, esse exagero pode ser regulado pela expressão mais estável do elemento Terra. Neste signo, a ação é mais focada, determinada e constante, além de ser definida depois de séria ponderação. Touro valoriza o corpo físico e o prazer, e aqui as pausas da vida podem ser bem aproveitadas pela experiência dos sentidos. Com isso, a tendência será de buscar a experiência mais agradável e de permanecer nesse ponto, o que pode gerar uma estagnação no desenvolvimento geral.

O signo seguinte, Gêmeos, vem compensar a tendência à inércia trazendo movimento, circulação e agilidade. Neste signo, tudo é vibrante; as ações e os pensamentos são rápidos, articulados e criativos, e não se perde tempo com elucubrações, pois a tônica é experimentar a novidade. Em vez de caminhos únicos, aqui temos possibilidades diversas e recombinações superestimulantes que, quando em exagero, levam à desvalorização da segurança pessoal.

Então chegamos ao signo de Câncer, cuja tônica é o cuidado amoroso de tudo o que importa, das memórias que nos formaram, das raízes familiares que nos nutrem e dos laços afetivos que nos fortalecem. Nas águas cancerianas podemos nos restaurar e voltar a sentir e sonhar, experimentando o mundo da imaginação como uma realidade tão viva quanto a do mundo concreto. Mas, tão logo esse impulso sonhador de Câncer passe a nos dominar, podemos preferir esse mundo imaginativo e temer a exposição de nossa própria personalidade.

Assim, voltamos ao elemento Fogo no signo de Leão, em que tudo brilha, inspira e aquece. A imaginação passa a ser criatividade, e essa ação criadora vai fazendo surgir maravilhas, inovações, arte e beleza que preenchem o mundo. São os frutos e os filhos, reais e simbólicos, de tudo o que o espírito humano é capaz de conceber, e por isso ficamos magnetizados com tamanha potência que a emanação leonina traz. Por outro lado, quando sem controle, esse impulso leva à inflação egoica de quem se acredita onipotente e cuja euforia não encontra limites.

Abre-se então caminho para a emanação de Virgem, que, com a inteligência do elemento Terra, consegue direcionar a energia vital para os caminhos mais produtivos, evitando exageros e desperdícios. Aqui a delicadeza, a ordem harmoniosa, a modéstia e o silêncio são pressupostos de um melhor aproveitamento de talentos e tempo. Essa atitude permite o aprendizado e o aprimoramento constante, em seus mínimos detalhes. Todavia, se ultrapassarmos os limites, passamos a ser exigentes e autocríticos, não aceitando nada menos que a perfeição, que acaba por se tornar inalcançável.

Nesse ponto chegamos ao signo de Libra, a balança que consegue dar lugar tanto ao ideal quanto ao necessário, o pensamento afiado capaz de encontrar pontos convergentes e promover o entendimento entre duas posições, sejam elas opiniões divergentes que precisem ser pacificadas por um julgamento isento, sejam elas nossas próprias vozes internas que apontam caminhos opostos e pedem alteridade para agirmos dentro do que é possível sustentar. O equilíbrio muitas vezes depende de um distanciamento emocional, e nessa direção podemos nos perder da esfera afetiva, agindo como se estivéssemos congelados emocionalmente.

Em meio a essa jornada, chegamos então a Escorpião, signo da intensidade absoluta, da entrega incondicional e da vontade de se fundir ao outro em uma experiência profunda e visceral. Aqui não prevalece o pensamento, mas a intuição e a capacidade premonitória que antecipa qualquer cenário, por mais que esteja fora da lógica. Em Escorpião há uma determinação hiperfocada; os desafios vão sendo contornados, mas nunca saem da mira, não importa quanto tempo passe. Quando mal utilizada, essa emanação nos intoxica, pois nos apegamos às conquistas e não percebemos que certos aspectos nossos já "morreram" e precisam ser descartados.

Nesse ponto, inicia-se o signo de Sagitário, ávido por novos cenários e com disposição de sobra para descobrir trilhas diferentes e expandir. Sua forma de atuação é pelo movimento dinâmico e rítmico, e às vezes até dançante, do centauro das estrelas. Entrar em contato com outras culturas, outras línguas e paladares é enriquecedor, e, para tanto, será preciso viajar, literalmente, aprendendo a confiar em uma força maior que sempre guiará os nossos caminhos. Contar com a boa sorte e a providência divina são atributos sagitarianos, mas não raro o exagero nessa posição pode representar falta de responsabilidade consigo e com os outros.

Para compensar essa energia tão dinâmica, chegamos ao signo de Capricórnio, a estabilidade firme da Terra que recompensa quem se dedica às metas com seriedade e aprende a ser confiável, apresentando resultados concretos. O trabalho é responsável, feito na constância e na disciplina. Aqui se sabe o valor do tempo e das coisas, as relações têm seu valor pelo que podem construir no longo prazo e as conquistas são saboreadas em ambientes sofisticados, privilégio para poucos. Porém, quando em exagero, essa emanação pode nos levar ao isolamento de quem não consegue interagir fora do seu círculo ou de suas rígidas referências.

Assim, abrimos caminho para o signo de Aquário, uma emanação inclusiva e tolerante com as diferenças, que entende que há lugar para todos, não importando suas competências ou peculiaridades. Altamente adaptativa, a emanação aquariana se diverte ao assumir novas formas de acordo com o ambiente ou o momento de vida. Aqui a diversidade é a regra, e as amizades valem muito – todos importam e fazem parte de uma complexa rede de relações interdependentes, que alcança muito mais longe por ser multifacetada. Apesar de a fraternidade e a dedicação ao coletivo serem a tônica deste signo, podemos falhar na afetividade se nos fixarmos nas abstrações do mundo das ideias.

Chegamos assim, finalmente, à emanação do signo de Peixes, que vive intensamente a conexão com os outros pelo amor e pela aceitação, pela compreensão profunda de que, apesar de nossa individualidade, estamos todos unidos e somos parte de um organismo maior que é a própria humanidade. Em Peixes, percebemos que há mais do que a realidade concreta e conseguimos sintonizar as camadas espirituais; a consciência vai além da regularidade e capta mais do que o olhar comum pode ver. Essa experiência mística da vida pode nos levar ao desinteresse pelo individual e à dissolução pela falta de autocentramento – e é aí que o cinturão se fecha e se harmoniza para um novo ciclo, de volta à emanação ariana.

Como um sistema inteligente, o Zodíaco é uma formação ordenadora que se autorregula, compensando os aspectos sombrios de cada emanação e se reequilibrando continuamente, atuando tanto na natureza como na consciência, por estimular comportamentos instintivos que vão se aperfeiçoando à medida que tomamos contato consciente com essas emanações e as percebemos em nós.

E é assim que podemos evoluir como indivíduos, aproveitando esse conhecimento inestimável que a Astrologia apresenta, reconhecendo que há uma ordem viva e oculta em tudo – inclusive, em nós mesmos.

– Verbenna Yin

Baralho Cigano – Previsões para 2023

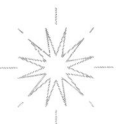

Por André Mantovanni

O Baralho Cigano, em sua dimensão simbólica, pode nos ajudar a compreender muitas coisas sobre nosso destino. As cartas estão diretamente relacionadas às mais diversas experiências da jornada de autoconhecimento. Como o novo ano está chegando com energias muito significativas de transformação e mudança, apresento a seguir as mensagens e previsões para 2023 de acordo com o Baralho Cigano, para que você possa descobrir o que cada signo do zodíaco vai vivenciar.

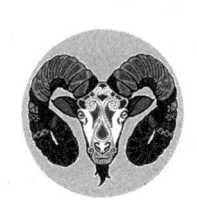

Áries: Em 2023, a carta da Foice trará para o ariano um processo de transformação, que abrirá novos caminhos e poderá libertá-lo de um sofrimento. A Foice mostra o surgimento de uma nova chance. Mesmo que pareça difícil, não tenha medo e invista nas possibilidades que aparecerem, pois elas lhe trarão boas e novas energias.

Essa carta proporciona um renascimento ou um recomeço, que levará você a vitórias e ao sucesso. É como um impulso que modifica alguns acontecimentos, para que de fato você colha o que deseja. Portanto, ariano, procure sempre se lembrar de 2023 como o ano em que as transformações serão benéficas e necessárias.

Mensagem:
Essa é a oportunidade de acabar com tudo o que o impede de avançar e de se libertar de um fardo desnecessário.

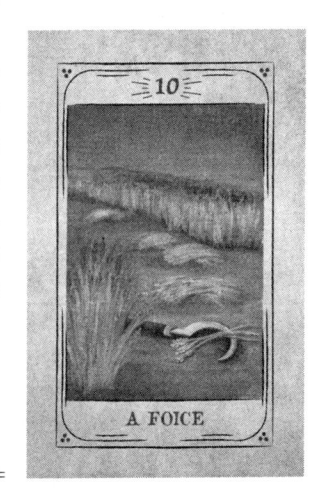

Touro: O Ramalhete é uma carta positiva, que mostra um ano de bênçãos e realizações para os taurinos. Como ela traz um aviso de boa sorte, esse será um ano bom para a economia, o trabalho e a vida afetiva.

As flores são a força da natureza e chegam em 2023 como um presente do céu para multiplicar as boas energias. Desse modo, tudo indica que será um ano de cura, entendimento, compreensão, afetos e amizades leais.

Mensagem:
O Ramalhete promete coisas boas, mas é preciso agir e ir ao encontro do que se deseja. Aproveite esse ano com otimismo e sabedoria.

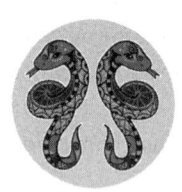

Gêmeos: A carta dos Pássaros traz para o geminiano um ano de alegria, de liberdade e uma energia positiva, mostrando que ele conseguirá desvencilhar-se de tudo o que está amarrando sua vida. Em 2023, você poderá receber uma ajuda inesperada. Será um tempo de felicidade intensa, que o animará a elaborar novos projetos de vida.

Essa carta traz um aviso: ela aconselha o geminiano a ser como um pássaro livre, a seguir sua vida com fé ilimitada e a enxergar todos os horizontes.

Mensagem:
A carta dos Pássaros também remete à paciência e à fé, mostrando que tudo na vida tem seu tempo certo.

Câncer: Com a carta dos Lírios regendo seu ano, os cancerianos podem esperar um período de tranquilidade e harmonia. Essa carta possui um significado profundo, porque expressa a espiritualidade e as forças do bem que você atrai para si. Esse ano será para manter a calma diante de um eventual problema ou dificuldade, para procurar ter sempre firmeza de pensamentos e perseverar diante dos objetivos que deseja conquistar.

Quando a carta dos Lírios aparece, a proteção divina age em seu favor.

Mensagem:
Quem segue o caminho da bondade, cresce com a ajuda dos próprios atos.

Leão: Em 2023, você, leonino, estará sob a influência da carta do Navio, que traz certa movimentação e algumas mudanças. Essas mudanças serão lentas, mas prometem ser positivas, promovendo sabedoria e crescimento.

O Navio abre novos horizontes a partir de você mesmo ou de algum evento externo que ocorrerá durante o ano. O alerta dessa carta é para que você se permita viver novas emoções, desperte novos desejos e curiosidades de coisas que ainda não conhece e de possibilidades que poderão agregar muito valor à sua vida.

Mensagem:
O Navio é uma carta positiva, mas exige segurança e capacidade de aceitar as mudanças que poderão acontecer.

Virgem: Virginiano, a carta do Cão vai acompanhá-lo em 2023 e avisa que, em algumas situações, você precisará ter confiança, pois não lhe faltará a iluminação para alcançar o que deseja. Nesse ano, você poderá contar com o apoio de pessoas realmente amigas, pois a carta indica uma abertura para pedir ajuda em qualquer situação. Além disso, sugere que coisas boas poderão acontecer e que alguém lhe trará alegria.

Em 2023, haverá uma proteção significativa, pois essa carta anuncia notícias que o ajudarão a superar um obstáculo. Por isso, não se feche em você mesmo quando tiver de resolver um problema.

Mensagem:
Há momentos em que a simples palavra de um amigo pode levantar seu moral e melhorar sua autoestima.

Libra: A Cegonha aparece para o libriano trazendo novidades em 2023 e já avisa que ele deve ficar atento, pois algo inesperado poderá acontecer, algo que quebrará sua rotina. Pode ser um novo amor, uma nova amizade, o emprego esperado, uma casa nova ou uma nova ideia abrindo caminhos. Ela indica sempre uma novidade ou situações que exigem coragem para encarar o novo. Esse ano pede para você se movimentar, ir em busca de novos desafios e realizar o que realmente deseja, pois, com essa carta, as possibilidades são inúmeras. É um convite para vislumbrar o futuro e deixar o passado para trás.

Mensagem:
Muito cuidado com a impulsividade, mas não adie as mudanças. O principal é sair da zona de conforto e não se acomodar.

Escorpião: A carta dos Caminhos influenciará o signo de Escorpião em 2023, mostrando que as estradas estão abertas e, mesmo diante de algum obstáculo, pode-se contar com uma certeza: para tudo há uma saída na vida. A decisão de prosseguir ou voltar para trás diante de uma dificuldade cabe apenas a você.

Essa é uma carta bastante positiva e traz a certeza de que tudo na vida tem solução. Também anuncia algo que está para chegar e aponta qual rumo tomar.

Mensagem:
Não importa em qual caminho recai sua escolha; os frutos colhidos resultarão dessa decisão.

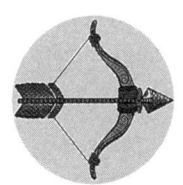

Sagitário: Para o sagitariano, a carta da Criança promete algo novo em 2023, seja na vida profissional, seja no caminho afetivo. Esse será um ano bom para investir em suas ideias, em sua criatividade e ter a mente sempre aberta para encontrar os melhores caminhos e respostas. A carta da Criança trará o entusiasmo que conduzirá você pelo percurso da vida e promete que surpresas, alegrias e novos ciclos serão vividos, mas adverte quanto à falta de responsabilidade ou imaturidade em algumas situações.

Mensagem:
Em 2023, fique aberto para novas experiências e entre em contato com sua alegria interior.

Capricórnio: Para os capricornianos, 2023 pede otimismo e confiança, pois é regido pela carta da Cigana, que revela a necessidade de agir com passividade ou paciência e de seguir a intuição, a sensibilidade e a emotividade. Além disso, por sempre trazer uma energia de magnetismo, essa carta promete um ano com mais clareza e equilíbrio. Esse será um ano de fé, abertura de caminhos, sabedoria e renovação da vida.

Mensagem:
A boa sorte sorri para quem a procura. Não deixe de ir em busca dos seus desejos.

Aquário: Em 2023, os aquarianos estarão sob a influência da carta da Árvore, que é bastante positiva. Pode indicar o surgimento de alguns projetos e que é chegado o momento de semear bem para que os frutos sejam os melhores possíveis. Esse ano será de colheita. Isso significa que tudo o que você vem plantando começará a dar frutos. Será o período ideal para o enraizamento positivo e para ter força, saúde e pé no chão.

Mensagem:
A Árvore indica o renascimento, a vida que invade a própria vida e os meios com os quais você poderá contar para vencer com um trabalho bem feito.

Peixes: A carta das Alianças vai reger o signo de Peixes em 2023, trazendo a harmonia de compartilhar e fortalecendo a ajuda mútua, o companheirismo e a união. Nesse ano, o pisciano poderá receber ajuda para conseguir o que espera. Será uma época propícia para a as parcerias profissionais e afetivas, os compromissos e os bons acordos.

Mensagem:
O destino oferecerá propostas de sociedade, e é aconselhável aceitá-las.

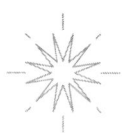

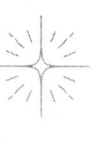

HORÓSCOPO CHINÊS

A astrologia chinesa fundamenta-se no ano lunar, que dura 12 meses e 29 dias. Cada ano lunar é regido por um signo, representado por um animal. Segundo a tradição chinesa, os seres humanos recebem as características do signo regente de cada ano.

Verifique na tabela a seguir qual é o seu animal-signo, tomando por base a data do seu nascimento. Se estiver interessado em conhecer seu signo ascendente no horóscopo chinês, consulte também a tabela das horas regidas pelos signos.

Signos	Período correspondente		Elemento	Polaridade
	Os anos lunares de 1900 a 2031			
Rato	de 31 de janeiro de 1900	até 18 de fevereiro de 1901	Metal	+
Boi	de 19 de fevereiro de 1901	até 7 de fevereiro de 1902	Metal	−
Tigre	de 8 de fevereiro de 1902	até 28 de janeiro de 1903	Água	+
Coelho	de 29 de janeiro de 1903	até 15 de fevereiro de 1904	Água	−
Dragão	de 16 de fevereiro de 1904	até 3 de fevereiro de 1905	Madeira	+
Serpente	de 4 de fevereiro de 1905	até 24 de janeiro de 1906	Madeira	−
Cavalo	de 25 de janeiro de 1906	até 12 de fevereiro de 1907	Fogo	+
Carneiro	de 13 de fevereiro de 1907	até 1º de fevereiro de 1908	Fogo	−
Macaco	de 2 de fevereiro de 1908	até 21 de janeiro de 1909	Terra	+
Galo	de 22 de janeiro de 1909	até 9 de fevereiro de 1910	Terra	−
Cão	de 10 de fevereiro de 1910	até 29 de janeiro de 1911	Metal	+
Javali	de 30 de janeiro de 1911	até 17 de fevereiro de 1912	Metal	−
Rato	de 18 de fevereiro de 1912	até 5 de fevereiro de 1913	Água	+
Boi	de 6 de fevereiro de 1913	até 25 de janeiro de 1914	Água	−
Tigre	de 26 de janeiro de 1914	até 13 de fevereiro de 1915	Madeira	+
Coelho	de 14 de fevereiro de 1915	até 12 de fevereiro de 1916	Madeira	−
Dragão	de 13 de fevereiro de 1916	até 22 de janeiro de 1917	Fogo	+

Os anos lunares de 1900 a 2031

Signos	Período correspondente		Elemento	Polaridade
Serpente	de 23 de janeiro de 1917	até 10 de fevereiro de 1918	Fogo	−
Cavalo	de 11 de fevereiro de 1918	até 31 de janeiro de 1919	Terra	+
Carneiro	de 1º de fevereiro de 1919	até 19 de fevereiro de 1920	Terra	−
Macaco	de 20 de fevereiro de 1920	até 7 de fevereiro de 1921	Metal	+
Galo	de 8 de fevereiro de 1921	até 27 de janeiro de 1922	Metal	−
Cão	de 28 de janeiro de 1922	até 15 de fevereiro de 1923	Água	+
Javali	de 16 de fevereiro de 1923	até 4 de fevereiro de 1924	Água	−
Rato	de 5 de fevereiro de 1924	até 24 de janeiro de 1925	Madeira	+
Boi	de 25 de janeiro de 1925	até 12 de fevereiro de 1926	Madeira	−
Tigre	de 13 de fevereiro de 1926	até 1º de fevereiro de 1927	Fogo	+
Coelho	de 2 de fevereiro de 1927	até 22 de janeiro de 1928	Fogo	−
Dragão	de 23 de janeiro de 1928	até 9 de fevereiro de 1929	Terra	+
Serpente	de 10 de fevereiro de 1929	até 9 de janeiro de 1930	Terra	−
Cavalo	de 10 de janeiro de 1930	até 16 de fevereiro de 1931	Metal	+
Carneiro	de 17 de fevereiro de 1931	até 5 de fevereiro de 1932	Metal	−
Macaco	de 6 de fevereiro de 1932	até 25 de janeiro de 1933	Água	+
Galo	de 26 de janeiro de 1933	até 13 de fevereiro de 1934	Água	−
Cão	de 14 de fevereiro de 1934	até 3 de fevereiro de 1935	Madeira	+
Javali	de 4 de fevereiro de 1935	até 23 de janeiro de 1936	Madeira	−
Rato	de 24 de janeiro de 1936	até 10 de fevereiro de 1937	Fogo	+
Boi	de 11 de fevereiro de 1937	até 30 de janeiro de 1938	Fogo	−
Tigre	de 31 de janeiro de 1938	até 18 de fevereiro de 1939	Terra	+
Coelho	de 19 de fevereiro de 1939	até 7 de fevereiro de 1940	Terra	−
Dragão	de 8 de fevereiro de 1940	até 26 de janeiro de 1941	Metal	+
Serpente	de 27 de janeiro de 1941	até 14 de fevereiro de 1942	Metal	−
Cavalo	de 15 de fevereiro de 1942	até 4 de fevereiro de 1943	Água	+
Carneiro	de 5 de fevereiro de 1943	até 24 de janeiro de 1944	Água	−
Macaco	de 25 de janeiro de 1944	até 12 de fevereiro de 1945	Madeira	+
Galo	de 13 de fevereiro de 1945	até 1º de fevereiro de 1946	Madeira	−
Cão	de 2 de fevereiro de 1946	até 21 de janeiro de 1947	Fogo	+
Javali	de 22 de janeiro de 1947	até 9 de fevereiro de 1948	Fogo	−
Rato	de 10 de fevereiro de 1948	até 28 de janeiro de 1949	Terra	+
Boi	de 29 de janeiro de 1949	até 16 de fevereiro de 1950	Terra	−

Os anos lunares de 1900 a 2031			
Signos	Período correspondente	Elemento	Polaridade
Tigre	de 17 de fevereiro de 1950 até 5 de fevereiro de 1951	Metal	+
Coelho	de 6 de fevereiro de 1951 até 26 de janeiro de 1952	Metal	–
Dragão	de 27 de janeiro de 1952 até 13 de fevereiro de 1953	Água	+
Serpente	de 14 de fevereiro de 1953 até 2 de fevereiro de 1954	Água	–
Cavalo	de 3 de fevereiro de 1954 até 23 de janeiro de 1955	Madeira	+
Carneiro	de 24 de janeiro de 1955 até 11 de fevereiro de 1956	Madeira	–
Macaco	de 12 de fevereiro de 1956 até 30 de janeiro de 1957	Fogo	+
Galo	de 31 de janeiro de 1957 até 17 de fevereiro de 1958	Fogo	–
Cão	de 18 de fevereiro de 1958 até 7 de fevereiro de 1959	Terra	+
Javali	de 8 de fevereiro de 1959 até 27 de janeiro de 1960	Terra	–
Rato	de 28 de janeiro de 1960 até 14 de fevereiro de 1961	Metal	+
Boi	de 15 de fevereiro de 1961 até 4 de fevereiro de 1962	Metal	–
Tigre	de 5 de fevereiro de 1962 até 24 de janeiro de 1963	Água	+
Coelho	de 25 de janeiro de 1963 até 12 de fevereiro de 1964	Água	–
Dragão	de 13 de fevereiro de 1964 até 1º de fevereiro de 1965	Madeira	+
Serpente	de 2 de fevereiro de 1965 até 20 de janeiro de 1966	Madeira	–
Cavalo	de 21 de janeiro de 1966 até 8 de fevereiro de 1967	Fogo	+
Carneiro	de 9 de fevereiro de 1967 até 29 de janeiro de 1968	Fogo	–
Macaco	de 30 de janeiro de 1968 até 16 de fevereiro de 1969	Terra	+
Galo	de 17 de fevereiro de 1969 até 5 de fevereiro de 1970	Terra	–
Cão	de 6 de fevereiro de 1970 até 26 de janeiro de 1971	Metal	+
Javali	de 27 de janeiro de 1971 até 14 de fevereiro de 1972	Metal	–
Rato	de 15 de fevereiro de 1972 até 2 de fevereiro de 1973	Água	+
Boi	de 3 de fevereiro de 1973 até 22 de janeiro de 1974	Água	–
Tigre	de 23 de janeiro de 1974 até 10 de fevereiro de 1975	Madeira	+
Coelho	de 11 de fevereiro de 1975 até 30 de janeiro de 1976	Madeira	–
Dragão	de 31 de janeiro de 1976 até 17 de fevereiro de 1977	Fogo	+
Serpente	de 18 de fevereiro de 1977 até 6 de fevereiro de 1978	Fogo	–
Cavalo	de 7 de fevereiro de 1978 até 27 de janeiro de 1979	Terra	+
Carneiro	de 28 de janeiro de 1979 até 15 de fevereiro de 1980	Terra	–
Macaco	de 16 de fevereiro de 1980 até 4 de fevereiro de 1981	Metal	+
Galo	de 5 de fevereiro de 1981 até 24 de janeiro de 1982	Metal	–
Cão	de 25 de janeiro de 1982 até 12 de fevereiro de 1983	Água	+
Javali	de 13 de fevereiro de 1983 até 1º de fevereiro de 1984	Água	–

Os anos lunares de 1900 a 2031

Signos	Período correspondente		Elemento	Polaridade
Rato	de 2 de fevereiro de 1984	até 19 de fevereiro de 1985	Madeira	+
Boi	de 20 de fevereiro de 1985	até 8 de fevereiro de 1986	Madeira	−
Tigre	de 9 de fevereiro de 1986	até 28 de janeiro de 1987	Fogo	+
Coelho	de 29 de janeiro de 1987	até 16 de fevereiro de 1988	Fogo	−
Dragão	de 17 de fevereiro de 1988	até 5 de fevereiro de 1989	Terra	+
Serpente	de 6 de fevereiro de 1989	até 26 de janeiro de 1990	Terra	−
Cavalo	de 27 de janeiro de 1990	até 14 de fevereiro de 1991	Metal	+
Carneiro	de 15 de fevereiro de 1991	até 3 de fevereiro de 1992	Metal	−
Macaco	de 4 de fevereiro de 1992	até 22 de janeiro de 1993	Água	+
Galo	de 23 de janeiro de 1993	até 9 de fevereiro de 1994	Água	−
Cão	de 10 de fevereiro de 1994	até 30 de janeiro de 1995	Madeira	+
Javali	de 31 de janeiro de 1995	até 18 de fevereiro de 1996	Madeira	−
Rato	de 19 de fevereiro de 1996	até 6 de fevereiro de 1997	Fogo	+
Boi	de 7 de fevereiro de 1997	até 27 de janeiro de 1998	Fogo	−
Tigre	de 28 de janeiro de 1998	até 15 de fevereiro de 1999	Terra	+
Coelho	de 16 de fevereiro de 1999	até 4 de fevereiro de 2000	Terra	−
Dragão	de 5 de fevereiro de 2000	até 23 de janeiro de 2001	Metal	+
Serpente	de 24 de janeiro de 2001	até 11 de fevereiro de 2002	Metal	−
Cavalo	de 12 de fevereiro de 2002	até 31 de janeiro de 2003	Água	+
Carneiro	de 1º de fevereiro de 2003	até 21 de janeiro de 2004	Água	−
Macaco	de 22 de janeiro de 2004	até 8 de fevereiro de 2005	Madeira	+
Galo	de 9 de fevereiro de 2005	até 28 de janeiro de 2006	Madeira	−
Cão	de 29 de janeiro de 2006	até 17 de fevereiro de 2007	Fogo	+
Javali	de 18 de fevereiro de 2007	até 6 de fevereiro de 2008	Fogo	−
Rato	de 7 de fevereiro de 2008	até 25 de janeiro de 2009	Terra	+
Boi	de 26 de janeiro de 2009	até 13 de fevereiro de 2010	Terra	−
Tigre	de 14 de fevereiro de 2010	até 2 de fevereiro de 2011	Metal	+
Coelho	de 3 de fevereiro de 2011	até 22 de janeiro de 2012	Metal	−
Dragão	de 23 de janeiro de 2012	até 9 de fevereiro de 2013	Água	+
Serpente	de 10 de fevereiro de 2013	até 30 de janeiro de 2014	Água	−
Cavalo	de 31 de janeiro de 2014	até 18 de fevereiro de 2015	Madeira	+
Carneiro	de 19 de fevereiro de 2015	até 7 de fevereiro de 2016	Madeira	−

Os anos lunares de 1900 a 2031

Signos	Período correspondente		Elemento	Polaridade
Macaco	de 8 de fevereiro de 2016	até 27 de janeiro de 2017	Fogo	+
Galo	de 28 de janeiro de 2017	até 15 de fevereiro de 2018	Fogo	–
Cão	de 16 de fevereiro de 2018	até 4 de fevereiro de 2019	Terra	+
Javali	de 5 de fevereiro de 2019	até 24 de janeiro de 2020	Terra	–
Rato	de 25 de janeiro de 2020	até 11 de fevereiro de 2021	Metal	+
Boi	de 12 de fevereiro de 2021	até 31 de janeiro de 2022	Metal	–
Tigre	de 1º de fevereiro de 2022	até 21 de janeiro de 2023	Água	+
Coelho	de 22 de janeiro de 2023	até 9 de fevereiro de 2024	Água	–
Dragão	de 10 de fevereiro de 2024	até 28 de janeiro de 2025	Madeira	+
Serpente	de 29 de janeiro de 2025	até 16 de fevereiro de 2026	Madeira	–
Cavalo	de 17 de fevereiro de 2026	até 5 de fevereiro de 2027	Fogo	+
Carneiro	de 6 de fevereiro de 2027	até 25 de janeiro de 2028	Fogo	–
Macaco	de 26 de janeiro de 2028	até 12 de fevereiro de 2029	Terra	+
Galo	de 13 de fevereiro de 2029	até 2 de fevereiro de 2030	Terra	–
Cão	de 3 de fevereiro de 2030	até 22 de janeiro de 2031	Metal	+
Javali	de 23 de janeiro de 2031	até 10 de fevereiro de 2032	Metal	–

Os signos e as horas

Das 23h à 1h, horas governadas pelo Rato
Da 1h às 3h, horas governadas pelo Boi
Das 3h às 5h, horas governadas pelo Tigre
Das 5h às 7h, horas governadas pelo Coelho
Das 7h às 9h, horas governadas pelo Dragão
Das 9h às 11h, horas governadas pela Serpente
Das 11h às 13h, horas governadas pelo Cavalo
Das 13h às 15h, horas governadas pelo Carneiro
Das 15h às 17h, horas governadas pelo Macaco
Das 17h às 19h, horas governadas pelo Galo
Das 19h às 21h, horas governadas pelo Cão
Das 21h às 23h, horas governadas pelo Javali

Características Gerais de Cada Signo

RATO: Quem nasce no signo do Rato é sedutor e encantador, o que é uma vantagem na vida. Por serem simpáticos e joviais, os Ratos são sempre convidados para todos os eventos e têm vida social intensa. Mas esses nativos, como todas as pessoas, também têm um lado mais negativo: é quando manipulam os sentimentos dos outros, pois são ávidos pelo poder; além de gostarem de jogar, pois são ambiciosos. Mas são generosos e honestos também, isto é, as qualidades superam os defeitos.

BOI: Os nativos deste signo são reservados, mas é possível perceber que são muito dedicados à família. Na área profissional, são dignos de confiança pelo seu grande senso de responsabilidade e espírito de sacrifício, que os levam a fazer de tudo para cumprir bem seu dever. Eles inspiram confiança, embora sejam autoritários, lentos e resistentes às mudanças. Um defeito grave é serem teimosos e vingativos.

TIGRE: A coragem é um dos traços mais marcantes da personalidade do Tigre. Além disso, ele é forte, autoritário e honrado. Mas pode tornar-se intransigente, impulsivo e irritadiço. É um otimista, prevendo sempre o melhor. Ter dinheiro é importante para sentir-se seguro. Os Tigres gostam de se arriscar e têm muita sorte ao fazê-lo. Ninguém fica indiferente a um Tigre, pois ele é muito magnético e atraente. Ou você o ama ou o odeia, dependendo das circunstâncias.

COELHO: O Coelho é discreto, senhor de si, sensato e dotado de muita diplomacia, além de sensível e hospitaleiro. Em contrapartida, pode ser pedante, misterioso e hipocondríaco. Gosta de viver de forma independente; não fica deprimido com a solidão. Não costuma apegar-se a relacionamentos que se deterioram com o tempo. Não hesita em se divorciar; gosta de encontrar o próprio caminho. Fica perturbado com a agitação ao redor e aprecia ver as coisas como elas são. O Coelho não é violento; mostra seu talento na santa paz.

DRAGÃO: Este nativo é entusiasta, intuitivo e repleto de vitalidade. Bafejado pelo êxito, pode ser um artista admirável. Dá preferência a trabalhos autônomos. Mas pode ficar inquieto e mostrar-se inflexível, agastando-se com o mundo quando insatisfeito. Está sempre pronto a julgar os outros. No amor, é atraente, e os que se apaixonam por ele disputam os seus favores. Não é algo simples tentar descrever um Dragão, pois ele é difícil de interpretar, por ser muito imprevisível. Além disso, é bastante voluntarioso e egoísta. Tem os pés bem fincados no chão.

SERPENTE: Em geral, a Serpente é culta, cerebral e intuitiva. É bem-educada e costuma ter sorte. Mas pode ser má perdedora, extravagante e vingativa. Uma característica negativa é a preguiça. Tem um magnetismo pessoal que pode ser desagradável de tão intenso. Gosta de manipular as outras pessoas e acaba conseguindo, porque é muito atraente, e sua beleza não é superficial; ela irradia uma espécie de luz interior. A Serpente é muito sagaz. Sempre ajuda a família, dando-lhe apoio e conselhos, embora não goste de distribuir dinheiro ou presentes.

CAVALO: O Cavalo é amável, atlético, divertido e muito independente, além de trabalhador, franco e bastante sensual. Mas exalta-se com facilidade, podendo se tornar impiedoso, desprovido de tato e insensível – é quando põe muita coisa a perder. Sabe quando avançar nos negócios, quando parar e quando ficar para trás, em segundo plano. O Cavalo costuma vencer as discussões com outros signos, mas não com outro Cavalo. Relacionamentos com ele exigem muita paciência, bom senso e tolerância.

CARNEIRO: Muito elegante, o Carneiro é criativo, inteligente e inventivo. Também é bastante maleável e altruísta. Mas pode ser caprichoso, indiscreto e indisciplinado. Conforme as circunstâncias, pode se tornar irresponsável. Resiste à injustiça, é muito organizado com seus pertences pessoais e não admite desordem. Às vezes, é um pouco tímido nos relacionamentos. As mulheres de Carneiro podem ser descritas como muito atraentes.

MACACO: O Macaco costuma ser muito inteligente, espirituoso e amável. Tem facilidade para resolver problemas. Apaixona-se várias vezes, pois é um pouco imaturo e não tem grandes escrúpulos. Tem tendência a ser divertido; pelo lado negativo, é um mentiroso nato, mesmo que não minta por mal. Na melhor definição: é um velhaco. É sincero ao fazer suas críticas, sem perceber que magoa os outros. Em geral, fica rico na meia-idade.

GALO: Muito franco, desembaraçado e talentoso, o Galo também é elegante e divertido. Mas, quando atacado, pode se tornar desconfiado, pomposo e até mesmo descarado. Esse signo é um trunfo para os homens; a dicotomia de interesses entre sua família e os relacionamentos amorosos e comerciais o acompanha do começo até o final da vida. A fidelidade não é seu ponto forte. Deve pensar antes de falar para não incorrer em erros graves.

CÃO: O Cão é magnânimo, nobre e leal. Muito responsável, gosta de analisar tudo antes de agir; é bastante discreto e lúcido. Por outro lado, sua reserva natural exagerada o leva a perder oportunidades, e sua introversão também não contribui para o sucesso. Bastante moralista, e até um pouco pessimista, por vezes é dotado de um cinismo mordaz. A hipocrisia fere a alma do Cão.

JAVALI: O Javali é muito escrupuloso; em geral dedica-se aos estudos e é culto. Muito sensível e profundo, não custa a se magoar com as palavras dos outros, defendendo-se, porém, por trás de uma máscara de indulgência. Mas de fato é indefeso e ingênuo, pois não tem espírito de rivalidade, tornando-se presa fácil dos inimigos. É muito crédulo. Quando enraivecido, torna-se mordaz e suas críticas atingem o ponto fraco dos outros.

ANO DO COELHO

De 22 de janeiro de 2023 até 9 de fevereiro de 2024

O Coelho imprime suas características aos demais signos durante este ano. A tendência é de que as pessoas se tornem mais sensíveis, senhoras de si mesmas e também muito mais discretas.

    O Coelho não tem tempo para ficar deprimido caso fique na solidão, pois não se apega a relacionamentos, já que sabe que eles se deterioram com o tempo, e não hesita em se divorciar ou pôr um fim às relações tóxicas. Na verdade, ele não se sente confortável com muita agitação ao redor. Aceitando as coisas como são, ele detesta a violência, preferindo seguir o caminho da paz.

    O ano do Coelho fala de um período de festividades e bastante ação. As pessoas terão mais sorte e disposição para se aventurar, e os problemas vão ser encarados com mais leveza, imprimindo-se grande vontade para resolvê-los. A saúde ocupará um lugar de destaque e será muito bom cuidar do corpo, mas sempre lembrando da parte espiritual, sem esquecer de seguir a intuição.

    Ninguém se interessará em criticar a vida alheia, pois cada um estará cuidando de si mesmo. No geral, é um ano positivo e de muita oportunidades e serenidade para todos.

Eis o que nos reserva o ano do Coelho

RATO: O Rato não entra em conflito, pois existe sintonia quando vai resolver alguma situação que impede seu crescimento, tanto profissional quanto pessoal. Sendo muito paciente, ele aprende com facilidade as lições que a vida lhe dá. Mantendo sempre o bom humor, ficará muito mais fácil resolver os problemas.

BOI: O trabalho faz parte da vida do Boi, e este ano não será diferente, embora seus objetivos possam sofrer um ligeiro atraso. Mas é importante lembrar que a vida não é feita apenas de trabalho; logo, relaxe e viverá mais e melhor. Ano positivo para relacionamentos de todo tipo; é importante rever laços familiares e fazer deste ano um período de harmonia.

TIGRE: Não é hora de ficar em cima do muro; assuma uma posição, mesmo que não seja a mais sensata, pois é melhor agir assim do que continuar nessa indefinição. Não é momento para procrastinação nem para esperar que os outros decidam primeiro. O Tigre é corajoso por natureza, embora aja por impulso às vezes. Portanto, aja, mas com cuidado. Mantendo o otimismo, não haverá situação que não possa ser resolvida para o Tigre.

COELHO: No seu ano, o Coelho não terá facilidades, e sim muito trabalho. No entanto, obterá sucesso em todos os seus empreendimentos, pois seu charme vai abrir muitas portas. Ano excelente para resolver qualquer tipo de pendência, a fim de eliminar os conflitos. Auspicioso também para relacionamentos, mas sem muito abuso, pois a saúde sempre requer cuidados.

DRAGÃO: O Dragão tem certa tendência a criar problemas, mas não fará isso este ano. Ele necessita se adaptar a receber ordens dos outros, pois só terá a lucrar com isso em 2023. Este ano lhe trará bons resultados, podendo mudar de trabalho ou até mesmo dar início a um empreendimento. Não será muito feliz nos relacionamentos, mas tem a promessa de ter sorte nos jogos de azar.

SERPENTE: Há muita sorte prevista para a Serpente neste ano do Coelho, além de uma melhoria considerável no padrão de vida e sorte nos negócios. Segundo sua intuição, ela saberá investir corretamente. Nos relacionamentos, tudo será calmo e tranquilo; nada de investidas de pessoas invejosas ou inimigos. Será um ano muito feliz e próspero.

CAVALO: Este ano será muito bom para o Cavalo se divertir, pois tudo o que fizer será gratificante e lhe trará muita alegria, não havendo lugar para tristezas. Também não haverá falta de dinheiro nem problemas de saúde. Não se esqueça da parte espiritual e mantenha um bom relacionamento com os familiares. Tenha cuidado apenas com falsos amigos.

CARNEIRO: Neste ano, o Carneiro será salvo pela sua teimosia, pois, graças a sua persistência, os obstáculos serão superados. Tome bastante água, pois a saúde vai requerer cuidados. Logo, tente evitar o estresse praticando alguma atividade física e evitando se desgastar demais em seus afazeres. Aproveite para tomar banhos de sol e, se possível, tire uns dias de folga para curtir a família.

MACACO: Este ano trará mais seriedade à sua vida, portanto, tenha mais comedimento e deixe de brincar nos momentos que requerem sua atenção. Cuide um pouco mais da saúde e mantenha sempre o corpo hidratado, para evitar problemas renais futuros. O ano promete bastante trabalho, mas também remuneração gratificante, sendo ainda auspicioso para novas amizades e relacionamentos.

GALO: Excelente período para iniciar projetos no médio e longo prazos; qualquer projeto que surgir você fará dar certo. Muita sorte no jogo e nos negócios, além de a saúde estar favorecida. Bastante atenção, no entanto, com a saúde bucal; visite seu dentista com regularidade. Existe a possibilidade de viagens de negócios e também uma mudança de cargo ou trabalho. Em geral, o ano correrá sem grandes problemas.

CÃO: Mesmo que este ano não seja tão favorável para o Cão, não existe motivo para ter medo; basta manter o bom senso. Em 2023, você vai colher o que plantou de bom em anos anteriores. Continue sua jornada sem se preocupar com a vida alheia, e será sempre benquisto pelo seu generoso coração. Há a possibilidade de mudar de cargo no trabalho. Não se esqueça de cuidar da saúde nem de dar atenção a seus familiares.

JAVALI: Deixe de fazer alvoroço durante suas conquistas, pois pode despertar inveja nos demais. Preste muita atenção às oportunidades; exatamente pelo seu gosto por ação, este ano se mostrará bastante promissor, desde que não se omita e seja participativo. Cuide da saúde mental, deixando para depois o que não dá para resolver no momento.

Calendário Permanente
(1901 – 2092)

Tabela A – Anos

1901-2000				2001-2092		
	25	53	81		09	37	65
	26	54	82		10	38	66
	27	55	83		11	39	67
	28	56	84		12	40	68
01	29	57	85		13	41	69
02	30	58	86		14	42	70
03	31	59	87		15	43	71
04	32	60	88		16	44	72
05	33	61	89		17	45	73
06	34	62	90		18	46	74
07	35	63	91		19	47	75
08	36	64	92		20	48	76
09	37	65	93		21	49	77
10	38	66	94		22	50	78
11	39	67	95		23	51	79
12	40	68	96		24	52	80
13	41	69	97		25	53	81
14	42	70	98		26	54	82
15	43	71	99		27	55	83
16	44	72	00		28	56	84
17	45	73		01	29	57	85
18	46	74		02	30	58	86
19	47	75		03	31	59	87
20	48	76		04	32	60	88
21	49	77		05	33	61	89
22	50	78		06	34	62	90
23	51	79		07	35	63	91
24	52	80		08	36	64	92

Tabela B – Meses

J	F	M	A	M	J	J	A	S	O	N	D
4	0	0	3	5	1	3	6	2	4	0	2
5	1	1	4	6	2	4	0	3	5	1	3
6	2	2	5	0	3	5	1	4	6	2	4
0	3	4	0	2	5	0	3	6	1	4	6
2	5	5	1	3	6	1	4	0	2	5	0
3	6	6	2	4	0	2	5	1	3	6	1
4	0	0	3	5	1	3	6	2	4	0	2
5	1	2	5	0	3	5	1	4	6	2	4
0	3	3	6	1	4	6	2	5	0	3	5
1	4	4	0	2	5	0	3	6	1	4	6
2	5	5	1	3	6	1	4	0	2	5	0
3	6	0	3	5	1	3	6	2	4	0	2
5	1	1	4	6	2	4	0	3	5	1	3
6	2	2	5	0	3	5	1	4	6	2	4
0	3	3	6	1	4	6	2	5	0	3	5
1	4	5	1	3	6	1	4	0	2	5	0
3	6	6	2	4	0	2	5	1	3	6	1
4	0	0	3	5	1	3	6	2	4	0	2
5	1	1	4	6	2	4	0	3	5	1	3
6	2	3	6	1	4	6	2	5	0	3	5
1	4	4	0	2	5	0	3	6	1	4	6
2	5	5	1	3	6	1	4	0	2	5	0
3	6	6	2	4	0	2	5	1	3	6	1
4	0	1	4	6	2	4	0	3	5	1	3
6	2	2	5	0	3	5	1	4	6	2	4
0	3	3	6	1	4	6	2	5	0	3	5
1	4	4	0	2	5	0	3	6	1	4	6
2	5	6	2	4	0	2	5	1	3	6	1

Tabela C – Dias da Semana

D	1	8	15	22	29	36
S	2	9	16	23	30	37
T	3	10	17	24	31	
Q	4	11	18	25	32	
Q	5	12	19	26	33	
S	6	13	20	27	34	
S	7	14	21	28	35	

Exemplo

É muito simples usar o calendário permanente. Vamos tomar como exemplo o dia 1º de janeiro do ano de 2023, para saber em que dia da semana começará a segunda década do século XXI.

Procure na Tabela A os últimos dois dígitos do ano 2023 (neste caso, 23) e siga essa mesma linha à direita, parando no mês de janeiro na Tabela B. (Os meses nessa tabela são indicados apenas pela primeira letra.) Ao número encontrado (neste caso, 0), adicione o número do dia em questão (1) e terá o resultado 1. Verifique na Tabela C (ao lado) em que dia da semana cai o número 1. É um domingo (indicado, na Tabela C, pela letra D).

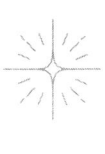

LUA, REGENTE DE 2023

Astrologia é um campo de conhecimento que visa compreender os ciclos da vida, e sua linguagem simbólica é uma ponte estendida entre o cosmos e a humanidade como um todo. Dizemos que a astrologia é o estudo comparado entre o céu e a terra, e esse relacionamento, desde as mais remotas eras, traz aos homens compreensão e sentido para sua existência. Em termos astrológicos, os planetas têm diferentes significados, por meio dos quais atuam no psiquismo humano. Como símbolos arquetípicos, representam diferentes motivações e impulsos que são comuns a todos os seres vivos.

No simbolismo astrológico, a Lua representa o arquétipo materno de sustentação e proteção à vida, o impulso para fecundar, nutrir e cuidar. A Lua astrológica nos remete à ideia da vida inconsciente, a hábitos, instintos e reações emocionais que são diferentes para cada indivíduo. Nesse sentido, este ano contará com as bênçãos lunares, que representam a família, a pátria, o senso de pertencimento a um grupo ou país. Esse ciclo astrológico deve evidenciar o relevante papel da segurança emocional do indivíduo por meio das relações familiares, valorizando cada vez mais o desempenho fundamental das mulheres em todas as suas atividades.

Do ponto de vista pessoal, a Lua nas diferentes casas do mapa de nascimento nos informará em que áreas de sua vida o indivíduo é mais sensível às necessidades dos outros, e também sua natureza mais afetiva, instável, subjetiva, imprevisível, e que gosta de proteção e atenção.

A seguir, o leitor poderá considerar a Lua em Áries ou na Casa I, e assim por diante.

Áries: Casa I ➤ Natureza animada, expansiva e emotiva; tende a ser influenciada pelos outros. Gosta de proteção e da valorização de sua pessoa, não gosta de ser contraída. Sua vitalidade tende a ser alterada por fatores externos ou emocionais.

Touro: Casa II ➤ Forte necessidade de estabilidade na vida financeira. Seu bem-estar depende muito do conforto e da segurança material. Habilidades para trabalhos com culinária, crianças e a própria casa. Tendência a flutuações nos ganhos para o seu sustento.

Gêmeos: Casa III ➤ Forte curiosidade e pouco interesse pela rotina; adapta-se bem às novidades ou mudanças de casa. As relações com irmãos, primos e vizinhos são relevantes. Fatores afetivos podem afetar o aprendizado; habilidade para expressar problemas emocionais.

Câncer: Casa IV ➤ Laços familiares são muito importantes, em especial com a família materna. Gosta de manter rotina e hábitos na vida doméstica. Muita sensibilidade, o que pode dificultar o contato com o mundo externo, gerando alterações de humor e introversão.

Leão: Casa V ➤ Desejo marcante de ser aceito e admirado pelas pessoas. Pode haver uma dependência excessiva das relações amorosas. Criatividade, brilho pessoal, amor por crianças e bebês; instinto materno acentuado.

Virgem: Casa VI ➤ Esse posicionamento indica prazer em trabalhar e servir ao próximo. Habilidades manuais e em trabalhos de organização. Interesse por temas de saúde, bem-estar e alimentação. Tendência a doenças psicossomáticas, perfeccionismo e autocrítica.

Libra: Casa VII ➤ Talento e habilidades para lidar com o público e interagir socialmente. Capaz de mediar interesses de grupos ou associações. Natureza empática, interessada no bem-estar comum. A natureza protetora se dá por ações pragmáticas.

Escorpião: Casa VIII ➤ Busca por relações profundas e intensas que demandem confiança. Interesse por temas de psicologia e processos de cura ou transformação psíquica. Ressentimentos podem despertar desejos de vingança. Interesse por tudo o que é oculto e misterioso.

Sagitário: Casa IX ➤ Natureza expansiva e otimista que procura sempre ver o lado bom da vida. Gosta de elogiar e estimular os outros, sabendo perceber talentos alheios. Os valores éticos são importantes em suas relações. Dificuldade em aceitar contrariedades ou opiniões divergentes da sua.

Capricórnio: Casa X ➤ Com a Lua nessa casa, o indivíduo deseja chegar a uma posição proeminente e obter reconhecimento social. A influência da família pode direcionar suas escolhas profissionais ou interesses sociais e políticos. Valoriza os direitos das mulheres e das crianças.

Aquário: Casa XI ➤ Nesta casa, a Lua indica grande apelo emocional por atividades em grupo. Os amigos podem se transformar na sua segunda família. Seu bem-estar e segurança significam poder compartilhar os mesmos ideais com os seus semelhantes. Forte intuição em relação ao futuro.

Peixes: Casa XII ➤ Essa posição mostra um temperamento reservado, que necessita de paz e quietude. Natureza sensível, que fortalece a imaginação e fantasias. Interesse por atividades filantrópicas e humanitárias. O mundo externo pode ser ameaçador, e a casa é o seu refúgio preferido, assim como a vida contemplativa e a música.

Dica para o leitor: caso tenha em mãos seu mapa astrológico de nascimento, poderá ver, na página 112 (A Lua nos Signos), uma interpretação mais personalizada dela, de acordo com o dia em que nasceu.

Particularidades e correspondências astrológicas da Lua

- **Elemento:** Água.
- **Signo que rege:** Câncer.
- **Ritmo:** Cardinal.
- **Funções psíquicas:** proteção e imaginação.
- **Natureza:** sensível e materna.
- **Metais:** prata e alumínio.
- **Pedras:** pedra da lua, pérola e selenita.
- **Cores:** branco e prateado.
- **Flores:** lírio, jasmim e copo-de-leite.
- **Frutas:** melancia, melão e pera.
- **Anatomia:** estômago, sucos digestivos, sistema linfático e seios.
- **Dia da semana:** segunda-feira.
- **Atividades profissionais:** marinheiro, pescador, parteira, obstetra, enfermeiro, babá e as demais relacionadas a gastronomia, hotelaria e turismo.

A Lua na mitologia, na astrologia e no tarô

A Lua na mitologia

Adentrando a dimensão simbólica da Lua em civilizações remotas e inúmeras culturas, podemos dizer que ela foi adorada e cultuada de diferentes formas, sempre evocando o princípio materno e feminino, imagem do arquétipo da Grande Mãe. Entendemos que a crença de que há uma conexão bastante peculiar entre a mulher e a Lua tem sido universalmente mantida, ou, dito de outro modo, essa foi uma experiência humana arquetípica projetada na Lua física do céu.

Em termos mitológicos, a Lua é a representação da Grande Deusa ou Grande Mãe, patrona da fertilidade, da concepção e do crescimento, tanto na vida vegetal quanto animal ou humana. Essas deusas mães ou divindades lunares regiam, além do ciclo anual da vegetação, o ciclo humano de vida e morte. Para o homem primitivo, a luz da Lua tinha um poder fertilizador e criativo que fazia as sementes germinarem e as plantas crescerem, trazendo igualmente a expansão do rebanho, pois, sem os seus poderes, os animais não poderiam gerar seus filhotes. Da mesma maneira, as mulheres não poderiam procriar sem as bênçãos da deusa Ártemis, que estava associada à fertilidade e à concepção.

Ártemis ou Diana era uma deusa caçadora, patrona dos pescadores, marinheiros e caçadores, e morava nas florestas, protegendo assim os filhotes de animais. No mito grego, Ártemis era filha de Zeus e Leto, e irmã primogênita de Apolo, o deus do Sol. Sua mãe, Leto, precisou fugir de Hera, a esposa de Zeus, para poder dar à luz seus dois filhos. A primeira a nascer foi Ártemis, parteira da sua própria mãe nas dores do parto de seu irmão gêmeo, o Sol. Quando tinha três anos de idade, Ártemis conheceu seu pai, Zeus, que, encantado por ela, prometeu dar-lhe tudo o que desejasse. Assim, Ártemis pediu arcos e flechas, e a companhia das ninfas e dos seus cães. Essa divindade morava nos bosques; tinha uma natureza altiva, guerreira e independente; era muitas vezes cruel e impiedosa com que a ofendia.

Existem também outras deusas lunares conhecidas da Antiguidade: Ishtar, sempre cultuada ao lado do seu filho Tammuz; Astarte, que era reverenciada entre os fenícios e os hebreus, representando a Grande Mãe da fertilidade, e posteriormente derivou no mito de Afrodite para os gregos. No antigo Egito, Ísis, chamada a Mãe do Universo era considerada a provedora de toda a vida na terra. No mito, conta-se que eram as suas lágrimas que produziam as cheias do rio Nilo, e com elas as terras eram fertilizadas e produziam alimentos.

Todas essas deusas se manifestam como arquétipos da maternidade, da fecundidade do solo e da vegetação. É importante observarmos também o lado oposto e destrutivo delas: as chuvas torrenciais ou os dilúvios que causavam inundações e mortes.

Esse caráter contraditório precisa ser compreendido com base nos dois ciclos lunares básicos: em sua fase Crescente e brilhante, ela era boa e maternal. Na fase Minguante e escura era vista como selvagem, destrutiva e cruel. A deusa Hécate simbolicamente representa a essa fase: era associada a feitiços, magias, encantamentos, morte e, por consequência, ao destino humano. Hécate era a deusa das tempestades e dos pesadelos noturnos, e estava sempre acompanhada de seu cão, Cérbero, que tinha três cabeças e era o guardião dos portões do inferno. A Lua em sua fase Crescente estava relacionada à deusa virgem Perséfone, que foi raptada por Hades e depois devolvida à sua mãe, Demeter. A Lua Cheia, com sua forma redonda, em geral lembra uma mulher grávida; é a Lua plena, em seu poder máximo, associada a Deméter, a grande mãe de todos os seres vivos.

Essa relação misteriosa com o feminino também está presente nos contos folclóricos de lobos e vampiros metamorfoseados na noite da Lua Cheia, na feitiçaria, na relação com encantamentos, e com poções ou rituais mágicos. Todas essas imagens e mitos relacionam-se ao mundo lunar, ao mundo noturno e obscuro das emoções humanas, sejam elas o amor, a loucura ou a magia.

A Lua na astrologia

Na astrologia, a Lua tem significados e representações análogas ao arquétipo feminino e materno; no zodíaco, ela é a regente do signo de Câncer, do elemento Água; é o significador dos relacionamentos e das emoções. Este signo ocupa a quarta casa zodiacal, simbolizando a família, a infância, a mãe, a segurança do lar. Assim, a Lua astrológica abrange inúmeros significados, pois, como matriz da vida física e psíquica de um indivíduo, representa sua base instintiva, as respostas corporais e emocionais, os mecanismos de adaptação, dando a base da personalidade do indivíduo. De forma análoga ao nosso satélite que gira ao redor da Terra, refletindo e modulando a luz do disco solar, também a mãe gira ao redor do bebê, refletindo, como um espelho, suas necessidades físicas e emocionais. Essa dependência da criança em relação à mãe é a mesma que havia nos primórdios do desenvolvimento da espécie humana. O homem primitivo dependia em larga medida do ambiente natural para sobreviver; deveria submeter-se à natureza, à Mãe Terra, que, embora generosa, era também imprevisível e destrutiva.

O signo de Câncer é representado por um caranguejo, uma criatura híbrida, que pertence ao mundo das águas e da terra. Ele se move para a frente, para o lado e para trás, e, quando se sente ameaçado, esconde-se em sua toca na areia. Esse movimento está associado ao princípio regressivo da Lua e manifesta a necessidade de proteção ou refúgio, uma das características marcantes desse signo.

A Lua e o tarô

A carta XVIII do Tarô guarda algumas semelhanças com o signo de Câncer, que, como sabemos, é regido pela Lua. Em uma de suas representações, como no baralho de Marselha, vemos dois cães, uma forma lunar entre duas torres e, abaixo, um lagostim com as presas em evidência. Em outra versão, vemos uma figura feminina, associada a Hécate, com três cabeças, encimada pela imagem das três fases distintas da Lua. Vimos no simbolismo mitológico lunar a relação que Hécate tem com as encruzilhadas e encantamentos da fase escura da Lua.

A rainha da noite representa o silêncio, o desconhecido, a vida inconsciente, o momento em que as curas do corpo e da alma podem acontecer. Sua luz é pálida e suave, o que não permite a visão clara, somente as sombras indefinidas, ilusórias e enganosas da psique humana.

A Lua é um arcano misterioso, que nos remete aos sonhos, às fantasias, à vida irracional e instintiva do ser humano. Na natureza, sentimos a delicada energia lunar no orvalho que vemos ao amanhecer, a umidade que refresca e suaviza o calor do sol que está ainda por nascer. Não por acaso, esse arcano do Tarô antecede a carta XIX, do Sol, assim como Câncer, no zodíaco é quarta casa zodiacal, que antecede a quinta casa, relacionada ao signo de Leão, regida pelo Sol.

A luz do sol, que tudo ilumina e permite a visão clara e definida do mundo, representa assim o poder da consciência do "si mesmo". Os temores lunares da noite escura já se dissolveram, pacificando as dores da alma, indicando que agora, com o amanhecer, o indivíduo terá um novo caminho a seguir.

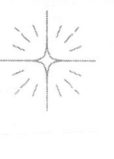

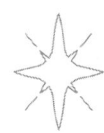

A LUA NOS SIGNOS

Por Tereza Kawall

No simbolismo astrológico, a Lua tem grande relevância, pois, ao lado dos signos solar e ascendente, monta a tríade básica para a compreensão essencial do mapa astrológico, que representa o ser, o sentir e a maneira de agir do indivíduo.

A Lua simboliza o princípio feminino e receptivo da natureza, a maternidade, as reações emocionais e instintivas ao ambiente, a oscilação dos humores, a necessidade de proteção do mundo externo e tudo o que representa o bem-estar e a segurança física ou psíquica de alguém. Ela está associada também à vida familiar, às memórias, à imaginação, à intuição, sendo, portanto, a mente subjetiva ou inconsciente do ser humano.

Lua em Áries: A natureza do indivíduo se manifesta de forma enérgica e impulsiva, assim como a necessidade de imposição da verdade pessoal. Ele pode ser suscetível a explosões emocionais, irritabilidade e franqueza excessiva nas palavras, embora isso seja facilmente esquecido. Indica uma personalidade dinâmica e competitiva, que ama novos desafios e valoriza sua autonomia. Forte necessidade de atividade física e anseio por fazer as coisas acontecerem.

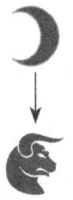

Lua em Touro: Neste signo, a Lua mostra uma natureza emocional protetora, que se afeiçoa rapidamente aos demais. Geralmente os sentimentos se manifestam de forma amorosa e sensível. Forte tendência ao ciúme e ao ressentimento, pois insiste em ruminar aquilo que causou alguma frustração. O indivíduo tem forte instinto de sobrevivência, gosta de trabalhar e ter segurança financeira.

Com a Lua em Touro, o indivíduo não lida bem com mudanças em geral. Aprecia o conforto, a boa comida, e nutre grande prazer pelas boas coisas da vida.

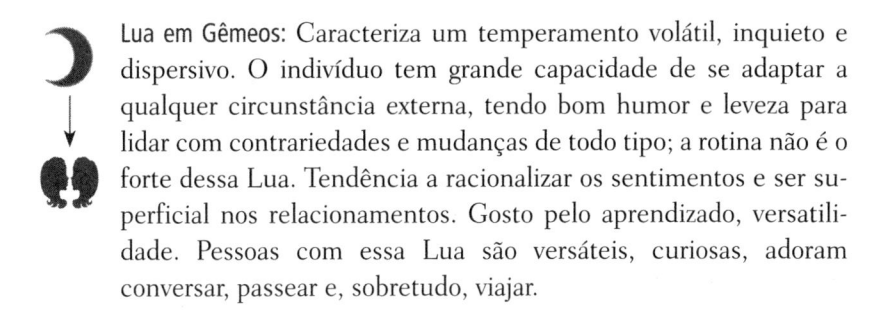

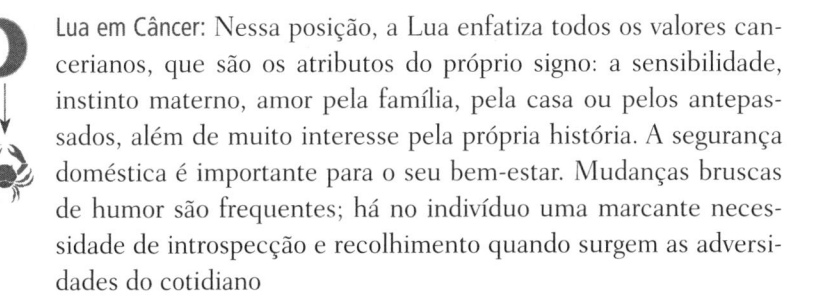

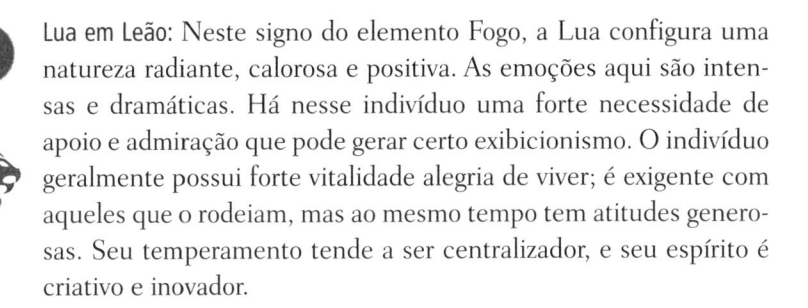

Lua em Gêmeos: Caracteriza um temperamento volátil, inquieto e dispersivo. O indivíduo tem grande capacidade de se adaptar a qualquer circunstância externa, tendo bom humor e leveza para lidar com contrariedades e mudanças de todo tipo; a rotina não é o forte dessa Lua. Tendência a racionalizar os sentimentos e ser superficial nos relacionamentos. Gosto pelo aprendizado, versatilidade. Pessoas com essa Lua são versáteis, curiosas, adoram conversar, passear e, sobretudo, viajar.

Lua em Câncer: Nessa posição, a Lua enfatiza todos os valores cancerianos, que são os atributos do próprio signo: a sensibilidade, instinto materno, amor pela família, pela casa ou pelos antepassados, além de muito interesse pela própria história. A segurança doméstica é importante para o seu bem-estar. Mudanças bruscas de humor são frequentes; há no indivíduo uma marcante necessidade de introspecção e recolhimento quando surgem as adversidades do cotidiano

Lua em Leão: Neste signo do elemento Fogo, a Lua configura uma natureza radiante, calorosa e positiva. As emoções aqui são intensas e dramáticas. Há nesse indivíduo uma forte necessidade de apoio e admiração que pode gerar certo exibicionismo. O indivíduo geralmente possui forte vitalidade alegria de viver; é exigente com aqueles que o rodeiam, mas ao mesmo tempo tem atitudes generosas. Seu temperamento tende a ser centralizador, e seu espírito é criativo e inovador.

Lua em Virgem: A Lua neste signo do elemento Terra se manifesta de forma reservada, em que o indivíduo necessita discriminar e analisar seus sentimentos e suas relações. Essa natureza introvertida, tímida ou crítica pode causar certo distanciamento na vida social. Seu temperamento é pragmático, ansioso, sempre preocupado com minúcias e detalhes de todo tipo. Tem grande prazer em servir, sendo muito leal e prestativo com os amigos em geral. Aprecia e se sente seguro com organização e prefere uma alimentação saudável.

Lua em Libra: Essa posição astrológica configura indivíduos sociáveis, delicados e adaptáveis a circunstâncias diversas. Geralmente eles têm uma índole simpática e agradável, sabendo deixar os outros à vontade, e são mestres na arte de ouvir e aconselhar. Na vida social ou pessoal, preferem ceder e não alimentar discussões nem desavenças, pois têm grande facilidade para intermediar interesses. Apreciam a elegância, o requinte das coisas belas e as artes em geral.

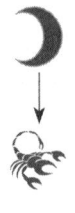

Lua em Escorpião: Neste signo, a Lua mostra uma natureza emocional intensa e magnética que busca a cumplicidade e a intimidade com os outros. O indivíduo aprecia os mistérios da natureza humana, os segredos e tudo aquilo que é inconsciente ou invisível aos olhos. Tem forte necessidade de controlar suas emoções e as dos demais, o que pode gerar uma índole passional e até mesmo obsessiva. Não tem receio de mudanças ou transformações que promovam seu crescimento emocional.

Lua em Sagitário: O indivíduo com essa posição possui uma índole jovial e aventureira, e precisa de uma vida repleta de novidades ou viagens. Adora tudo o que o estimula no âmbito intelectual, reagindo prontamente a qualquer discussão sobre valores éticos ou justiça. Sua natureza emocional tende a ser idealista e até filosófica, mas nem sempre muito realista. Tem um apurado senso de humor e reage com entusiasmo aos novos desafios que surgem. Dogmático, costuma se manter geralmente reage de forma irredutível quando questionado em seus pontos de vista ou atitudes contraditórias.

Lua em Capricórnio: A Lua neste signo de Terra tende a representar uma natureza afetiva mais reservada e, por vezes, melancólica. O indivíduo pode ter dificuldade em mostrar seus sentimentos e se descontrair na vida social. Porém, quando o vínculo já está estabelecido, é leal, fiel e muito responsável em relação às pessoas que são importantes para ele. Gosta de se relacionar com pessoas mais maduras e experientes. A necessidade de segurança pode trazer certa tendência ao isolamento e necessidade de introspecção. Sua grande preocupação com o trabalho e questões materiais também pode levar a esse distanciamento em relação a amigos e familiares.

Lua em Aquário: A Lua nessa posição astrológica leva o indivíduo a manifestar um espírito altruísta, humanitário, sempre aberto a novidades, com atitudes inovadoras. Tem facilidade para a interação social, e gosta de fazer amigos e de compartilhar ideias humanitárias ou mesmo utópicas com seu grupo. Sua natureza emocional pode ser inconstante ou pouco convencional; amante da liberdade, tende a evitar ou criticar tudo o que for? muito formal ou tradicional. Seu temperamento independente pode ser visto como desinteresse ou frieza, pois em geral há a tendência a racionalizar suas emoções.

Lua em Peixes: A Lua no último signo indica um temperamento supersensível, que se emociona com as coisas simples do cotidiano. Isso pode tornar o indivíduo muito impressionável e vulnerável em relação ao mundo real, gerando uma tendência de escapar dele por meio da fantasia ou da imaginação. Esporadicamente, são necessários descanso e isolamento para retomar o equilíbrio psíquico. A capacidade criativa é marcante neste caso, e não raro canalizada em manifestações artísticas, como música, poesia ou artes visuais, áreas em que o indivíduo pode expressar sua forte emotividade e sensibilidade.

Entrada do Sol nos Signos do Zodíaco em 2023

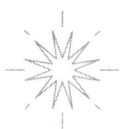

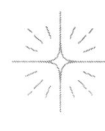

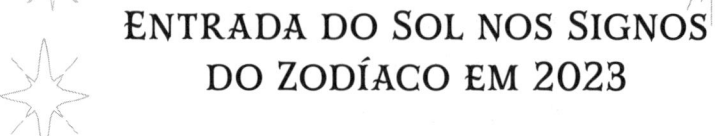

Signo	Data	Horário de ingresso
♒ AQUÁRIO	20 de janeiro	5h31
♓ PEIXES	18 de fevereiro	19h35
♈ ÁRIES	20 de março	18h26
♉ TOURO	20 de abril	5h15
♊ GÊMEOS	21 de maio	4h10
♋ CÂNCER	21 de junho	11h59
♌ LEÃO	22 de julho	22h52
♍ VIRGEM	23 de agosto	6h02
♎ LIBRA	23 de setembro	3h51
♏ ESCORPIÃO	23 de outubro	13h22
♐ SAGITÁRIO	22 de novembro	11h04
♑ CAPRICÓRNIO	22 de dezembro	0h28

TÁBUA DO NASCIMENTO E OCASO DO SOL
(HORA LEGAL DE BRASÍLIA)

Data	Brasília		Rio de Janeiro		São Paulo	
	Nasc. (hora)	Ocaso (hora)	Nasc. (hora)	Ocaso (hora)	Nasc. (hora)	Ocaso (hora)
1º de janeiro	05h45	18h48	05h11	18h42	05h23	18h57
11 de janeiro	05h51	18h50	05h17	18h43	05h30	18h58
21 de janeiro	05h56	18h51	05h25	18h43	05h37	18h58
1º de fevereiro	06h02	18h50	05h32	18h40	05h45	18h55
11 de fevereiro	06h07	18h46	05h39	18h35	05h52	18h49
21 de fevereiro	06h11	18h42	05h44	18h28	05h58	18h42
1º de março	06h13	18h37	05h48	18h21	06h02	18h36
11 de março	06h15	18h30	05h53	18h12	06h06	18h26
21 de março	06h17	18h23	05h57	18h03	06h10	18h17
1º de abril	06h18	18h15	06h01	17h52	06h15	18h06
11 de abril	06h20	18h07	06h04	17h43	06h19	17h56
21 de abril	06h21	18h01	06h08	17h34	06h23	17h48
1º de maio	06h24	17h56	06h12	17h27	06h27	17h40
11 de maio	06h26	17h52	06h17	17h21	06h31	17h34
21 de maio	06h29	17h49	06h21	17h17	06h36	17h30
1º de junho	06h33	17h48	06h26	17h15	06h41	17h28
11 de junho	06h36	17h48	06h30	17h15	06h45	17h27
21 de junho	06h39	17h50	06h33	17h16	06h48	17h29
1º de julho	06h40	17h53	06h34	17h19	06h49	17h32
11 de julho	06h41	17h56	06h34	17h23	06h49	17h35
21 de julho	06h40	17h59	06h32	17h27	06h47	17h40
1º de agosto	06h37	18h02	06h27	17h31	06h42	17h44
11 de agosto	06h32	18h04	06h21	17h35	06h35	17h48
21 de agosto	06h26	18h05	06h13	17h39	06h28	17h52
1º de setembro	06h19	18h07	06h03	17h42	06h18	17h56
11 de setembro	06h11	18h08	05h54	17h45	06h08	17h59
21 de setembro	06h03	18h08	05h44	17h48	05h57	18h02
1º de outubro	05h55	18h09	05h34	17h52	05h47	18h06
11 de outubro	05h48	18h11	05h24	17h55	05h37	18h09
21 de outubro	05h42	18h13	05h15	18h00	05h29	18h14
1º de novembro	05h36	18h17	05h08	18h05	05h21	18h20
11 de novembro	05h33	18h21	05h02	18h11	05h15	18h26
21 de novembro	05h31	18h26	04h59	18h18	05h12	18h33
1º de dezembro	05h32	18h31	04h59	18h25	05h11	18h40
11 de dezembro	05h34	18h37	05h00	18h31	05h13	18h47
21 de dezembro	05h38	18h43	05h04	18h37	05h17	18h52

Como a variação do horário é mínima, apresentamos apenas o nascimento e ocaso do Sol dos dias 1º, 11 e 21 de cada mês.

Dados cedidos pelo Departamento de Astronomia do Instituto de Astronomia, Geofísica e Ciências Atmosféricas da Universidade de São Paulo.

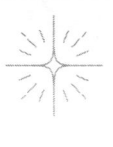

TÁBUA SOLAR PARA 2023

O Sol caminha em média 1 grau por dia ao se deslocar ao longo do zodíaco. Nesta tabela, você vai encontrar a posição dele a cada 5 dias, calculada para a meia-noite e a partir do meridiano de Greenwich.

	Janeiro			Fevereiro			Março	
Dia	Posição	Signo	Dia	Posição	Signo	Dia	Posição	Signo
1º	10°16'	Capricórnio	1º	11°50'	Aquário	1º	10°7'	Peixes
5	14°21'	Capricórnio	5	15°53'	Aquário	5	14°8'	Peixes
10	19°27'	Capricórnio	10	20°57'	Aquário	10	19°8'	Peixes
15	24°32'	Capricórnio	15	26°1'	Aquário	15	24°7'	Peixes
20	29°38'	Capricórnio	20	1°4'	Peixes	20	29°6'	Peixes
25	4°43'	Aquário	25	6°6'	Peixes	25	4°4'	Áries
30	9°48'	Aquário	28	9°7'	Peixes	31	10°1'	Áries

	Abril			Maio			Junho	
Dia	Posição	Signo	Dia	Posição	Signo	Dia	Posição	Signo
1º	11°0'	Áries	1º	10°22'	Touro	1º	10°16'	Gêmeos
5	14°56'	Áries	5	14°15'	Touro	5	14°6'	Gêmeos
10	19°52'	Áries	10	19°5'	Touro	10	18°53'	Gêmeos
15	24°46'	Áries	15	23°55'	Touro	15	23°40'	Gêmeos
20	29°39'	Aries	20	28°44'	Touro	20	28°26'	Gêmeos
25	4°32'	Touro	25	3°33'	Gêmeos	25	3°13'	Câncer
30	9°24'	Touro	31	9°19'	Gêmeos	30	7°59'	Câncer

	Julho			Agosto			Setembro	
Dia	Posição	Signo	Dia	Posição	Signo	Dia	Posição	Signo
1º	8°56'	Câncer	1º	8°31'	Leão	1º	8°19'	Virgem
5	12°45'	Câncer	5	12°21'	Leão	5	12°11'	Virgem
10	17°31'	Câncer	10	17°8'	Leão	10	17°2'	Virgem
15	22°17'	Câncer	15	21°56'	Leão	15	21°54'	Virgem
20	27°3'	Câncer	20	26°44'	Leão	20	26°47'	Virgem
25	1°50'	Leão	25	1°33'	Virgem	25	1°40'	Libra
31	7°34'	Leão	31	7°21'	Virgem	30	6°34'	Libra

	Outubro			Novembro			Dezembro	
Dia	Posição	Signo	Dia	Posição	Signo	Dia	Posição	Signo
1º	7°33'	Libra	1º	8°17'	Escorpião	1º	8°30'	Sagitário
5	11°29'	Libra	5	12°18'	Escorpião	5	12°33'	Sagitário
10	16°25'	Libra	10	17°19'	Escorpião	10	17°38'	Sagitário
15	21°22'	Libra	15	22°20'	Escorpião	15	22°43'	Sagitário
20	26°20'	Libra	20	27°23'	Escorpião	20	27°48'	Sagitário
25	1°18'	Escorpião	25	2°26'	Sagitário	25	2°54'	Capricórnio
31	7°17'	Escorpião	30	7°29'	Sagitário	31	9°1'	Capricórnio

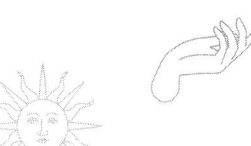

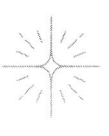

HORÁRIO DA SEMANA DE ACORDO COM A REGÊNCIA PLANETÁRIA

Convém lembrar que a hora astrológica de alguns planetas coincide: os assuntos regidos por Urano devem ser tratados na hora de Mercúrio, e o mesmo acontece com Netuno e Plutão, cujos assuntos devem ser tratados nas horas de Vênus e Marte, respectivamente.

Use esta tabela para concluir o cálculo das Horas Planetárias e saber quais são as horas mais propícias para tratar dos seus empreendimentos.

Horas	Domingo	Segunda	Terça	Quarta	Quinta	Sexta	Sábado
1ª do dia	Sol	Lua	Marte	Mercúrio	Júpiter	Vênus	Saturno
2ª do dia	Vênus	Saturno	Sol	Lua	Marte	Mercúrio	Júpiter
3ª do dia	Mercúrio	Júpiter	Vênus	Saturno	Sol	Lua	Marte
4ª do dia	Lua	Marte	Mercúrio	Júpiter	Vênus	Saturno	Sol
5ª do dia	Saturno	Sol	Lua	Marte	Mercúrio	Júpiter	Vênus
6ª do dia	Júpiter	Vênus	Saturno	Sol	Lua	Marte	Mercúrio
7ª do dia	Marte	Mercúrio	Júpiter	Vênus	Saturno	Sol	Lua
8ª do dia	Sol	Lua	Marte	Mercúrio	Júpiter	Vênus	Saturno
9ª do dia	Vênus	Saturno	Sol	Lua	Marte	Mercúrio	Júpiter
10ª do dia	Mercúrio	Júpiter	Vênus	Saturno	Sol	Lua	Marte
11ª do dia	Lua	Marte	Mercúrio	Júpiter	Vênus	Saturno	Sol
12ª do dia	Saturno	Sol	Lua	Marte	Mercúrio	Júpiter	Vênus
1ª da noite	Júpiter	Vênus	Saturno	Sol	Lua	Marte	Mercúrio
2ª da noite	Marte	Mercúrio	Júpiter	Vênus	Saturno	Sol	Lua
3ª da noite	Sol	Lua	Marte	Mercúrio	Júpiter	Vênus	Saturno
4ª da noite	Vênus	Saturno	Sol	Lua	Marte	Mercúrio	Júpiter
5ª da noite	Mercúrio	Júpiter	Vênus	Saturno	Sol	Lua	Marte
6ª da noite	Lua	Marte	Mercúrio	Júpiter	Vênus	Saturno	Sol
7ª da noite	Saturno	Sol	Lua	Marte	Mercúrio	Júpiter	Vênus
8ª da noite	Júpiter	Vênus	Saturno	Sol	Lua	Marte	Mercúrio
9ª da noite	Marte	Mercúrio	Júpiter	Vênus	Saturno	Sol	Lua
10ª da noite	Sol	Lua	Marte	Mercúrio	Júpiter	Vênus	Saturno
11ª da noite	Vênus	Saturno	Sol	Lua	Marte	Mercúrio	Júpiter
12ª da noite	Mercúrio	Júpiter	Vênus	Saturno	Sol	Lua	Marte

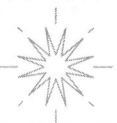

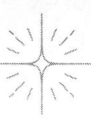

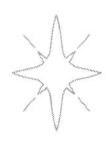

HORAS PLANETÁRIAS

O método mais prático para você aproveitar a influência das horas planetárias na sua vida diária é sincronizar as suas atividades mais importantes com os dias e horas mais favoráveis. Você obterá a informação quanto aos dias mais e menos propícios ao início dos seus empreendimentos no *Guia Astral*. E as influências e as características da hora associada a cada planeta são dadas a seguir, a fim de que você possa usá-las em combinação com o dia mais favorável, de modo a conseguir um grande sucesso. Consulte também a seção "Cálculo das Horas Planetárias", p. 124.

LUA

Influência mais acentuada à noite. Sua hora é boa para fazer viagens e mudanças não definitivas, e para estipular comissões e todas as coisas de natureza provisória ou variável. É também uma boa hora para fazer as pessoas mudarem de opinião ou alterarem seus planos. Facilita negociações rápidas e o comércio varejista.

Os negócios tratados nessa hora precisam ser concluídos logo; caso contrário, correm o risco de sofrer mudanças ou ser cancelados.

Devemos ter cautela com os arranjos feitos nessa hora porque todas as coisas correm o risco de ficar incertas e serão passageiras.

MERCÚRIO

A influência de sua hora é sempre duvidosa e variável, pois gera oscilações e tem um caráter secundário.

É uma hora favorável para a redação de cartas, estudos de toda natureza, teorias, escrituras, documentos e textos literários. Boa para a troca de correspondência, compra de livros e trabalho com impressoras. A compreensão e a percepção são rápidas devido à fertilidade de ideias. Favorece os profissionais de vendas, os professores e todos os que se ocupam de atividades intelectuais. Também favorece os joalheiros que fabricam objetos de precisão.

Na hora de Mercúrio, geralmente encontramos pessoas volúveis e inconstantes, que dificilmente sustentam a palavra dada ou levam adiante seus projetos.

A hora de Mercúrio é sempre seguida pela da Lua e pela de Saturno, de modo que é melhor chegar logo a uma conclusão ou adiar os negócios para uma ocasião mais propícia.

VÊNUS

A hora de Vênus é favorável à recreação, à diversão, ao canto, à música, à dança e a todas as áreas relativas ao vestuário, ornamentos e luxo.

É boa para a compra de objetos artísticos, de roupas, de perfumes e de outros itens do gênero. Favorece o amor e a galanteria, bem como o estudo das belas-artes. Favorece a restauração de objetos artísticos.

Essa hora governa o lado doméstico e feminino da vida e tudo o que é relativo aos sentimentos; facilita a dissolução do ódio e dos rancores; amplia os assuntos ligados à construção de formas (arquitetura, manipulação de projetos).

É a hora em que existe o perigo do excesso e da extravagância.

Favorece a maledicência de que são alvo aqueles que só vivem para o presente.

SOL

A hora do Sol favorece as relações com pessoas que ocupam posição de destaque – autoridades, juízes, altos funcionários do governo, homens de Estado.

Esta hora é própria para solicitar favores e proteção dos maiorais; favorável a projetos que ativam a consciência das atividades no planeta Terra.

As melhores horas solares são as que vêm antes do meio-dia. Elas reeducam ou retiram o sentimento de usura, de avareza e usurpação.

MARTE

A hora de Marte é propícia a todos os empreendimentos ousados. Há forças suplementares nas situações difíceis e tensas. É geralmente nessa hora que aumenta a incidência de acidentes, disputas e desentendimentos.

Ela favorece os impulsos, o domínio da força e tende a produzir contestações e argumentações, enfrentando-se concorrentes profissionais sem agressões, além de fazer aflorar a decisão firme com bases sólidas.

Nesta hora é preciso fazer tudo para não provocar a cólera alheia. Não se deve começar novas amizades durante esta hora, nem transitar por lugares reconhecidamente perigosos. É boa hora para nos ocuparmos de coisas práticas, referentes à mecânica, às minas, aos metais e aos materiais de natureza explosiva e inflamável, como o carvão, o petróleo etc. É prudente não assumir compromissos nesta hora, nem tomar atitudes com respeito a situações sérias e graves. É a hora em que convém nos precavermos contra roubos e assaltos, pois é considerada uma das mais perigosas do dia.

JÚPITER

De todas as horas planetárias, a mais favorável é a de Júpiter, durante a qual pode se iniciar novos empreendimentos de qualquer tipo.

Favorece toda espécie de assuntos financeiros e é boa para as questões legais e religiosas.

É a hora mais fecunda de todas; as coisas que forem executadas pela "primeira vez" nesta hora devem ser repetidas até que o sucesso recompense a iniciativa.

Todas as coisas de valor, seja de caráter objetivo ou subjetivo, podem ser tratadas na hora de Júpiter. Ela faz aflorar a sabedoria, proporcionando confiança sem fanatismo.

SATURNO

A influência deste planeta é lenta e pesada. As coisas começadas nesta hora caminham devagar, porém a passos firmes.

Saturno confere determinação, simplicidade, prudência e maturidade. Governa a terra de onde o homem tira seu sustento e a casa que lhe serve de abrigo; por isso Saturno rege os negócios imobiliários e a agricultura. Influencia os estudos avançados e de compreensão lenta. Tendência a ponderar como sair da vida diária criando, modelando, construindo novas vivências. Trata-se da experiência sábia dos idosos. É o planeta da destruição e da reconstrução.

URANO

Este planeta governa todas as atividades do mundo moderno e a tecnologia avançada; a eletricidade, a eletrônica, a aeronáutica, a indústria automobilística etc. Sua influência é imprevisível, e os negócios iniciados em sua hora podem ter os mesmos resultados duvidosos ou variáveis induzidos por Mercúrio, pois a hora de Urano é a mesma de Mercúrio. Tendência à renovação e à originalidade.

NETUNO

Este planeta governa a inspiração artística e todas as faculdades extrassensoriais: intuição, clarividência etc. Sua hora favorece os assuntos artísticos, o amor desinteressado e os atos de benevolência. A hora de Netuno é a mesma de Vênus. É a inspiração da vida, que modifica o modo de agir e de pensar em todas as atividades do cotidiano.

PLUTÃO

Plutão ainda é um enigma para a maioria dos astrólogos. Ele representa uma força estranha, um tanto destrutiva e em parte desconhecida. Está relacionado com o poder atômico, favorecendo mudanças drásticas, descobertas de cunho técnico e exigindo que se saiba lidar com essa energia planetária para que não cause danos. Plutão atua destruindo para que se possa reconstruir. Favorece as ações que requerem entusiasmo e uma nova visão dos fatos. A hora de Plutão é a mesma de Marte. Plutão nos impulsiona a transformações profundas.

Cálculo das Horas Planetárias

Depois de conhecer as características da hora de cada planeta, na seção "Horas Planetárias", aprenda a calcular essa hora, para poder usar essas características de forma benéfica e proveitosa.

As 12 horas planetárias diurnas e as 12 noturnas às vezes têm mais de 60 minutos, às vezes têm menos, dependendo do horário do nascimento ou do ocaso do Sol. Por isso, é preciso calcular em primeiro lugar o momento exato em que começa e termina a primeira hora do dia que lhe interessa. Para tanto, use a "Tábua do Nascimento e Ocaso do Sol" e verifique o horário em que esse astro nasce e se põe. Por exemplo, consultando essa tabela, você saberá que em Brasília, no dia 1º de janeiro, o Sol nasceu às 5h45min e se pôs às 18h48min. Se subtrairmos 5h45min de 18h48min, saberemos que o dia durou 13 horas e 3 minutos. Transforme as 13 horas em minutos (780 min), acrescente os 3 minutos restantes (783 min) e divida o resultado por 12. Você saberá, então, que cada hora desse dia terá 65 minutos e 3 segundos, ou 1 hora e 3 minutos – podendo-se deixar de lado os segundos.

Portanto, a primeira hora do dia 1º de janeiro de 2023 começará, em Brasília, às 5h45min e terminará às 6h48min; a segunda hora começará às 6h49min e assim por diante. (O período noturno deve ser calculado da mesma forma.)

Consulte, a seguir, a tabela "Horário da Semana de acordo com a Regência Planetária". Com ela você saberá que, em 1º de janeiro de 2023, um domingo, Sol rege a 1ª hora diurna, Vênus rege a 2ª hora etc. Portanto, o melhor momento do dia para tratar dos assuntos regidos pelo Sol, será ao longo da 1ª hora, que vai das 5h45min às 6h48min. Quanto aos assuntos relacionados com Vênus, o melhor é esperar até a 2ª hora do dia.

Com base nessas informações, você poderá organizar as atividades desse dia, levando em conta o horário em que elas serão mais favorecidas!

TÁBUA PLANETÁRIA PARA 2023

Segue abaixo a posição dos planetas em cada signo do zodíaco à zero hora de Greenwich do dia 1º de cada mês. A posição está indicada por graus (º) e minutos ('), bem como qualquer mudança que houver para outro signo no decorrer do mês. Note ainda que estão indicados também o início do movimento retrógrado, assinalado pela letra (R), ou a retomada do movimento direto, indicada pela letra (D).

Janeiro

Mercúrio: 23°42' de Capricórnio (R); no dia 18, a 8°9'de Capricórnio (D)
Vênus: 27°22' de Capricórnio; no dia 4, a 1°8' de Aquário; no dia 28, a 1°6' de Peixes
Marte: 9°4' de Gêmeos (R); no dia 12, a 8°8' de Gêmeos (D)
Júpiter: 1°11'de Áries
Saturno: 22°25' de Aquário
Urano: 15°8' de Touro (R); no dia 22, a 14°56 de Touro (D)
Netuno: 22°52' de Peixes
Plutão: 27°39' de Capricórnio

Fevereiro

Mercúrio: 16°57' de Capricórnio; no dia 12, a 0°43' de Aquário
Vênus: 6°5' de Peixes; no dia 21, a 0°49' de Áries
Marte: 10°11' de Gêmeos
Júpiter: 6°3' de Áries
Saturno: 25°51' de Aquário
Urano: 14°58' de Touro
Netuno: 23°35' de Peixes
Plutão: 28°39' de Capricórnio

Março

Mercúrio: 26°42' de Aquário; no dia 3, a 0°4' de Peixes; no dia 20, a 1°37' de Áries
Vênus: 10°38' de Áries; no dia 17, a 0°4' de Touro
Marte: 19°6' de Gêmeos; no dia 26, a 0°14' de Câncer
Júpiter: 11°52' de Áries
Saturno: 29°13' de Aquário; no dia 8, a 0°3' de Peixes
Urano: 15°31' de Touro
Netuno: 24°33' de Peixes
Plutão: 29°29' de Capricórnio; no dia 24, a 0°0' de Aquário

Abril

Mercúrio: 25°17' de Áries, no dia 4, a 0°31' de Touro; no dia 21, a 15°36' de Touro (R)
Vênus: 18°5' de Touro; no dia 12, a 0°55' de Gêmeos
Marte: 3°12' de Câncer
Júpiter: 19°7' de Áries
Saturno: 2°43' de Peixes
Urano: 16°47' de Touro
Netuno: 25°43' de Peixes
Plutão: 0°8' de Aquário

Maio

Mercúrio: 11°57' Touro (R); no dia 15, a 5°51' de Touro (D)
Vênus: 22°40' de Gêmeos; no dia 8, a 0°26' de Câncer
Marte: 18°59' de Câncer; no dia 21, a 0°12' de Leão
Júpiter: 26°19' de Áries; no dia 17, a 0°3' de Touro
Saturno: 5°24' de Peixes
Urano: 18°25' de Touro
Netuno: 26°43' de Peixes
Plutão: 0°21' de Aquário; no dia 2, nesse mesmo grau (R)

Junho

Mercúrio: 15°49' de Touro; no dia 12, a 0°54' de Gêmeos; no dia 28, a 2°8' de Câncer

Vênus: 25°34' de Câncer; no dia 6, a 0°24' de Leão

Marte: 6°31'de Leão

Júpiter: 3°23' de Touro

Saturno: 6°58' de Peixes; no dia 17, a 7°12' de Peixes (R)

Urano: 20°12' de Touro

Netuno: 27°26' de Peixes; no dia 30, a 27°41' de Peixes (R)

Plutão: 0°9' de Aquário (R); no dia 12, a 29°59' de Capricórnio

Julho

Mercúrio: 8°40' de Câncer; no dia 12, a 1°36' de Leão; no dia 29, a 0°8' de Virgem

Vênus: 20°46' de Leão; no dia 23, a 28°36' de Leão (R)

Júpiter: 9°16' de Touro

Saturno: 7°4' de Peixes (R)

Urano: 21°42' de Touro

Netuno: 27°41' de Peixes (R)

Plutão: 29°36' de Capricórnio(R)

Agosto

Mercúrio: 4°13' de Virgem; no dia 23, a 21°49' de Virgem (R)

Vênus: 27°1' de Leão (R)

Marte: 13°14'de Virgem, no dia 29, a 0°17' de Libra

Jupiter: 13°40' de Touro

Saturno 5°42' de Peixes (R)

Urano: 22°44' de Touro; no dia 28, a 23°4' de Touro (R)

Netuno: 27°26' de Peixes (R)

Plutão: 28°53' de Capricórnio (R)

Setembro

Mercúrio: 18°36' de Virgem (R); no dia 15, a 8°3' de Virgem (D)
Vênus: 12°23' de Leão (R); no dia 4, a 12°12' de Leão (D)
Marte: 2°51' de Libra
Júpiter: 15°33' de Touro; no dia 4, a 15°34' de Touro (R)
Saturno: 3°29' de Peixes (R)
Urano: 23°4' de Touro (R)
Netuno: 26°46' de Peixes (R)
Plutão: 28°15' de Capricórnio (R)

Outubro

Mercúrio: 23°7' de Virgem; no dia 6, a 1°44' de Libra; no dia 23, a 1°11' de Escorpião
Vênus: 23°34' de Leão; no dia 10, a 0°48' de Virgem
Marte: 22°30' de Libra; no dia 13, a 0°33 de Escorpião
Júpiter: 14°26' de Touro (R)
Saturno: 1°28' de Peixes (R)
Urano: 22°38' de Touro (R)
Netuno: 25°57' de Peixes (R)
Plutão: 27°54' de Capricórnio (R); no dia 10, a 27°53' de Capricórnio (D)

Novembro

Mercúrio: 15°42' de Escorpião; no dia 11, a 1°6' de Sagitário
Vênus: 22°5' de Virgem; no dia 9, a 0°39' de Libra
Marte: 13°33' de Escorpião; no dia 25, a 0°24' de Sagitário
Júpiter: 10°48' de Touro (R)
Saturno: 0°31' de Peixes (R), no dia 4, a 0°30' de Peixes (D)
Urano: 21°35' de Touro (R)
Netuno: 25°13' de Peixes (R)
Plutão: 27°59' de Capricórnio

Dezembro

Mercúrio: 29°16' de Sagitário; no dia 2, a 0°27' de Capricórnio; no dia 13, a 8°28' de Capricórnio (R); no dia 24, a 28°59' de Sagitário
Vênus: 25°34' de Libra; no dia 5, a 0°15' de Escorpião; no dia 30, a 0°10' de Sagitário
Marte: 4°41' de Sagitário
Júpiter: 7°6' de Touro (R); no dia 31, a 5°34' de Touro (D)
Saturno: 1°7' de Peixes
Urano: 20°21' de Touro (R)
Netuno: 24°53' de Peixes (R); no dia 6, a 24°53' de Peixes (D)
Plutão: 28°30' de Capricórnio

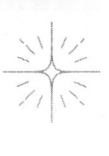

AS LUNAÇÕES E OS TRÂNSITOS PLANETÁRIOS PARA 2023

O movimento dos cinco planetas lentos (Júpiter, Saturno, Urano, Netuno e Plutão) através do Zodíaco indica os ciclos planetários e as tendências das manifestações individuais e coletivas da humanidade. A interpretação astrológica dos trânsitos e dos planetas lentos, bem como a interpretação das lunações mensais revelam as tendências de processos individuais e coletivos que se refletem na mentalidade das pessoas durante o ano de 2023.

O movimento dos planetas lentos durante o ano de 2023

- **Júpiter** inicia o ano em movimento direto a 1°11' do signo de Áries. Entrará no signo de Touro, no dia 17 de maio, a 0°3'; no dia 4 de setembro, ficará retrógrado nesse signo a 15°34'. Retomará seu movimento direto em 31 de dezembro a 5°34' de Touro. Júpiter fará uma quadratura com Plutão em meados de maio e um sextil com Saturno na segunda quinzena de junho.

- **Saturno** inicia o ano em movimento direto a 22°25' de Aquário. No dia 8 de março, entrará a 0°3' no signo de Peixes. No dia 17 de junho, ficará retrógrado a 7°12' de Peixes. No dia 4 de novembro, voltará ao movimento direto a 0°30' desse signo, terminando o ano a 3°9' de Peixes. Saturno fará sextil com Júpiter na segunda quinzena de junho.

- **Urano** inicia o ano em movimento retrógrado a 15°8' de Touro. No dia 22 de janeiro, voltará ao movimento direto a 14°56' desse mesmo signo. No dia 28 de agosto, entrará em movimento retrógrado a 23°4' de Touro, terminando o ano a 19°24' desse mesmo signo.

❋ **Netuno** inicia o ano em movimento direto a 22°52' de Peixes. No dia 30 de junho, entrará em movimento retrógrado a 27°41' desse mesmo signo. No dia 6 de dezembro, retorna ao movimento direto a 24°53', terminando o ano a 25°3' desse signo.

❋ **Plutão** inicia o ano em movimento direto a 27°39' de Capricórnio. Em 24 de março, entrará a 0°0' do signo de Aquário. No dia 2 de maio, entrará em movimento retrógrado a 0°21' desse signo. No dia 12 de junho, entrará a 29°59' do signo de Capricórnio. No dia 10 de outubro, voltará ao movimento direto a 27°53' desse mesmo signo, terminando o ano a 29°19' de Capricórnio. Plutão fará quadratura com Júpiter em meados de maio.

Interpretação do trânsito dos planetas lentos em 2023

Em meados de maio teremos Júpiter em Touro fazendo quadratura com Plutão em Aquário. Sendo os dois signos considerados fixos, é provável que haja um período de mais autoritarismo, necessidade de controle pela jurisprudência e por parte dos governantes em geral. O pragmatismo exagerado que leva à intransigência pode gerar insatisfação ou revoltas na sociedade. Possibilidade de instabilidades na economia global. Na segunda quinzena de junho, haverá um sextil entre Júpiter em Touro e Saturno em Peixes, signos dos elementos Terra e Água, respectivamente. Esse aspecto evidencia um ciclo em que há um direcionamento de esforços para soluções, em que devem predominar o bom senso e uma visão mais madura e abrangente da realidade. O planejamento com mais responsabilidade pode gerar mais crescimento na economia, mas ainda exigindo cautela e prudência por parte daqueles que geram empregos e movimentam a economia como um todo.

As lunações de 2023 – calculadas no fuso horário de Brasília (DF)

1ª lunação

A primeira lunação de 2023 ocorrerá no dia 21 de janeiro, às 17h54, a 1°33' de Aquário. Podemos observar uma conjunção de Plutão ao lado do Sol e da Lua na Casa VII. Os luminares fazem sextil com Júpiter em Áries, que está ocupando a Casa IX. Isso deve representar êxito em assuntos de diplomacia, bons acordos nas relações internacionais e boas diretrizes no sistema legislativo como um todo. É possível também que haja uma expansão no intercâmbio de conhecimentos com outros países, o que beneficia o ensino superior, as universidades. O Sol rege a segunda casa da lunação, e esse fator deve ser auspicioso para exportações; a balança comercial brasileira pode apresentar um superávit expressivo para a economia do país. O planeta Marte está em Gêmeos e faz sextil com Júpiter, propiciando um momento positivo para a atuação do Congresso, que está propenso a legislar com mais vitalidade e clareza de propósitos. Mercúrio na Casa VI pode apontar certa dificuldade no setor do trabalho, tais como reivindicações salariais, com aposentadorias, etc.

2ª lunação

A segunda lunação se dará às 4h07 do dia 20 de fevereiro, a 1°22' de Peixes. Os luminares se encontram na Casa II e fazem trígono com o Meio Céu da carta, confirmando a tendência de crescimento na área econômica, com expansão do agronegócio, setor de alimentos, e da produção de pescados. Vênus em Peixes está na terceira casa e faz sextil exato com Plutão, favorecendo o comércio e os negócios em geral, o turismo local, iniciativas que melhorem as escolas e o ensino fundamental. Essas premissas são corroboradas com a presença de Júpiter em Áries também nessa casa, em ângulo positivo com Mercúrio em Aquário, que apontam para expansão de recursos tecnológicos para as escolas e a ampliação de cursos técnicos que capacitam os jovens para a entrada no mercado de trabalho. Marte está no signo de Gêmeos e ocupa a quinta casa, fazendo um ângulo positivo com Mercúrio, o que sinaliza um bom ciclo para o turismo e eventos literários, culturais e artísticos, valorizando assim o folclore e a cultura popular do país.

3ª lunação

A terceira lunação acontecerá no dia 21 de março, às 14h24, a 0°50' do signo de Áries, o que coincide também com o início do ano zodiacal. Sol e Lua estão no limiar entre as Casas VIII e IX da lunação, em aspecto de tensão com Marte no final do signo de Gêmeos. Isso indica maior cuidado e prudência com investimentos de risco, ou alterações no panorama geopolítico do mundo que influenciam nas bolsas, que podem sofrer grandes flutuações de modo geral. Vênus está em seu próprio signo, Touro, em conjunção ao Meio do Céu, o que pode amenizar essas tendências devido a acordos ou negociações exitosas entre os países. Por outro lado, pode haver também mais atenção e destaque para eventos artísticos com música, artes cênicas ou dança, que enviarão uma imagem positiva do nosso país para o estrangeiro. Netuno em Peixes faz um trígono com o Ascendente da carta, confirmando essa tendência positiva, relacionada sobretudo, à área do entretenimento musical. Os investimentos na área da pesca e valorização da vida marítima podem trazer bons resultados.

4ª lunação

No dia 20 de abril acontecerá a quarta lunação, à 1h14, a 29°50' do signo de Áries. Nessa carta vemos um *stellium* com planetas em signo de Fogo e Terra, Áries e Touro, respectivamente. Plutão em Capricórnio faz um ângulo de tensão com os luminares, que estão na Casa III. Essa configuração em signos cardinais pode indicar tensão ou interrupções em estradas ou ferrovias, dificuldades com o turismo local, o comércio interno e a comunicação em rádio e TV. Escolas de nível médio podem ser afetadas por greves ou paralisações. Vênus está em Gêmeos na Casa IV e faz trígono com o Ascendente da carta, ângulo esse que pode apontar mais facilidades em assuntos de habitação, heranças e do setor imobiliário em geral. Mercúrio em conjunção com Urano no signo de Touro pode trazer destaque para investimentos expressivos de tecnologia em áreas rurais, assim como de energia renovável, que vão gerar benefícios de sustentabilidade para a população. Esses dois planetas estão em oposição ao Meio do Céu, o que pode mostrar agitações e revoltas da oposição em relação ao governo e seus mandantes.

5ª lunação

No dia 19 de maio, às 12h54, vamos observar a quinta lunação do ano a 28°25' do signo de Touro. Os luminares estão ocupando a Casa IX da carta, fazendo sextil a Netuno na sétima. Novamente, os símbolos da casa do estrangeiro, do conhecimento e da jurisprudência estão ativados. Essa configuração esclarece e viabiliza tratados internacionais por intermédio de embaixadas ou consulados. Essa posição é também ratificada pelo trígono de Plutão na quinta casa, que faz bons aspectos com os luminares, favorecendo ainda a importação e a exportação, as trocas de conhecimento, o turismo no estrangeiro. Marte, no final do signo de Câncer, reforça esse mesmo sextil, ratificando essas tendências para acordos econômicos e tratativas relacionadas às questões energéticas e climáticas. Nosso país tende a valorizar o turismo local e a fomentar também a pesca fluvial e marítima, fazendo parcerias com os países do nosso continente. Júpiter e Mercúrio estão em Touro fazendo trígono com o Ascendente, que está em Virgem. Isso evidencia facilidades para o comércio internacional, intercâmbios em pesquisas em extração de minérios. A oposição entre Marte e Plutão mostra que podem surgir problemas na área da saúde, demandando soluções rápidas por parte do Estado.

6ª lunação

A sexta lunação acontecerá à 1h38 do dia 18 de junho, a 26°43' do signo de Gêmeos. Vemos que os luminares ocupam a Casa III e fazem aspecto tenso com Netuno na Casa XII. Esse ângulo pode mostrar que os problemas com hospitais, presídios ou criminalidade ainda estarão na pauta do governo. Os serviços assistenciais voltados para os mais carentes terão mais demandas que o normal. A atuação do Poder Executivo se fará presente no sentido de mitigar essas questões. O planeta Mercúrio rege a Casa VI e está em ângulo difícil com Saturno: é possível que as políticas públicas voltadas para os idosos passem por alguma reestruturação. A área da educação tende a mostrar seus problemas crônicos ou ficar sujeita a greves. Vênus faz conjunção a Marte no signo de Leão e trígono com o Ascendente. Ambos ocupam a Casa IV, que representa o território nacional, os proprietários de terras, suas fazendas ou moradias. Está associada também ao povo, seu patrimônio e suas tradições culturais, o que favorece as comemorações da chegada do inverno, como as festas juninas e todo o seu típico folclore.

7ª lunação

A sétima lunação ocorrerá no dia 17 de julho às 15h33, a 24°56' do signo aquático de Câncer. Os luminares ocupam a Casa VIII da carta e fazem trígono com Netuno em Peixes, que está na Casa IV. Essa configuração é também interessante para todos os assuntos que envolvam a família, seus antepassados, bens e tradições. Na Casa VI temos Urano em Touro, planeta que representa inovação, liberdade e tecnologia, entre outras coisas. Ele está na Casa VI, em sextil tanto com Netuno quanto com os luminares, promovendo renovação em condições de trabalho para funcionários públicos e empregados em geral. O agronegócio deve continuar sua trajetória de produtividade e sucesso, graças à eficiência tecnológica e ao conhecimento acumulado por esse setor relevante do país. O regente da segunda casa é Saturno, que está pressionado por Marte em Virgem, podendo sugerir um momento de restrições na vida econômica, medidas mais efetivas para controlar a balança comercial ou dificuldades e limitações com o comércio interno. Júpiter e Mercúrio fazem um ângulo de tensão em signos fixos, o que pode corroborar essas mesmas dificuldades, acrescentadas de problemas nas áreas educacional, de entretenimento e lazer.

8ª lunação

No dia 16 de agosto, às 6h39, teremos o evento da 8ª lunação, a 23°17' do signo de Leão. Sol e Lua estão bem próximos ao Ascendente da carta no mesmo signo; estão fazendo uma quadratura com Urano na Casa IX, mostrando possíveis crises ou mudanças intensas nas diretrizes do país, talvez em função do Poder Judiciário. Isso também encontra respaldo planetário no ângulo difícil entre Júpiter e Vênus, que estão em Touro e Leão, respectivamente. Essa posição deve representar dogmatismo intransigência, assim como falta de respeito à jurisprudência vigente, o que causa tensão entre os poderes. Vênus é regente da Casa II da carta, sinalizando ainda atritos e divergências de interesses com relação à diretrizes do setor financeiro público e privado. A inflação mais alta é algo que pode preocupar nossos governantes. Por outro lado, teremos o trígono entre Júpiter e Mercúrio, ambos em signos da terra, e essa configuração é auspiciosa para presença de boa vontade, acordos, e inteligência realista e pragmática para enfrentamento de problemas, que poderão ser mediados de forma diplomática e objetiva pelos interessados. Mercúrio também faz trígono com Urano na Casa IX, mostrando que essas soluções podem vir de novas leis aprovadas pelo Congresso, que vão ao encontro de novas demandas da sociedade: mais segurança e liberdade.

9ª lunação

A 9ª lunação vai ocorrer a 21°59' do signo de Virgem, no dia 14 de setembro, às 22h41. Nessa carta, os luminares ocupam a Casa IV e fazem trígono com Júpiter e Urano, que estão no signo de Touro. Essa configuração torna o período produtivo no setor do agronegócio e da produção agrícola, cuja expansão tecnológica trará ótimos resultados para a alimentação no país e no exterior. O quesito de sustentabilidade tem sido uma preocupação dos gestores, e essa tendência é muito relevante na preservação ambiental. Mercúrio nesse signo e nessa mesma casa reforça tal necessidade, apontando para a responsabilidade de todos nesse assunto. Plutão em Capricórnio faz um ângulo positivo com o Ascendente da carta e sextil com Netuno na Casa X, promovendo a troca de conhecimentos com outros países. As decisões positivas que envolvem o poder Judiciário e o Legislativo devem melhorar a imagem do país no âmbito internacional. Por sua vez, Netuno em Urano em harmonia evidenciam mudanças e inovações advindas das grandes transformações tecnológicas, que devem beneficiar a população como um todo, pois Urano representa a tecnologia de ponta, novas descobertas e os sistemas quânticos de energia que, aos poucos, vão reformulando e dinamizando vários setores da sociedade: medicina, economia, as comunicações, o ensino etc.

10ª lunação

No dia 14 de outubro, às 14h56, teremos a 10ª lunação do ano, que ocorre a 21°8' de Libra. Os luminares ocupam a Casa VIII da carta, e isso pode sugerir alterações mais drásticas no setor financeiro, como incertezas na bolsa de valores ou nos investimentos em geral. Esse fator pode ser acentuado pela quadratura exata entre Vênus, o planeta regente da lunação, e o Meio do Céu, que está em Sagitário e em oposição ao Ascendente; é bastante provável que seja feito um grande esforço diplomático para mitigar os efeitos dessas dificuldades. Por outro lado, Netuno é o regente do Ascendente da carta e faz sextil com Plutão e Urano, e as causas dessa tensão tendem a se esclarecer por tratativas que atendem aos interesses econômicos de todos os envolvidos. Saturno em Peixes ocupa a Casa XI, que é o Congresso brasileiro. Faz também trígono com Marte em Escorpião, o regente na casa II da lunação, corroborando essa tendência de superação, esforço e responsabilidade por parte dos parlamentares para equacionar ou buscar novas leis que se adaptem melhor à realidade da nação.

11ª lunação

A 11ª lunação acontecerá a 20°44' do signo de Escorpião, no dia 13 de novembro, às 6h29. Vemos uma conjunção tríplice na Casa XII do mapa, com Marte em conjunção aos luminares. Nessa posição, eles fazem um trígono com Netuno em Peixes. O elemento Água em destaque favorece os setores de saneamento básico, transporte e turismo marítimo, além da pesca fluvial. A disponibilidade de água para o Nordeste faz com que a região possa crescer economicamente, o que deve equilibrar os polos econômicos e a distribuição de riqueza no país. Netuno na quarta casa em sextil com Urano está associado às inovações tecnológicas que favorecem o trabalhador do campo, a agricultura familiar, e o agronegócio e a indústria de alimentos. O planeta Mercúrio ocupa a linha do Ascendente da lunação, em aspecto favorável com Vênus em Libra na Casa XI da carta. Essa configuração é benéfica para projetos culturais, a vida artística de modo geral, e para parcerias que geram produtividade e êxito em atividades voltadas ao turismo, lazer e entretenimento dos cidadãos.

12ª lunação

A última lunação do ano de 2023 acontecerá no dia 12 de dezembro, às 20h33, a 20º40' de Sagitário. O destaque da carta está na posição favorável de Júpiter em Touro, que é o regente da lunação, pois ocupa a Casa X e tem bons aspectos com Mercúrio em Capricórnio e Saturno em Peixes. Júpiter e Mercúrio criam um bom ambiente para os trabalhadores em geral, os funcionários públicos, a saúde pública e para bons resultados na área da educação e das escolas técnicas. Por outro lado, a quadratura de Netuno em Peixes com os luminares traz uma tendência a decepções, equívocos e falta de transparência no setor cultural e artístico que pode frustrar o cidadão. Mas o sextil entre Vênus e Mercúrio pode mitigar essa situação, fazendo com que se busquem alternativas imediatas para se resolver possíveis impasses de interesses. Saturno e Júpiter também apontam soluções de eficiência em que o conhecimento já adquirido por experiências do passado é muito relevante no presente.

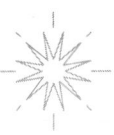

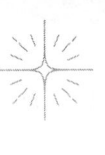

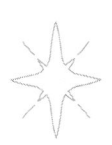

REGÊNCIAS PLANETÁRIAS

Aqui relacionamos os planetas, as áreas e assuntos regidos por cada um deles. Com esses dados em mãos, o leitor poderá escolher as melhores datas para praticar suas atividades do dia a dia, de acordo com as previsões do Guia Astral.

LUA: Rege as viagens; as mudanças temporárias; a água e os líquidos em geral, bem como seu respectivo comércio; o comércio varejista; os artigos de primeira necessidade; a pesca; os assuntos domésticos; a saúde; as comissões e o cotidiano.

MERCÚRIO: Influencia os contratos; os assuntos relacionados com cartas, papéis e escritos; a literatura; os transportes; o correio; o fax; viagens curtas e excursões; mudanças de residência; estudos e o raciocínio com relação a questões práticas.

VÊNUS: Rege as artes em geral, tais como a música, o teatro e o cinema, a moda. Influencia também os amores, as amizades, o casamento, as diversões, as plantações, os tratamentos de beleza, a decoração dos ambientes e os assuntos domésticos e sociais.

SOL: Favorece o trabalho profissional, a publicidade, as honrarias, os favores e as melhorias. Os seus bons aspectos são positivos quando se solicita emprego ou aumento de salário, bem como quando se trata com autoridades ou superiores em geral.

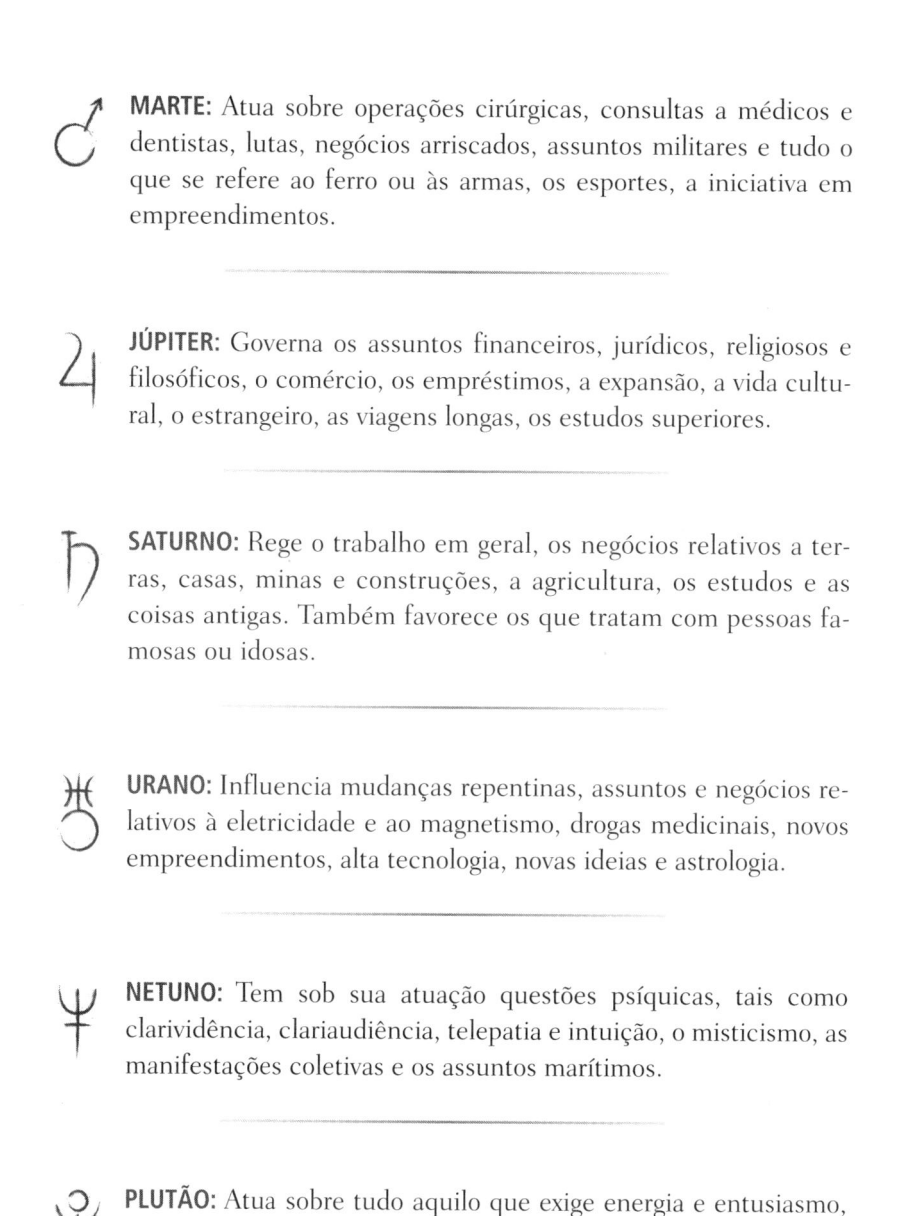

MARTE: Atua sobre operações cirúrgicas, consultas a médicos e dentistas, lutas, negócios arriscados, assuntos militares e tudo o que se refere ao ferro ou às armas, os esportes, a iniciativa em empreendimentos.

JÚPITER: Governa os assuntos financeiros, jurídicos, religiosos e filosóficos, o comércio, os empréstimos, a expansão, a vida cultural, o estrangeiro, as viagens longas, os estudos superiores.

SATURNO: Rege o trabalho em geral, os negócios relativos a terras, casas, minas e construções, a agricultura, os estudos e as coisas antigas. Também favorece os que tratam com pessoas famosas ou idosas.

URANO: Influencia mudanças repentinas, assuntos e negócios relativos à eletricidade e ao magnetismo, drogas medicinais, novos empreendimentos, alta tecnologia, novas ideias e astrologia.

NETUNO: Tem sob sua atuação questões psíquicas, tais como clarividência, clariaudiência, telepatia e intuição, o misticismo, as manifestações coletivas e os assuntos marítimos.

PLUTÃO: Atua sobre tudo aquilo que exige energia e entusiasmo, as ideias originais, o pioneirismo, os assuntos relacionados à energia nuclear e as transformações radicais.

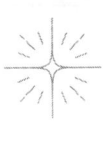

GUIA ASTRAL PARA 2023

As informações a seguir se referem aos aspectos que o Sol, a Lua e os planetas formam entre si diariamente. Para melhor aproveitamento dessas informações, verifique na seção "Regências planetárias", na p. 138, a relação de planetas, atividades e assuntos que são regidos por eles.

Aqui são observados e interpretados os trânsitos da Lua, que se move rapidamente, e dos demais planetas em um único dia. Esse fato faz com que as interpretações deste *Guia* e das previsões astrológicas por vezes pareçam contraditórias entre si; no entanto, elas são complementares.

Janeiro

1º Iniciamos o ano com Sol em Capricórnio em ótimo aspecto com Urano em Touro, trazendo um impulso de liberdade, ousadia e entusiasmo para novas conquistas. A Lua Crescente nos predispõe ao engajamento com boa vontade e persistência, no tom do elemento Terra. **Favorável para Lua, Vênus e Júpiter.**

2 Tensões no céu intensificam diferenças de opiniões e evidenciam conflitos geracionais. Às vezes, o silêncio vale ouro, principalmente em assuntos que ainda não dominamos, pois sempre podemos aprender algo novo. **Favorável para Mercúrio e Urano.**

3 Ótimo dia para encontros, troca de ideias e bons diálogos. Grande estímulo a programações culturais, estudar ou escrever, bem como a ter aquela conversa importante com seu par. Favorável a processos na justiça que visem reparações financeiras. Vênus ingressa em Aquário e nos sentiremos bem com o nosso grupo. **Favorável para Lua, Vênus e Marte.**

4 Podemos sentir mais a dificuldade de aceitar novas ideias ou mesmo nos dar conta de conceitos que não se aplicam mais à atualidade. É importante encontrar o tom certo para nos expressarmos sem ultrapassar os limites da cordialidade e do respeito à diversidade. **Favorável para Sol e Urano.**

5 Signos de Ar ativados favorecem atividades intelectuais, cursos e palestras. Com foco na área profissional, o dia pede flexibilidade e mente aberta para lidar melhor com as diferenças entre as pessoas e integrá-las de forma inteligente, valorizando a complementariedade. **Favorável para Lua e Saturno.**

6 A Lua Cheia nos direciona a encontros afetuosos, permeados de carinho e acolhimento. Ideal para um clima romântico e encontros a dois, que promoverão momentos agradáveis em volta de uma boa mesa. Cuidado com as altas expectativas. **Favorável para Vênus e Júpiter.**

7 A Lua se encontra com Lilith e deixa os sentimentos à flor da pele, enquanto Mercúrio está no coração do Sol: há momentos em que nenhuma palavra dá conta de expressar as nossas emoções; precisamos apenas de conforto para vivenciar essa intensidade. Permitir-se sentir pode ser revelador. **Favorável para Lua e Netuno.**

8 Dia propício aos diálogos e a trocas inteligentes; saiba usar de assertividade para buscar o que deseja. Lembre-se de que certos valores são inegociáveis e que não devemos nos expor apenas para agradar os outros. **Favorável para Sol e Júpiter.**

9 Alerta ligado para as pequenas intolerâncias do dia a dia; é importante aprender a ouvir, principalmente se estivermos centrados demais nas nossas certezas. Cuidado com a rigidez e a teimosia; Mercúrio está retrógrado e podemos nos equivocar com as mensagens que damos ou recebemos. **Desfavorável para Mercúrio e Urano.**

10 Muita energia criativa liberada em signos de Terra, pedindo que se tragam ideias abstratas ao mundo concreto. Pode ser bom ficar em silêncio e autocentrado, para reconhecer a própria capacidade inventiva. **Favorável para Mercúrio e Urano.**

11 Uma sinergia celeste no elemento Terra faz com que este seja um dia de decisões práticas e conclusões de processos que dependam de originalidade. Porém, há chance de desentendimentos e crítica afiada; cuidado com o perfeccionismo. **Desfavorável para Vênus e Marte.**

12 Dia propício para tomar consciência das suas possibilidades atuais e passar a agir de forma mais realista, principalmente nos assuntos da vida profissional e financeira. Cuidado com as decisões rápidas tomadas por impulso; o momento pede construções bem fundamentadas, que resistam a longo prazo. **Desfavorável para Vênus e Júpiter.**

13 Dia ótimo para bons encontros, conversas e muito romance; esse impulso vai encorajar os mais tímidos a tomarem a iniciativa e permitirem uma aproximação. Propício para atividades artísticas e culturais. **Favorável para Mercúrio e Vênus.**

14 Dia especialmente favorável para vencer resistências e construir pontes entre pessoas que possam ser cooperativas não só neste momento mas também no futuro. Contudo, para fazer essas conexões é necessário dissolver certa rigidez de sua parte. **Favorável para Vênus e Saturno.**

15 Um céu mais tenso que o habitual pede mais tolerância nas conversas. Nem sempre conseguimos ser claros ao nos expressarmos, e com os outros acontece a mesma coisa; ficar reiterando seu ponto de vista pode não ser produtivo. Talvez alguns assuntos possam ser tratados em outro momento, mais propício ao entendimento. **Desfavorável para Sol e Vênus.**

16 A Lua nos deixa mais intuitivos e sensíveis, predispondo a oscilações emocionais. Pode ser interessante dar vazão à imaginação e incluir em seu dia um pouco de atividade criativa, música e arte para expressar melhor o que estiver sentindo. **Desfavorável para Vênus e Urano.**

17 Bom momento para se reconectar com o mundo interno, os sonhos e a sensibilidade. Existem mistérios que só acessamos quando desaceleramos do ritmo exterior e nos voltamos para dentro. Este é um ótimo dia para atividades terapêuticas; cuide de suas emoções. **Favorável para Lua e Netuno.**

18 Ótima composição de energias pelo céu estimulando o crescimento e a vontade de expandir seus limites. Será importante encontrar em si a abertura para conhecer outros cenários e companhias mais inspiradoras neste momento. Mercúrio volta ao movimento direto. **Favorável para Sol e Júpiter.**

19 Dia favorável a estudos e leituras, bem como às viagens que ativem em nós a consciência da amplidão. Bom momento para avaliar se temos crescido ou nos mantido sempre nas mesmas experiências. A vida pede mais movimento. **Favorável para Marte, Júpiter e Saturno.**

20 A Lua balsâmica, que ocorre nos três últimos dias da Lua Minguante, vem fixar as lições da lunação capricorniana, mostrando onde temos sido rígidos e quais os medos que temos de confrontar. Mercúrio ajuda nas elaborações racionais e Urano dá abertura para nos atualizarmos aos valores do momento. **Favorável para Mercúrio e Urano.**

21 A Lua Nova em Aquário acontece em conjunção a Plutão, predispondo a transformações adaptativas aos novos conceitos de igualdade, diversidade e inclusão. Tudo muda, e nós também podemos mudar. **Favorável para Mercúrio e Urano.**

22 O interesse pelo novo traz entusiasmo e criatividade, agitando os pensamentos com ideias diferentes. Em bom aspecto com Marte e Júpiter, esse alinhamento dá ótima disposição para iniciarmos novos projetos e favorece quem está buscando recolocação profissional. Bom período para viagens e mudanças. **Favorável para Sol, Marte e Júpiter.**

23 Dia excelente para ajustes nos relacionamentos e mais entendimento a dois. É preciso experimentar novos ares e novas posturas; isso será essencial para renovar alianças e arranjos cooperativos. **Favorável para Mercúrio e Marte.**

24 Atenção para perceber a delicadeza nos pequenos gestos de carinho do cotidiano. A vida produtiva e suas cobranças podem nos dessensibilizar, mas, se prestarmos atenção ao nosso redor,

encontraremos sutilezas que nutrem a alma. **Favorável para Lua e Mercúrio.**

25 Um dia para grandes ideias e vontade de inovar; a criatividade está pelo ar e pode ser bem aproveitada no ambiente profissional, direcionada a novos projetos e atuação colaborativa, além de parcerias. Cuidado com o excesso de empolgação. **Favorável para Marte e Júpiter.**

26 Permanecem o impulso criativo e inventivo bem como o favorecimento de atividades colaborativas. Reforçada a influência de Júpiter, que beneficia recomeços e a proatividade. Precisamos seguir nosso caminho sem esperar a aprovação e a conveniência dos outros. **Favorável para Marte e Júpiter.**

27 Um céu mais tenso sinaliza um dia mais agitado, com pensamentos acelerados e tom mais questionador. Aproveite para ver as coisas por novos ângulos. Bastante agitação pelo ar com relação a conhecer pessoas e lugares mais interessantes. Vênus ingressa em Peixes e nos deixa mais receptivos. **Favorável para Vênus e Urano.**

28 Tensão entre Sol e Lua nos deixa divididos entre sentir e agir; na dúvida, reconsidere o melhor momento para se posicionar. Avaliar o propósito das coisas que você terá de fazer hoje pode ser um critério para tomar decisões. Cuidado com distrações que possam causar pequenos acidentes. **Desfavorável para Sol e Urano.**

29 Toda a capacidade inventiva de Urano reflete positivamente em nosso racional, oferecendo mais referências para que aumentemos o repertório e passemos a entender um mundo cada vez mais complexo. **Favorável para Sol e Marte.**

30 Pensamentos mais acelerados propiciam a resolução rápida de problemas, principalmente na área profissional. Porém, toda essa agitação pode atropelar quem se preocupa com as pequenas coisas do dia a dia; cuidado com a sensibilidade alheia. **Desfavorável para Vênus.**

31 Muita atividade mental estimulada no dia de hoje. Estão favorecidas as viagens, leituras, cursos e palestras. Dia ótimo para circular e se socializar mais; é importante ter liberdade para atender a esse impulso, que não combina muito com ambientes confinados e horários rígidos. **Favorável a Marte e Júpiter.**

Fevereiro

1º O mês começa sob um forte impulso de liberdade para sairmos de situações repetitivas ou que nos mantenham diminuídos de alguma forma. Novos caminhos, ambientes e amizades serão bem-vindos neste mês. **Favorável para Sol e Marte.**

2 Dia propício para ampliar suas referências de mundo e perceber que há outros cenários de vida pedindo para serem descobertos. Pode-se chegar mais longe com suavidade e capacidade imaginativa, além de uma pitada de romance. **Favorável para Lua e Vênus.**

3 Capacidade mental afiada para perceber melhor a sua realidade e os caminhos para transformá-la, passo a passo e com responsabilidade. Saiba se posicionar e agir quando necessário. **Favorável para Mercúrio e Urano.**

4 Lua e Lilith juntas no céu nos aproximam de nossa natureza intuitiva, que reage quando está sendo intimidada de alguma maneira. Bom momento para avaliar se você está sendo permissivo demais em alguma situação. **Favorável para Júpiter.**

5 A Lua Cheia, com uma forte quadratura no céu, nos predispõe a certa tensão, acirrando os ânimos. Tudo tem dois lados, e essa tensão pode ajudar a romper com situações que nos limitem ou nos exijam demais. **Favorável para Sol e Marte.**

6 Tudo pode mudar quando nos dispomos a nos transformar; com força de vontade e perdão verdadeiro é possível ressignificar nossa caminhada. Sempre há tempo para nos resgatarmos. **Favorável para Netuno e Plutão.**

7 Para construir novos futuros pode ser necessário abrir mão de tanta exigência, caso contrário os planos ficarão apenas na imaginação. Comece com o que tem hoje e o restante virá no seu tempo. **Favorável para Vênus e Urano.**

8 Hoje o dia pede certo esforço para manter o diálogo e chegar aos entendimentos necessários, especialmente em relação a temas profissionais. Na dúvida, escute mais e deixe a crítica para outro momento. **Desfavorável para Vênus e Marte.**

9 Alguns passos precisam ser dados de maneira firme e assertiva, sem deixar margem a dúvidas. Acredite na sua capacidade de ação e considere que o mundo coopera com quem sabe para onde está indo. **Favorável para Marte e Júpiter.**

10 Ótimo dia para reencontrar amigos e contatos profissionais, bem como tratar de parcerias e projetos de cunho social. As boas conversas e a transmissão de conhecimento estarão especialmente favorecidas. **Favorável para Marte e Saturno.**

11 Dia propício para atividades que requeiram articulação de ideias e habilidade de negociação, sem esquecer do charme pessoal. Ser agradável poderá abrir portas importantes. **Favorável para Vênus e Saturno.**

12 Uma mente ágil e ávida por novidades pode nos manter em castelos mentais, alheios à realidade. Cuidado com os pensamentos repetitivos e posturas mais provocadoras que nos distanciam dos outros. **Desfavorável para Mercúrio e Urano.**

13 Certos tipos de libertação requerem tempo e planejamento, por mais que o impulso de ruptura já esteja no ar. Deixe-se orientar pela sua intuição e não desista dos seus sonhos. **Favorável para Vênus e Netuno.**

14 Pensamento claro e ações firmes podem nos levar com mais rapidez aos nossos objetivos. Dia especialmente propício para quem está buscando uma segunda chance; hoje a sorte está com quem persiste. **Favorável para Mercúrio e Júpiter.**

15 Otimismo e positividade nos conectam às melhores oportunidades, favorecendo as metas profissionais e os planos de longo prazo. Atenção com o excesso de autoconfiança; saiba ouvir opiniões diferentes da sua. **Desfavorável para Marte.**

16 Desacelerar um pouco e dar mais atenção para o corpo é necessário de tempos em tempos. Pode ser bom se recolher para estar ao lado de quem realmente conhecemos e nos traga a sensação de acolhimento. **Favorável para Vênus e Saturno.**

17 Para que algumas situações sejam transformadas, às vezes temos que deixar certos desprendimentos acontecerem com naturalidade.

Não lute contra isso, mas observe como a vida pode aproximar você daquilo que realmente deseja de forma surpreendente. **Favorável para Vênus e Urano.**

18 A Lua balsâmica nos ensina a morrer e a renascer, transmutando aquilo que não contribui mais com nosso crescimento. Novas ideias podem estar começando a surgir; anote seus sonhos. **Favorável para Mercúrio e Marte.**

19 Conclusões são importantes para que possamos abrir espaços internos para novas experiências; não deixe pendências pelo caminho. No amor, repactuações e novos cenários podem nos inspirar. **Favorável para Vênus e Saturno.**

20 A Lua Nova pisciana nos preenche de sonhos e imaginação, e podemos nos aproximar com mais confiança de tudo o que faz nosso coração pulsar. A sensibilidade e a intuição são camadas da existência que nos comunicam com o que ainda é indizível, mas nem por isso menos real. **Favorável para Vênus e Plutão.**

21 Um pensamento ágil inspira ações mais assertivas e dá eloquência para defender suas ideias; não duvide de suas habilidades. Contudo, a cordialidade cabe em qualquer situação e pode ser um grande diferencial. Vênus ingressa em Áries e ativa a independência. **Favorável para Mercúrio e Marte.**

22 Dia propício para atividades intelectuais, a escrita e aprendizagens. Programações culturais estarão em alta e, se for na companhia de amigos, é melhor ainda; aproveite os convites de última hora. **Favorável para Mercúrio e Júpiter.**

23 Muitas ideias e inspirações podem chegar em uma velocidade alucinante; tome nota dessas novas referências para que possa repensá-las em outro momento. A mente agitada pode nos manter muito ocupados; cuide do seu descanso. **Favorável para Marte e Júpiter.**

24 Relaxamento e mais cuidado com o corpo são o caminho para manter a estabilidade emocional; aposte em tudo o que ativar os cinco sentidos de forma prazerosa. Hoje, romance combina com boa gastronomia: desfrute. **Favorável para Lua.**

25 Faz parte do nosso crescimento observar como nos conformamos às situações e companhias e deixamos de lado a aventura da vida. Muita segurança pode nos paralisar, e às vezes a alma pede mais ímpeto e ousadia para recuperar o movimento. **Favorável para Urano.**

26 Podemos sentir que o mundo ficou pequeno e precisamos nos arriscar mais, conhecer gente nova e ir a lugares diferentes dos habituais. **Favorável para Lua e Urano.**

27 A vida pede mais movimento e abertura para podermos nos encantar com outras trilhas e cenários. É você quem comanda seus passos; não deixe que os outros pautem o que realmente importa para você. **Favorável para Marte e Júpiter.**

28 Aprender, atualizar e se adaptar são palavras-chave para este dia que vai fluir na velocidade do elemento Ar. Aproveite para praticar novas posturas e incorpore no dia a dia valores mais inclusivos, que respeitem a diversidade das pessoas. **Favorável para Mercúrio, Marte e Saturno.**

Março

1º Começamos o mês na Lua Crescente em signo de Água, valorizando os sonhos e o reino intuitivo. Muita sensibilidade para nos inspirarmos com a arte e suas belezas, além de desenvolvermos um olhar mais empático em relação aos outros. **Favorável para Sol e Lua.**

2 Com a criatividade à solta pela forte presença de Urano, podemos aproveitar para rever situações do passado usando uma perspectiva diferente e mais compreensiva, principalmente em relação a nós mesmos. **Favorável para Sol, Lua e Urano.**

3 Algumas transformações em nossa vida só chegam quando retiramos os véus para enxergar uma realidade que às vezes é mais dura e árida do que imaginamos. Nem sempre damos conta dessa aridez, mas não podemos ficar nos enganando; chega um momento em que precisamos encarar o que é real. **Favorável para Netuno e Plutão.**

4 A Lua Crescente se une a Lilith e vai ampliando a sensibilidade; forma ótimo aspecto com Vênus e Quíron, sinalizando um período de cura e transcendência das questões relacionais. O perdão é a chave para restaurarmos o amor-próprio. **Favorável para Vênus e Júpiter.**

5 Recomeços são desafiadores, mas podemos contar com uma mente mais inspirada e muita vontade de fazer a diferença explorando novos caminhos. Seja proativo e acredite mais em você! **Favorável para Sol e Urano.**

6 Mais praticidade e organização do seu tempo podem fazer o cotidiano funcionar melhor. Preste atenção se não está se ocupando com muitas atividades e dispersando sua energia; pode ser bom eleger prioridades. **Favorável para Vênus e Marte.**

7 A Lua Cheia se sintoniza com a busca de um propósito orientador para este momento, sensibilizando-nos para usar melhor nossos dons e talentos onde possam realmente contribuir com nossos semelhantes. **Favorável para Marte e Júpiter.**

8 O dia apresenta quadraturas nos signos mutáveis e um excesso de estímulos que pode nos deixar mais dispersos; faça um bom planejamento dos seus compromissos. Cuidado com o jeito de falar para estabelecer limites; podemos ser firmes sem deixar de ser suaves. **Favorável para Mercúrio e Marte.**

9 Saturno entra no signo de Peixes e inicia uma temporada em que a solidariedade, a cooperação e a espiritualidade serão valores importantes. Considere como vem vivenciando esses aspectos na sua vida, e como cultivá-los poderia ser benéfico. **Favorável para Marte e Júpiter.**

10 Dia propício para se socializar mais, encontrar amigos e exercer todo o seu poder de conquista para iniciar relacionamentos. Seja comunicativo e saiba ouvir também, assim a conexão terá mais chances de acontecer. **Favorável para Vênus e Marte.**

11 Muita energia da Água pelo céu pode nos sensibilizar além da conta, fazendo com que as palavras não sejam suficientes para expressar o que de fato pensamos ou queremos dizer ao outro. Não

se cobre; aprenda a navegar por esse outro modo de perceber a vida. **Desfavorável para Mercúrio e Marte.**

12 Ouça o chamado da sua alma para olhar mais para dentro de si, descortinando camadas que estavam inacessíveis à mente racional. A arte, a música e a beleza podem ser caminhos para esse mergulho, dando vazão a essa energia que, quando acumulada, pode causar explosões emocionais. **Favorável para Sol e Urano.**

13 Podemos fazer reparações das nossas feridas emocionais agindo de maneira diferente nos relacionamentos atuais, com mais consciência e responsabilidade afetiva. Nunca é tarde para se inspirar no amor. **Favorável para Vênus e Plutão.**

14 A Lua Minguante nos mostra que às vezes queremos tanto pertencer a algo ou a alguém, que nos dispomos a usar máscaras bem desconfortáveis. Pode estar na hora de resgatar a autenticidade e ser mais espontâneo. **Desfavorável para Mercúrio e Marte.**

15 O céu tenso com Lua, Mercúrio e Marte em quadratura pede cautela na comunicação e mais assertividade nas decisões deste dia. Distrações e atrasos podem ocorrer; cuidado para não se envolver em pequenos acidentes. **Desfavorável para Mercúrio e Marte.**

16 Você pode estar se perguntando qual é a motivação para continuar com os compromissos atuais. Considere quanto de alegria você recebe de volta nessas situações; pode ser que algumas delas não façam mais sentido no momento e precisem ser concluídas. **Favorável para Vênus e Saturno.**

17 Grandes mudanças começam sempre pelo primeiro passo; você pode modificar tudo o que quiser desde que se comprometa de verdade consigo mesmo. **Favorável para Mercúrio e Plutão.**

18 Muita vontade de testar caminhos diferentes de vida. Pode ser que esse estímulo precise ser vivenciado de forma literal e você encontre boas oportunidades em novos lugares; acione seu *networking*. **Favorável para Marte e Saturno.**

19 Mercúrio entra em Áries e nos deixa mais proativos, mas também um pouco mais ansiosos. Aproveite para planejar suas próximas

metas, especialmente no setor profissional. **Favorável para Lua, Marte e Saturno.**

20 A Lua balsâmica nos conduz ao nosso interior, podendo nos manter um tanto longe da realidade. Isso acontece porque precisamos nos organizar internamente e sentir os processos emocionais do final da lunação. Respeite seu tempo e cuide do corpo e da mente. **Favorável para Lua e Vênus.**

21 Hoje é o equinócio de outono e também a Lua Nova em Áries, trazendo um impulso proativo e arrojado que é ideal para o início de novos projetos. Em conjunção a Mercúrio, sentimo-nos confiantes para colocar as ideias em prática, mas do nosso jeito. Chegou a hora de tirar os planos do papel e vencer as resistências. **Favorável para Marte e Saturno.**

22 Ótimo dia para recapitular histórias do passado e avaliar os motivos de alguns eventos não terem tido sucesso. Algumas dessas histórias podem ser reescritas hoje desde que você recupere seu poder de decisão. **Favorável para Sol e Mercúrio.**

23 Os planos nem sempre dependem apenas de nossas ações e habilidades; às vezes contar com a ajuda de outra pessoa pode fazer toda a diferença. Plutão ingressa hoje em Aquário e fortalece o senso de cooperação. **Favorável para Marte e Júpiter.**

24 Dia perfeito para cuidar melhor do corpo e da autoestima, além de favorecer os encontros amorosos, com direito a explorar paladares mais sofisticados à mesa. **Favorável para Lua e Vênus.**

25 Notícias de última hora podem atrasar seus planos mais recentes; reavalie o que pode ser feito de maneira diferente da planejada inicialmente. Marte ingressa em Câncer e estimula a imaginação. **Favorável para Marte e Saturno.**

26 Vontade de agir e pensamentos acelerados podem gerar ansiedade; tudo tem o tempo certo para se concretizar. O importante é manter a direção dos seus passos. **Favorável para Sol e Lua.**

27 A mente fervilha com novas ideias e possibilidades; aproveite para se aproximar de quem pense como você, para fortalecerem juntos suas intenções. **Favorável para Lua e Júpiter.**

28 Se os desafios parecerem grandes demais, lembre-se de que você é perfeito do jeito que é e que já possui os recursos necessários para conquistar seus sonhos, basta colocá-los em ação. **Favorável para Marte e Saturno.**

29 De sonho também se vive, e muitas realizações da vida começam primeiro dentro de nós, quando nos autorizamos a sonhar. Para quem sabe o que deseja, o tempo e a persistência são aliados. **Favorável para Vênus e Marte.**

30 Algumas intenções são tão fortes que vencem o tempo e o espaço e vão nos preenchendo de determinação para seguirmos confiantes na caminhada. Encare seus medos e não deixe de ouvir sua intuição. **Favorável para Plutão e Netuno.**

31 Lua e Lilith unidas nos conectam à força e à coragem que, quando bem aplicadas, aproximam-nos daquilo que de fato desejamos. Certifique-se de que está dando o melhor de si para alcançar o que importa para você, sem desperdiçar energia fazendo isso pelos outros. **Favorável para Sol e Júpiter.**

Abril

1º A zona de conforto pode nos levar a abrir mão de aspectos que outrora nos vivificavam; nem sempre a estabilidade é sinal de felicidade. Use a criatividade para sair da preguiça e da procrastinação. **Favorável para Marte e Saturno.**

2 Comunique-se com mais clareza e saiba se fazer ouvir; o que se passa com você importa e suas ideias merecem mais destaque. **Favorável para Mercúrio e Marte.**

3 Dia propício para organizar o trabalho e estar mais presente nos relacionamentos. Gestos amáveis e delicados nos aproximam e podem significar mais que palavras. **Favorável para Lua e Vênus.**

4 A imaginação está em alta e pode ser bem aproveitada no setor profissional. Anteveja os próximos movimentos, mas organize metas possíveis; seja realista. **Favorável para Marte e Saturno.**

5   A tensão nos céus nos predispõe a certa teimosia; é bom lembrar que podemos sempre negociar interesses desde que estejamos dispostos a ceder em algum ponto. Saiba o momento de adaptar seus planos e busque a conciliação. **Desfavorável para Sol e Marte.**

6   A Lua Cheia se opõe a Quíron e pode clarear situações repetitivas que dependem de uma compreensão mais profunda de nossa parte, a fim de apaziguarmos nossas histórias e fazermos as reparações possíveis para que esse tema não nos aprisione mais. **Favorável para Sol e Júpiter.**

7   Algumas intenções precisam de tempo para acontecer. A nós cabe nos esforçarmos e agir com boa vontade hoje, confiando que o momento oportuno trará a recompensa de nossas ações. Persista. **Favorável para Vênus e Plutão.**

8   O elemento Água nos conecta com a dimensão do sentir e abre caminhos para que nos reconectemos a emoções fortes ou guardadas há muito tempo. Permita-se fluir com as águas internas para vivenciar a intensidade dos seus sentimentos. **Favorável para Lua e Netuno.**

9   Dia especialmente favorável para a cura e a transformação das relações afetivas, que podem ser repactuadas em bases mais honestas, desde que se priorize a liberdade de cada um. **Favorável para Vênus e Plutão.**

10   Fazer planos para o futuro e se arriscar em situações novas e diferentes ajudarão a recuperar o gosto pela aventura da vida. Sentir a vida pulsando de novo vale o risco. **Favorável para Sol e Lua.**

11   Saber o momento de agir é quase tão importante quanto a ação em si; confie em você e não tenha medo de abrir o próprio caminho rumo ao que seu coração pede. Vênus entra em Gêmeos e ficaremos mais comunicativos. **Favorável para Mercúrio, Marte e Júpiter.**

12   Uma mente tranquila consegue focar melhor e dar prioridade aos assuntos que de fato merecem nossa atenção no momento. Aproveite para cuidar do corpo e relaxar as tensões que criam distrações. **Favorável para Lua e Mercúrio.**

13 Alguns assuntos podem pedir compensações ou reparações para serem concluídos, mas, se não houver disposição em ceder de alguma forma, perderemos a chance de uma resolução satisfatória. Seja adaptável ao que a situação pede. **Desfavorável para Sol e Júpiter.**

14 Dia propício para se socializar, conversar até mais tarde e encontrar aquelas pessoas que fortalecem nossa maneira de ver o mundo. Coloque mais diversão em sua vida e esteja atento para a chegada de novos amores. **Favorável para Lua e Vênus.**

15 Com a mente aberta e disposição para ouvir, podemos chegar a ótimos entendimentos e acordos para a vida. Alguns assuntos do passado agora podem ser ressignificados. **Favorável para Sol e Júpiter.**

16 A vida parece estar andando muito rápido; pode ser bom desacelerar um pouco, silenciar e se preencher de boas inspirações. A espiritualidade também nos restaura. **Favorável para Lua e Saturno.**

17 Você pode se sentir um pouco mais disperso e com dificuldade para se concentrar em um único assunto. Aproveite para anotar as ideias e os *insights* que surgirem. Atenção para as mensagens dos sonhos desta noite. **Favorável para Lua e Netuno.**

18 A Lua balsâmica vem nos ensinar o valor da independência e autonomia para termos uma vida construída sobre o alicerce da verdade. Seja honesto consigo mesmo e se desprenda do que não o representa mais. **Favorável para Mercúrio e Marte.**

19 Hoje é um dia especial para limpar o coração de pesos antigos que não precisamos mais carregar; solte os apegos e a ideia de reviver tempos que já passaram, para que uma nova jornada se inicie. **Favorável para Mercúrio e Plutão.**

20 A Lua Nova em Touro acontece em quadratura a Plutão e abre caminhos para qualquer tipo de recomeço e reformulação de vida, principalmente no setor afetivo. Porém, essa abertura pode parecer desafiadora e só acontecer depois de quebrarmos nossas resistências e a inércia. Bom período para cuidar mais do corpo e da autoestima. **Favorável para Sol e Mercúrio.**

21 Dia propício para bons encontros regados a muita arte, beleza e criatividade. Boa culinária e estímulos sensoriais podem tornar esta noite bastante especial. Mas atenção: Mercúrio começa sua retrogradação e o ato de se comunicar precisa ser claro. **Favorável para Vênus e Júpiter.**

22 Ótimo dia para encontrar os amigos e curtir uma boa programação cultural, daquelas que nos enchem de novas impressões sobre o mundo e a vida. Novos amigos e amores também podem chegar. **Favorável para Lua e Vênus.**

23 A agitação mental e uma certa pressa podem nos deixar um pouco ansiosos; encontre algo agradável para sua mente se distrair como um bom filme ou leitura. Programas românticos são ideais para este dia. **Favorável para Lua e Vênus.**

24 Hoje o excesso de estímulos pode criar algumas distrações; por outro lado, pode também oferecer novos caminhos mentais para chegar a resultados mais originais. Mantenha o foco se precisar se comunicar. **Favorável para Lua e Júpiter.**

25 Bons resultados na vida dependem de persistência e dedicação, mas às vezes uma ideia inovadora pode fazer toda a diferença. Ouça sua intuição. **Favorável para Marte e Urano.**

26 O mundo reconhece quem é apaixonado pelo que faz, principalmente quando faz bem-feito. Persista em suas metas profissionais e dê aquele passo mais ousado para conquistar seu lugar. **Favorável para Marte e Urano.**

27 Lua e Lilith em tensão com Mercúrio sinalizam que nem sempre ter razão é suficiente e que há outras maneiras de expressar seu ponto de vista sem excluir ninguém; divergir é saudável desde que mantido o respeito. **Desfavorável para Sol e Marte.**

28 O dia pede mais clareza e assertividade na comunicação para evitar desentendimentos, mas isso não quer dizer que você não deva se posicionar; apenas encontre o tom certo para ser ouvido. **Desfavorável para Lua e Mercúrio.**

29 A vida vem ensinando a termos mais fé em nós mesmos e podemos estar recuperando a autoestima para reconhecer nossos próprios

talentos, com mais confiança para enfrentar os desafios e crescer. **Favorável para Lua e Júpiter.**

30 Encontrar nosso propósito no mundo é dar sentido às nossas ações. Empregue sua energia e tempo onde possam ser mais bem aproveitados e sinta que está contribuindo com o que tem de melhor. **Favorável para Sol e Lua.**

Maio

1º O mês se inicia numa Lua Crescente em ótimo aspecto com Marte, enchendo-nos de coragem para ir atrás dos nossos sonhos. Urano pede que saiamos do óbvio e ousemos mais. **Favorável para Marte e Urano.**

2 Dia favorável às conversas mais delicadas que precisem de tato e profundidade para se chegar a algum lugar. É hora de observar também que precisamos renovar nosso círculo de amizades. **Favorável para Vênus e Júpiter.**

3 Ótimo dia para sair, socializar-se, conhecer pessoas novas e até fazer bons contatos de trabalho. Aproveite as programações culturais e incremente seu repertório pessoal. **Favorável para Vênus e Júpiter.**

4 Um céu um pouco mais tenso com a quadratura de Sol e Urano pode deixar aparente o cansaço da rotina; precisamos de novos ares agora. **Favorável para Sol e Saturno.**

5 A Lua Cheia em Escorpião pode nos mostrar caminhos para superarmos alguns afastamentos e desapegos que sejam necessários neste momento da vida. Alta sensibilidade no ar; permita-se sentir. **Favorável para Marte e Netuno.**

6 Haverá mais capacidade imaginativa neste dia; procure canalizar essa força para ser mais criativo no trabalho. Na vida pessoal, as emoções também estão fortes e podem gerar manifestações intensas. **Favorável para Lua e Marte.**

7 Um toque de otimismo neste dia favorece o planejamento para o futuro, especialmente em relação a projetos que envolvam a

construção de um núcleo afetivo forte e estável. Vênus entra em Câncer e ativa o romantismo. **Favorável para Vênus e Saturno.**

8   Coloque mais conhecimento em sua vida; sempre é tempo de aprender coisas novas, e pode ser que este impulso precise de mais regularidade. Um bom dia para cursos e viagens. **Favorável para Lua e Júpiter.**

9   Para nos dedicarmos a uma meta, é importante sermos realistas para avaliar se nosso esforço será mesmo contemplado ao final da jornada. O tempo é precioso e tem de ser bem aproveitado. **Favorável para Sol e Saturno.**

10 O mundo vem mudando rapidamente os hábitos de consumo e a maneira como geramos nossos recursos financeiros. Este é um bom dia para fazermos adaptações que nos atualizem nesse setor, facilitando a vida. **Favorável para Vênus e Saturno.**

11 Dia ótimo para finalizarmos alguns assuntos e tirarmos da frente aquilo de que não precisamos mais. Porém, no âmbito afetivo, pode ser que alguns relacionamentos precisem de mais cuidado e dedicação. Propício para reformas e uma nova decoração no lar. **Favorável para Saturno e Plutão.**

12 Ótimo dia para realizar aquelas tarefas que demandem versatilidade; podemos ter talento para várias coisas e talvez seja a hora de descobrir alguma habilidade nova. Mercúrio sai hoje da retrogradação, favorecendo o diálogo. **Favorável para Saturno e Mercúrio.**

13 Lua e Vênus harmonizados nos ajudam a sentir com profundidade e a identificar esses sentimentos, enquanto Mercúrio nos auxilia a elaborar melhor o que se passa dentro de nós. Acredite mais em sua intuição. **Favorável para Vênus e Saturno.**

14 Com mais sensibilidade e capacidade imaginativa pelo ar, hoje o dia é bom para captar novas ideias no trabalho, favorecendo a criatividade. Seja gentil e saiba se expor com clareza. **Favorável para Marte e Mercúrio.**

15 O excesso de vontade em resolver as coisas pode esbarrar na disposição ou velocidade do outro; perceba o que já está em suas mãos

e dependa somente de você neste momento. **Favorável para Mercúrio e Júpiter.**

16 Para mudarmos definitivamente alguma questão, é necessário não só termos novas atitudes mas também mantermos essa nova postura com disciplina e persistência. **Favorável para Mercúrio e Saturno.**

17 Júpiter ingressa em Touro e fortalece o valor da regularidade nas relações. A Lua balsâmica nesse mesmo ponto vem fixar os aprendizados dessa lunação, ajudando a finalizar os processos de desapego e renovação. **Favorável para Vênus e Mercúrio.**

18 Dia propício para dar uma pausa na vida, relaxar e se ofertar cuidados com o corpo. Aproveite para desfrutar um pouco mais dos sentidos, principalmente do paladar, com sua comida predileta. **Favorável para Lua e Vênus.**

19 Uma segunda Lua Nova em Touro vai reforçar em todos nós a importância de nos mantermos firmes nas decisões e no planejamentos da vida, cultivando hábitos mais condizentes com o momento atual. Também é momento de levar a sério as questões ambientais e o cuidado com nossa casa maior: o planeta Terra. **Favorável para Vênus e Saturno.**

20 Dia agitado, com muitos estímulos aguçando nossa curiosidade e facilitando conversas e novas conexões. No trabalho, será importante manter o foco para não ficar com a sensação de que nada rendeu. **Favorável para Lua e Marte.**

21 Com o ingresso do Sol em Gêmeos, podemos nos sentir desejosos de circular em novos ambientes e nos deslocar para conhecer cenários diferentes daquele a que estamos acostumados; é tempo de novidade. Marte ingressa em Leão e nos enche de coragem. **Favorável para Sol e Marte.**

22 Dia ótimo para fazer planos e resgatar sonhos. A intuição está pelo ar, e os sonhos podem trazer mensagens importantes; tome nota deles. **Favorável para Mercúrio e Vênus.**

23 Romance e mais fantasia podem renovar os relacionamentos que precisem de mais intensidade; é sempre especial vivenciar um dia diferente e criar ótimas memórias. **Favorável para Lua e Vênus.**

24 Marte está em Leão e se opõe a Plutão, trazendo à consciência a necessidade de autoafirmação para sustentar as reformulações que a vida pede. Confie em suas capacidades e se aprimore para fazer a diferença. **Favorável para Marte e Saturno.**

25 Lua e Lilith juntas em ótimo aspecto com o Sol vão trazer à consciência que já estamos prontos para nos posicionarmos em certas situações, bem como para colocar limites saudáveis nas relações, mantendo nossa liberdade de sermos quem somos. **Favorável para Sol e Marte.**

26 Dia propício para você se mostrar ao mundo em sua autenticidade, assumindo os próprios talentos e sem medo de expor suas competências. Contudo, tenha cuidado para não soar arrogante ou desafiador. **Favorável para Marte e Netuno.**

27 O dia pede mais organização e planejamento para fluir positivamente; pensamos e decidimos melhor quando a vida está em ordem. Ideal para ingressar em cursos ou voltar a estudar formalmente. **Favorável para Mercúrio e Júpiter.**

28 O excesso de críticas e o perfeccionismo podem atrapalhar, mais do que ajudar, a colocar seus planos em prática. Procure soluções mais simples e eficientes que facilitem a vida. **Favorável para Mercúrio e Saturno.**

29 Dia propício para cuidar de papéis e da burocracia, principalmente se dependerem de assinaturas ou da boa vontade de terceiros. **Favorável para Júpiter e Saturno.**

30 Dia de mais movimento. Aproveite para sair e se socializar, e não se surpreenda se conhecer alguém que possa contribuir justamente com seus planos atuais, pois o céu favorece as cooperações. **Favorável para Sol e Marte.**

31 Tudo pode ser dito, desde que do jeito certo, pois educação e gentileza cabem em qualquer situação. Esteja também aberto a ouvir e dialogar, enriquecendo os momentos de encontro. **Favorável para Mercúrio e Vênus.**

Junho

1º Começamos o mês sob um céu tenso que pode nos influenciar a desistir de situações ou objetivos de vida. Considere bem se é mesmo o caso de abrir mão dessas coisas ou planejar ajustes graduais até que a situação seja de fato transformada. **Favorável para Júpiter e Saturno.**

2 Algumas situações ou relacionamentos parecem ter chegado a um nível de estagnação insuportável; se esse for o caso, esteja pronto para abrir mão disso e buscar novas emoções para sua vida. **Favorável para Vênus e Urano.**

3 Olhe para o mundo com mais positividade e autoconfiança; há sempre outras aventuras e oportunidades a serem descobertas. Desfrute um pouco mais da vida e celebre com o coração aberto o que possui hoje. **Favorável para Sol e Marte.**

4 A Lua Cheia vem mostrar o caminho para mudanças há tanto tempo desejadas, clareando dentro de nós os sonhos que ainda nos inspiram e lembrando que somos capazes de construir novos futuros. **Favorável para Júpiter e Saturno.**

5 Dia propício para refletirmos sobre o que nos impede de alcançar o que desejamos – pode ser resistência, mas também o medo de ser bem-sucedido. Acredite mais na sua capacidade. **Favorável para Lua e Júpiter.**

6 Para nos destacarmos, uma boa sugestão pode ser pensar "fora da caixa" e dar vazão a ideias mais ousadas. Aja com determinação e não desista na primeira dificuldade; Vênus ingressa em Leão e afirma que seus sonhos valem muito. **Favorável para Mercúrio e Marte.**

7 Um céu mais tenso pede cautela na hora de nos expressarmos; seja positivo e mais tolerante com quem pensa diferente de você. O segredo é manter o foco no bom resultado, que talvez não seja o ótimo, mas sim o possível. **Favorável para Lua e Mercúrio.**

8 Dia especialmente favorável ao diálogo e a acordos que dependam de articulação e participação de várias pessoas, pois o céu estimula o entendimento. **Favorável para Sol e Lua.**

9 Silenciar e dar uma pausa no ritmo da semana podem ajudar a nos reencontrarmos internamente e entendermos melhor nossos sentimentos. **Favorável para Júpiter e Saturno.**

10 Perceba como a beleza das pequenas coisas pode nos inspirar à delicadeza e à gentileza nos relacionamentos. Dê vazão à criatividade e traga mais beleza para o seu dia. **Favorável para Saturno e Urano.**

11 Estaremos mais intuitivos e sensíveis com a Lua Minguante, que faz bom aspecto com Mercúrio. É possível receber mensagens valiosas em sonhos e *insights*, pois o mundo interior também tem vida. **Favorável para Mercúrio e Netuno.**

12 O dia pode ser mais acelerado e com muitas expectativas; concentre sua atenção para empregar a energia de forma mais produtiva. Ser proativo fará toda a diferença. **Favorável para Lua e Marte.**

13 Algumas questões do passado podem retornar para que sejam concluídas ou reparadas, abrindo caminho para você poder se dedicar mais às questões atuais. Não adie mais e resolva o que for possível. **Favorável para Mercúrio e Marte.**

14 Podemos estar tão confiantes com o fluxo benéfico que a vida vem trazendo para nós, que nos esquecemos de quanto essas oportunidades são raras e não podem ser desperdiçadas. Valorize as portas que se abriram para você e não se demore. **Favorável para Mercúrio, Vênus e Marte.**

15 Para manter as coisas funcionando, pode ser necessário termos um pouco mais de jogo de cintura a fim de ajustar o curso sem comprometer o andamento. Não confunda resiliência com teimosia. **Favorável para Júpiter e Urano.**

16 A Lua balsâmica nos inspira a transformar aqueles conteúdos internos que nos mantinham resistentes a renovações e desapegos, ensinando a importância de estarmos abertos à experimentação e ao crescimento. **Favorável para Mercúrio e Vênus.**

17 Um clima mais festivo pede disposição para você sair mais e se socializar, favorecendo encontros românticos e programações celebrativas. **Favorável para Vênus e Marte.**

18 A Lua Nova em Gêmeos facilita os processos de adaptação a mudanças significativas, abrindo espaços internos para podermos explorar situações e posturas diferentes. Certas mudanças podem ser literais e nos levar a ambientes, lares e convivências novos. **Favorável para Mercúrio e Marte.**

19 Dia ótimo para descobrirmos novas paixões que preencham a vida de sentido. Leve a sério o que traz significado à sua existência e se dedique amorosamente. **Favorável para Lua e Júpiter.**

20 Muita sensibilidade pelo ar; dê atenção aos seus sentimentos e perceba quando pessoas ou ambientes o influenciarem. Pode ser importante aprender a se proteger energeticamente. **Favorável para Lua e Netuno.**

21 O Sol entra em Câncer e temos o solstício de inverno. É grande o desejo de acompanhar os planos tomando forma, mas é bom nos certificarmos de que não nos esquecemos de nada ou que esse planejamento esteja bem fundamentado. **Favorável para Mercúrio e Saturno.**

22 A Lua se une a Vênus, Marte e Lilith em Leão e pode nos dar a impressão de sermos invencíveis, o que é ótimo para nos posicionarmos de forma mais assertiva e a expormos nossos talentos sem medo. Contudo, atenção para o orgulho e a intolerância; combine interesses em vez de confrontá-los. **Favorável para Mercúrio e Vênus.**

23 Dia propício para planejamento e definição de prioridades. Alguns assuntos pedem resoluções pragmáticas e simples; fuja de complicações. **Favorável para Lua e Júpiter.**

24 Podemos nos sentir mais dispersos e com a mente acelerada, o que resulta em ansiedade. Cuidado com as cobranças que você mesmo se impõe; seja generoso consigo mesmo. **Favorável para Vênus e Mercúrio.**

25 Dia de tensões internas e sensação de que a mente não está dando conta de tantos assuntos e demandas da vida. Procure se aquietar e trazer a atenção para o corpo, a fim de dispersar o excesso de estímulo mental. **Desfavorável para Lua e Mercúrio.**

26 Continuamos sob um céu tenso que pode gerar dúvidas e incertezas, dificultando algumas decisões. Considere se não é o caso de recuar alguns passos para refazer seu caminho com mais segurança. **Favorável para Lua e Plutão.**

27 Dia favorável a encontros e parcerias, principalmente que fortaleçam as metas de vida. Use bem sua presença de espírito e charme para conquistar a atenção de quem é importante para você hoje. **Favorável para Vênus e Marte.**

28 Alguns assuntos podem pedir dedicação total neste dia. Talvez seja um bom momento para dar o melhor de si a fim de que algo significativo se concretize. Valorize sua intuição. **Favorável para Mercúrio e Saturno.**

29 Eis um dia para sonhar alto e contar com o favorecimento de pessoas mais experientes; observe tudo mais amplamente e a longo prazo. **Favorável para Júpiter e Saturno.**

30 O dia de hoje favorece os mergulhos dentro de si mesmo e o resgate de situações do passado para serem melhor compreendidas. Tenha paciência com seus processos e permita que essas revelações aconteçam. **Favorável para Netuno e Plutão.**

Julho

1º A alma pede liberdade para ser e agir de forma espontânea, e a Lua em bom aspecto com Quíron pode nos relembrar de outros tempos em que não pudemos exercer essa liberdade; hoje você tem outra chance para resgatar sua autenticidade. **Favorável para Sol e Saturno.**

2 Querer é poder, e o dia de hoje nos conecta a uma força interior capaz de mover montanhas para realizar aquilo que o coração deseja ardentemente. **Favorável para Vênus e Marte.**

3 A Lua Cheia em Capricórnio traz mais ambição aos nossos planos, mas também mostra a realidade como ela é para não alimentarmos falsas idealizações. **Favorável para Lua e Júpiter.**

4 Dia favorável ao reconhecimento dos esforços que estejamos empreendendo em algum setor da vida, especialmente no âmbito profissional. Ocupe seu lugar e desfrute dessa conquista. **Favorável para Júpiter.**

5 As comunicações e os aprendizados estão favorecidos; procure se atualizar e ampliar suas vivências, inclusive exercendo atividades que nunca tenha realizado antes. **Favorável para Mercúrio e Saturno.**

6 Um céu bastante tenso neste dia pede cautela quanto à forma de se expressar, principalmente se estiver sendo contrariado de alguma maneira. Cuidado com as explosões emocionais. **Desfavorável para Mercúrio, Vênus e Marte.**

7 Podemos estar mais sensíveis e com as emoções mais afloradas. Desacelere um pouco da vida produtiva e procure se manter em um ambiente de calma e tranquilidade para se equilibrar. **Favorável para Lua e Saturno.**

8 Atenção aos sinais que chegam ao acaso bem como aos sonhos, pois o mundo onírico estará particularmente mobilizado neste dia. Algumas mensagens não precisam de palavras. **Favorável para Mercúrio e Urano.**

9 Podemos nos sentir especialmente encorajados a encarar os desafios atuais, percebendo que somos capazes de bancar o que de fato importa em nossa vida hoje. **Favorável para Marte e Vênus.**

10 Para seguirmos em frente, pode ser necessário resolver algum assunto pendente, assim liberamos o caminho para irmos adiante sem precisar de retrabalhos. Marte ingressa em Virgem e favorece o planejamento. **Favorável para Lua e Marte.**

11 Dia excelente para refletirmos sobre o propósito que vem guiando nossas decisões e posicionamentos de vida, e se precisamos ajustar algo para sermos mais coerentes e éticos. **Favorável para Marte e Júpiter.**

12 Bastante impulso criativo no ar. Podemos nos conectar a expressões artísticas e ideias inteligentes repletas de originalidade.

Atenção a distrações e pequenos acidentes. **Favorável para Mercúrio e Urano.**

13 Dia propício aos diálogos e a atividades que envolvam a escuta ativa, facilitando a conexão entre pessoas e abrindo caminhos para ideias que precisem ser desenvolvidas em conjunto. **Favorável para Lua e Mercúrio.**

14 A mente mais racional pode colocar algumas situações em dúvida, desconsiderando o que acontece no âmbito mais sutil da intuição e dos sentimentos. O ideal é equalizar essas duas instâncias e aprender a traduzir em palavras o que sentimos. **Favorável para Sol e Netuno.**

15 A Lua balsâmica pede que deixemos ir toda incerteza e dúvida em relação aos caminhos de crescimento que temos disponíveis hoje; ouça sua voz interior e siga em frente. **Favorável para Mercúrio e Saturno.**

16 Está na hora de levar mais a sério as questões afetivas, responsabilizando-se pelo que você desperta no outro e se engajando mais nas relações que tragam real contentamento. **Favorável para Lua, Vênus e Saturno.**

17 A Lua Nova canceriana nos predispõe a novos nascimentos, fazendo surgir dentro de nós a paixão para nos dedicarmos a algo que precisa muito se fazer presente em nossa vida hoje. **Favorável para Sol e Júpiter.**

18 Grandes planos começam a fazer sentido e encontramos mais disposição e entusiasmo para não nos desviarmos de nossa meta. Seja claro no modo de se comunicar. **Favorável para Marte e Júpiter.**

19 Lua e Mercúrio nos ajudam a elaborar melhor os caminhos mentais para sairmos de uma certa estagnação que vinha nos prendendo ou diminuindo. Confie em si mesmo e saberá o que fazer. **Favorável para Lua e Mercúrio.**

20 A Lua se encontra com Lilith e nos ensina a não abrir mão do nosso propósito por nenhuma outra oferta. Nada poderá nos recompensar da mesma maneira que ter o coração sinceramente alinhado às nossas ações. **Favorável para Vênus e Marte.**

21 Sensibilidade e delicadeza podem nos conduzir a resoluções importantes, principalmente as de ordem afetiva. Seja doce ao agir e sábio ao se expressar. **Favorável para Vênus e Júpiter.**

22 Ideias práticas podem simplificar seu dia e ajudar a ocupar o tempo de forma mais produtiva. Coloque mais organização na sua rotina. **Favorável para Marte e Urano.**

23 O Sol ingressa em Leão e traz mais cor para o nosso dia a dia, dando-nos muita coragem e vontade de viver. Hoje, a cooperação dá o tom e sugere boas alianças. Porém, Vênus inicia sua retrogradação em Leão e trabalha o merecimento. **Favorável para Sol e Lua.**

24 O exercício da alteridade começa dentro de nós, quando acolhemos nosso lado mais frágil e muitas vezes não desenvolvido, justamente porque nunca lhe demos atenção suficiente. Somos mais fortes quando somos inteiros. **Favorável para Vênus e Júpiter.**

25 Algumas ações precisam ser tomadas ainda que não se tenha total clareza da situação ou certeza dos resultados. Avalie seus passos, mas não deixe a dúvida detê-lo. **Favorável para Marte e Júpiter.**

26 Dia propício a conquistas importantes, pautadas na persistência e na visão estratégica. Esse fluxo pode ser muito bem aproveitado na área profissional, que pede mais organização e síntese. **Favorável para Marte e Saturno.**

27 Chega mais longe quem consegue se ver além de onde está hoje. Use sua capacidade imaginativa para traçar os próximos passos com mais confiança, superando as procrastinações. **Favorável para Júpiter e Saturno.**

28 O céu estimula o elemento Fogo e podemos nos sentir mais dispostos a empreender, iniciar projetos e colocar a mão na massa para realizar mais. Deixe as expectativas de lado e aproveite o momento. **Favorável para Marte e Júpiter.**

29 As questões afetivas e financeiras pedem um pouco mais de atenção e será bom avaliar se temos nos dedicado a essas áreas pelas motivações certas. Talvez alguns planos precisem ser reconsiderados. **Favorável para Mercúrio e Marte.**

30 Cautela e constância são características de quem sabe o valor do esforço e dá importância às oportunidades já conquistadas. Valorize o que você tem e saiba que há mais a alcançar. **Favorável para Lua e Júpiter.**

31 Coloque mais disciplina e persistência no seu dia a dia. Algumas metas podem parecer ambiciosas, mas nos aproximamos cada vez mais delas se mantivermos uma dedicação bem focada. **Favorável para Lua e Marte.**

Agosto

1º O mês se inicia com uma Lua Cheia conjunta a Plutão, trazendo mais entusiasmo e vontade de reescrever as próprias histórias, favorecendo assim os recomeços. **Favorável para Urano e Plutão.**

2 Um sopro de liberdade começa a nos inspirar para tomarmos decisões mais autênticas, que valorizem aquilo que é importante apenas para nós. Corremos até o risco de ser incompreendidos, mas nossa felicidade vale mais. **Favorável para Marte e Júpiter.**

3 Dia ótimo para avaliar a vida profissional e considerar se estamos nos distraindo, deixando de nos dar conta de algo importante a ser visto. Considere os detalhes. **Favorável para Mercúrio e Júpiter.**

4 Carinho, gentileza e amorosidade são uma linguagem sem palavras, e também podemos nos comunicar por meio dos gestos carinhosos que fazemos às outras pessoas. **Favorável para Mercúrio e Netuno.**

5 Algumas situações dentro de um relacionamento podem ter chegado ao limite e pedem um posicionamento mais firme. Observe bem o que você não admite nessa relação para não abrir mão de algo que lhe seja vital. **Favorável para Lua e Plutão.**

6 Reflexões importantes podem chamar a atenção para o que deixamos de lado em algum momento, mas pode ser recuperado hoje. Nunca é tarde para atender o coração. **Favorável para Lua e Vênus.**

7 Lilith e Vênus estão unidas em Leão enquanto a Lua cruza o nodo norte em Áries, fazendo com que este seja um dia de decisões fortes no campo emocional e afetivo. Autoestima e amor-próprio são a chave desse alinhamento. **Favorável para Lua e Saturno.**

8 Encontre dentro de si a firmeza para sustentar suas ideias e buscar aquilo que o faz realmente feliz, afastando-se do que não contribui para a sua felicidade. **Favorável para Marte e Júpiter.**

9 Dia a dia, com dedicação e mais atenção aos pequenos gestos, vamos dando forma à realidade que queremos viver. Os sonhos nos movem, mas as ações cotidianas contam muito nesse processo. **Favorável para Mercúrio e Júpiter.**

10 Romper com certos padrões repetitivos pede abertura para vivenciar novas posturas. Aproveite a Lua Minguante para ter contato com algo diferente e o gosto de como a vida poderia ser de outro jeito. **Favorável para Marte e Urano.**

11 Dia bom para conversas necessárias nas relações afetivas. Algumas convivências podem ser repactuadas, a fim de que os relacionamentos prossigam com mais respeito à individualidade de cada um. **Favorável para Vênus e Mercúrio.**

12 Vamos fechando a lunação, e podemos então voltar a sonhar e acalentar a visão de uma nova etapa da vida. Acolha a inspiração que vem do mundo interior, permitindo-se ser acolhido também. **Favorável para Lua e Saturno.**

13 Questões financeiras pedem atenção, pois podemos não estar tomando boas decisões ao assumir compromissos maiores que nossa capacidade. Ajuste o que for possível para se preservar. **Desfavorável para Vênus e Urano.**

14 Ingressamos no período da Lua balsâmica. Podemos nos tornar mais reflexivos sobre recentes ajustamentos no curso da vida; conquistas importantes estão sendo construídas agora, não desista. **Favorável para Marte e Plutão.**

15 Podemos ainda estar resistindo a mudanças, acreditando que o bom momento de antes pode ser revivido hoje. Porém, nós mesmos já nos transformamos e precisamos encontrar coerência entre o que somos hoje e o que agora nos representa. **Favorável para Marte e Júpiter.**

16 A Lua Nova leonina abre-se junto a Vênus e Lilith, marcando a necessidade de nos desvencilharmos de antigas ideias sobre a fragilidade e a incapacidade do feminino. Agora é tempo de reconhecer que as mulheres são livres e potentes, e que todos temos um lado feminino que precisa ser expressado. **Favorável para Vênus e Urano.**

17 Dia excelente para se dedicar às questões da vida produtiva, à carreira e às finanças, que favorece quem estiver considerando empreender ou adotar rotinas mais flexíveis. Sol e Lilith nos ajudam a tomar consciência do que é imprescindível neste momento. **Favorável para Marte e Júpiter.**

18 Temos um trígono do elemento Terra no céu influenciando os aspectos organizacionais da vida, inclusive questões que envolvam documentações, controles e assinaturas. Considere também modificações na rotina diária e em hábitos de saúde. **Favorável para Lua e Mercúrio.**

19 Dia muito favorável para posicionamentos em assuntos que definam nosso âmbito de ação, finanças e trabalho. Se estiver precisando cortar algo nesses campos, este é um bom momento para limpar o caminho e simplificar a vida. **Favorável para Marte e Plutão.**

20 Haverá um pouco mais de calma para aproveitar a companhia de pessoas queridas e desfrutar de boas conversas; momento propício também para alianças de todo tipo. Desfrute da vida cultural e da possibilidade de romance. **Favorável para Júpiter e Netuno.**

21 Um céu complicado pede diplomacia e muita cautela para lidar com as situações hoje; valorize o diálogo e o entendimento, e deixe os enfrentamentos para outra oportunidade. **Desfavorável para Sol e Mercúrio.**

22 Faça um bom planejamento de suas prioridades aproveitando a Lua em Escorpião e o bom alinhamento com Saturno. Organize os próximos passos e concentre-se com firmeza no que deseja vivenciar nesta lunação. **Favorável para Marte e Saturno.**

23 Considere que, para se direcionar ao que deseja no momento, será necessário se desprender de alguns compromissos anteriores que não fazem mais sentido. O céu favorece a libertação de antigos vínculos que o estavam atrasando. **Favorável para Mercúrio e Plutão.**

24 Tensão forte no ar com um impulso transformador capaz de desintegrar as prisões mentais ou emocionais que nos retinham por medo do crescimento. Chegou a hora de encarar os maiores desafios. O Sol ingressa em Virgem, e Mercúrio inicia sua retrogradação. **Favorável para Urano e Plutão.**

25 Bom momento para recuperar a positividade e relembrar que o mundo é vasto e oferece inúmeras possibilidades. Podemos encontrar a alegria da vida em outros cenários a serem ainda descobertos. **Favorável para Lua e Vênus.**

26 Já dizia o ditado que a pressa é inimiga da perfeição; cuide de seus afazeres com atenção aos detalhes, assim você evita retrabalhos. Cuidado com o excesso de crítica. **Desfavorável para Marte e Mercúrio.**

27 Qualquer situação pode ser transformada se nos dedicarmos sinceramente à mudança, como artesãos diligentes dando forma ao que queremos concretizar em nossa vida. Marte entra em Libra e facilita as parcerias. **Favorável para Marte e Plutão.**

28 Seja firme e não abaixe a cabeça para quem tentar dissuadi-lo do que é importante para você; não podemos abrir mão daquilo que é vital à nossa essência. Ponha limites em quem acha que pode comandar sua vida, mas seja diplomático, pois Marte entrou em Libra. **Favorável para Lua e Plutão.**

29 Teste suas habilidades em outras áreas além das que já conhece. Para sabermos em que somos bons, precisamos experimentar ou passaremos a vida ignorando nossos talentos. **Favorável para Marte e Mercúrio.**

30 A Lua Cheia conjunta a Saturno traz um forte senso de realidade, clareando as situações para percebermos se estamos nos iludindo

31 em relação a algo. Cuidado com quem deseja usar a lábia para levar vantagem sobre você. **Favorável para Júpiter e Saturno.**

Ao longo do dia, vamos recuperando a suavidade e a positividade. Apesar de a vida ser dura às vezes, podemos nos nutrir de gestos atenciosos de pessoas queridas. **Favorável para Júpiter e Netuno.**

Setembro

1º Mais agitação e movimento para iniciar o mês com aquela disposição para fazer as coisas do seu jeito ou dar uma resolução aos assuntos que precisem ser decididos. **Favorável para Mercúrio e Júpiter.**

2 A Lua Cheia nos deixa mais animados, e o dia pede um pouco mais de liberdade para nos sentirmos no comando de nossa vida. Nas relações afetivas, um pouco de ousadia pode apimentar as coisas. **Favorável para Lua e Vênus.**

3 É possível reencontrar a motivação certa para direcionarmos nossa vida rumo a um propósito, dando sentido e significado maiores a este momento. **Favorável para Lua e Saturno.**

4 Mais solidez e segurança serão necessárias hoje, desde a forma como nos comunicamos até o trato com o dinheiro. Faça as coisas na medida de suas possibilidades. Vênus sai da retrogradação e favorece os relacionamentos e as finanças. **Favorável para Mercúrio e Júpiter.**

5 Dia muito especial, com intensa fluência do elemento Terra, que oferece condições adequadas para concretizarmos ações importantes na vida. Pense a longo prazo. **Favorável para Sol e Urano.**

6 Boas notícias e oportunidades estão para chegar; fique atento aos sinais. No trabalho, o dia favorece boas conversas, ideias criativas e as negociações. **Favorável para Mercúrio e Marte.**

7 A Lua Minguante nos desafia a deixar nossa zona de segurança para assumir alguns riscos, mas também oferece a possibilidade de descobrirmos algo de muito valioso. Acompanhe esse movimento e ative sua curiosidade. **Favorável para Mercúrio e Júpiter.**

8 Haverá mais tranquilidade e introspecção para orientar nosso dia; procure não perturbar essa aura mais amena, necessária para acomodar as emoções no dia de hoje. **Favorável para Lua e Saturno.**

9 Para ir moldando a vida que queremos ter, são necessárias persistência e também paciência para aguardar o momento certo das coisas. Não tente antecipar os fatos; apenas siga o fluxo dessa corrente de oportunidades. **Favorável para Lua e Netuno.**

10 Transformações intensas levam tempo, mas podemos acessar mensagens inspiradoras que vêm do inconsciente, mostrando a direção que precisamos seguir. Valorize sua intuição e preste atenção aos sonhos. **Favorável para Lua e Netuno.**

11 A Lua balsâmica começa seu trabalho de cura interior para deixarmos ir todas as frustrações e impossibilidades que nos marcaram antes. O que aconteceu nos ensinou a confiarmos mais em nós mesmos e a permanecermos do nosso lado. **Favorável para Lua e Vênus.**

12 Lua, Lilith e Vênus juntas vêm nos ensinar a força da energia feminina na vibração do elemento Fogo criativo de Leão, reafirmando nosso poder pessoal para dar vida a tudo o que desejamos. **Favorável para Lua e Vênus.**

13 Tantas emoções vivenciadas fortemente podem impactar o modo como nos comunicamos. Talvez seja melhor mesmo nos permitirmos sentir mais do que dizer. **Favorável para Mercúrio e Urano.**

14 A Lua Nova em Virgem acontece em forte trígono com Urano, que nos dota de criatividade e ousadia, para deixarmos a vida mais colorida. Arte, beleza e cuidados com o corpo vão chamar nossa atenção neste período. **Favorável para Mercúrio e Júpiter.**

15 Mudanças significativas na rotina cotidiana podem ser necessárias para sairmos de um certo torpor em relação ao autocuidado. É importante levar a sério as questões de alimentação e saúde. **Favorável para Lua e Plutão.**

16 Bom dia para entrar em acordos e fazer negociações que resolvam questões burocráticas ou financeiras pendentes. Mercúrio saiu da retrogradação e facilita os entendimentos. **Favorável para Vênus e Marte.**

17 Dia muito propício a encontros românticos. Use e abuse do seu charme, sendo elegante em suas abordagens e respeitando sempre o lugar de fala do outro. **Favorável para Lua e Vênus.**

18 Preste atenção às mensagens não ditas expressamente, às sutilezas e entrelinhas; é por aí que a verdade caminha hoje. Não se revele tanto; pode ser melhor se resguardar no momento. **Favorável para Lua e Saturno.**

19 O segredo é a alma do negócio, portanto, pode ser necessário preservar seus planos só para si por enquanto. Seja estratégico e revele apenas o imprescindível. No amor, o clima de mistério pode ser estimulante. **Favorável para Vênus e Marte.**

20 O melhor da vida pode estar para chegar. Reafirme suas intenções e continue dando o melhor de si nesse aprendizado contínuo que é a escola da vida. Seja claro, para que o universo possa atendê-lo. **Favorável para Sol e Plutão.**

21 O elemento Terra está fluente e recebe um aporte da Lua em Sagitário para fortalecer as ações dedicadas e assertivas; mire no seu alvo e não se desvie dele. Cuidado com as distrações ao longo do dia. **Favorável para Mercúrio e Marte.**

22 O céu tenso pode nos deixar inseguros e o escapismo, parecer uma boa opção. Mas atenção para não minimizar as coisas que o atingem ou fugir das situações; pode ser importante marcar sua posição. **Favorável para Vênus e Marte.**

23 O Sol ingressa em Libra e temos o equinócio de primavera, favorecendo os encontros, os romances e as parcerias. A Lua entra na fase crescente permite melhor compreensão da situação atual. **Favorável para Lua e Mercúrio.**

24 Alguns desejos são tão fortes que podem romper qualquer barreira; prepare-se para superar as limitações que o mantinham em uma posição diminuída em relação ao seu potencial. **Favorável para Urano e Plutão.**

25 O entendimento e a cooperação dão o tom neste dia; procure agir colaborativamente e lembre-se de incluir os outros, dando chance para expressarem o que pensam também. **Favorável para Mercúrio e Júpiter.**

26 Seja mais habilidoso ao se comunicar; para selar alianças é preciso respeito e reciprocidade. Nos relacionamentos, o dia é propício para repactuações que deem novos ares à relação. **Favorável para Vênus e Marte.**

27 Dia especial para sentir e criar, favorecendo atividades artísticas como pintura e música. Preencha-se de mais beleza e harmonia e evite confrontos desnecessários. **Desfavorável para Marte.**

28 O dia pede mais leveza no falar e delicadeza em gestos e posicionamentos, fazendo com que prestemos mais atenção ao que nossas ações causam nas outras pessoas. Seja empático. **Favorável para Lua e Netuno.**

29 Uma forte Lua Cheia chega pedindo mais liberdade de movimento e autoconfiança para sermos autênticos, assumindo os sentimentos com honestidade e sustentando uma postura franca em nossas relações. **Favorável para Júpiter e Plutão.**

30 A Lua conjunta a Quíron e ao nodo norte nos relembra das vezes em que tivemos que nos calar ou abrir mão de algo pelo bem de outras pessoas. Você pode recuperar sua autonomia hoje, e essas dores podem ser ressignificadas. **Favorável para Lua e Vênus.**

Outubro

1º O mês começa com uma energia mais lenta, buscando conforto para a mente e o espírito. Tudo que envolva o aspecto sensorial está bem favorecido neste dia; relaxe e aproveite! **Favorável para Lua e Júpiter.**

2 Cuidado com a preguiça e a procrastinação; o dia tem ótimas energias fluentes para dar andamento ou concluir assuntos da vida prática e garantir o atendimento de prazos de trabalho. **Favorável para Lua e Júpiter.**

3 Dia excelente para estudar, conhecer assuntos novos e alinhar objetivos em conversas produtivas. Esteja pronto para descobrir algo importante e receber boas notícias. **Favorável para Vênus e Marte.**

4 Um céu poderoso nos conecta hoje à força da solidariedade, demonstrando que quando queremos melhorar podemos contar uns com os outros para nos aprimorarmos juntos. Lilith entra em Virgem e reforça a noção de que não podemos deixar ninguém nos diminuir em nossas capacidades. **Favorável para Vênus, Marte e Netuno.**

5 Podemos nos inspirar com mais compaixão em nossa vida, buscando a companhia de pessoas que enxerguem o mundo da mesma forma e sejam capazes de somar forças em objetivos mais humanos e elevados. **Favorável para Vênus e Saturno.**

6 Mais receptividade, compreensão e acolhimento em relação a você mesmo e suas necessidades. É preciso se nutrir de boas memórias e companhias afetuosas. **Favorável para Lua e Júpiter.**

7 Diminuir o ritmo dos compromissos e encontrar momentos de pausa serão fundamentais para poder se escutar melhor. Dê mais atenção ao que se passa no seu mundo interior. Atenção às reflexões e aos sonhos desta noite. **Favorável para Lua e Urano.**

8 Para nos aprimorarmos naquilo que somos, temos de nos desprender de tudo aquilo que não somos mais, permitindo que nossa postura, gestos e aparência sejam mais coerentes com quem somos hoje. **Favorável para Sol e Lua.**

9 Antigos problemas podem ser resolvidos hoje com mais criatividade e flexibilidade; observe se vem sendo muito rígido ou intransigente e ajuste sua conduta. Vênus ingressa em Virgem e nos predispõe ao aprimoramento nos relacionamentos. **Favorável para Urano e Plutão.**

10 Lua, Vênus e Lilith em oposição a Saturno representam o conflito entre o ideal e o possível; se não nos contentarmos com o possível, corremos o risco de perder a chance de materializar algo importante que precisa vir ao mundo. Cuidado com o perfeccionismo e a autocrítica. **Favorável para Lua e Vênus.**

11 Com boa vontade e dedicação sincera, pequenas mudanças no dia a dia podem consolidar o caminho para grandes aprimoramentos. **Favorável para Lua e Plutão.**

12 A Lua balsâmica ativa o elemento Terra e nos conecta a uma consciência mais produtiva, que dá utilidade aos nossos recursos materiais e imateriais, conferindo mais sentido à nossa vida. Marte ingressa em Escorpião; precisamos nos afirmar. **Favorável para Vênus e Júpiter.**

13 Com uma atitude mais diplomática e conciliatória, podemos resolver questões que estejam pedindo uma resolução definitiva e assim nos libertarmos do que nos atrasava ou diminuía. **Favorável para Marte e Saturno.**

14 A Lua Nova libriana abre em conjunção a Mercúrio, dotando-nos de inteligência e perspicácia para lançarmos as sementes deste novo ciclo, aproveitando bem, assim, a força da união das intenções. Aposte na cooperação e nas parcerias. **Favorável para Sol e Mercúrio.**

15 Bom dia para tomar decisões referentes a caminhos profissionais, pois alguns pontos da sua trajetória parecem estar mais claros agora. Considere as opções com melhor retorno no longo prazo. **Favorável para Marte e Saturno.**

16 Agir com vontade e sem perda de tempo pode fazer toda a diferença na sua vida profissional; tenha senso de oportunidade e não deixe a preguiça atrapalhar seus planos. **Favorável para Marte e Saturno.**

17 Pense "fora da caixa" e poderá encontrar soluções onde a visão dos demais não alcança. Siga sua intuição e saiba o momento certo de agir. **Favorável para Lua e Netuno.**

18 Podemos estar um pouco distraídos, com muita agitação interior, ou nos sentirmos estabanados ao interagir com o mundo. Preste atenção aos seus gestos e palavras; não se comprometa sem necessidade. **Desfavorável para Lua e Vênus.**

19 Pensamento rápido e respostas certeiras farão toda a diferença neste dia; procure manter o foco e não se intimide em mostrar suas capacidades. Se precisar, siga um roteiro escrito para não se perder. **Favorável para Mercúrio e Marte.**

20 Por algumas conquistas, vale a pena esperar. Esteja pronto para fazer os movimentos certos e se aproximar de suas metas, ainda que pareçam ambiciosas demais. No amor, busque a estabilidade do compromisso ético. **Favorável para Vênus e Júpiter.**

21 Nossas ações precisam ser coerentes com nossa forma de pensar e interpretar a vida; não é possível sustentar por muito tempo posturas que não encontram fundamento em valores sólidos. Harmonize o falar e o agir. **Favorável para Marte e Saturno.**

22 Dia propício à tomada de decisões firmes para interromper condutas autodestrutivas e abandonar vícios e compulsões; assuma uma posição. **Favorável para Lua e Plutão.**

23 Abra-se a novas ideias e formas de agir; não precisamos ser os mesmos de sempre e podemos nos aprimorar a qualquer momento. **Favorável para Vênus e Mercúrio.**

24 Corrija aquilo que vinha saindo do seu planejamento e retome a condução de sua vida. Nem tudo acontece como queremos, mas podemos nos manter na direção almejada. **Favorável para Marte e Saturno.**

25 Tensão pelo ar e excesso de crítica podem ser difíceis de controlar. Observe-se mais e procure manter um ambiente de tranquilidade, deixando assuntos conflituosos para outro momento. **Desfavorável para Lua e Vênus.**

26 Permita que o amor dissolva suas armaduras, para que possa transformar as situações para o bem de todos, inclusive o seu. Lembre-se de que a vida não precisa ser sofrida. **Favorável para Lua e Plutão.**

27 Voltar a fluir com a vida e sentir que se pode mais hoje – essa é a tônica do dia. Perceba como agora você tem mais recursos e pode assumir as próprias escolhas. **Favorável para Vênus e Marte.**

28 Algumas mudanças são inevitáveis; não resista ao que vem se mostrando necessário apenas por teimosia. O momento pede flexibilidade e adaptação. **Favorável para Vênus e Urano.**

29 A Lua Cheia pede coragem para não desistir do que realmente é importante para você, porém é preciso imprimir certo grau de desapego a sua vida. Escolha sabiamente. **Favorável para Mercúrio e Saturno.**

30 Algumas mudanças podem nos assustar, parecendo grandes ou definitivas demais. Mas, se persistirmos em ser leais a nós mesmos, logo nos acostumaremos aos novos cenários e recuperaremos a segurança. **Favorável para Lua e Urano.**

31 Mais atenção para o corpo, a autoestima e o amor. Ame com devoção quem está ao seu lado, mas lembre-se de se amar primeiro; tudo o que você dedica ao outro precisa ser uma realidade para si mesmo. **Favorável para Vênus e Plutão.**

Novembro

1º Atenção, carinho e gentileza precisam estar presentes nas relações mais importantes. Pode ser bom conversar a respeito ou renovar as ideias aprendendo com outros exemplos. **Favorável para Mercúrio e Vênus.**

2 Dia produtivo para quem planeja e se mantém fiel à sua organização; tudo tem seu tempo, e quando sabemos esperar somos bem recompensados. Novos planos são bem-vindos. **Favorável para Mercúrio e Marte.**

3 Momento especial, de muita potência no céu, em que podemos nos sintonizar com a capacidade geradora e próspera dos elementos Terra e Água. Acolha seus sonhos e planeje os próximos passos com intenções firmes e sinceras. **Favorável para todos os planetas.**

4 Quando estamos comprometidos com nossos ideais, ouvir demais os outros nos desanima e tira do prumo. Não tente convencer ninguém; refugie-se na certeza de que só você sabe o que realmente lhe importa e quanto isso vale. **Favorável para Sol e Marte.**

5 Cuidado com os pensamentos derrotistas, que fazem as dificuldades parecerem maiores do que são na realidade. Há coisas pelas quais vale a pena lutar. **Favorável para Marte e Netuno.**

6 Observe se aquilo a que você se dedica hoje é algo que lhe traz verdadeira alegria. Intolerância ou irritação constante com os outros pode ser sinal de que não está sendo verdadeiro consigo mesmo. **Favorável para Mercúrio e Plutão.**

7 Lua em conjunção a Lilith e em oposição a Saturno pede que sejamos mais generosos conosco, acolhendo nossos medos e vulnerabilidades como um alerta de que precisamos nos fortalecer em algum aspecto que esteja sendo negligenciado. **Favorável para Lua e Júpiter.**

8 A vida material precisa de mais atenção e ordem; planeje seus gastos e atualize suas ferramentas financeiras, incorporando as novidades eletrônicas que facilitam o dia a dia. Vênus ingressa em Libra, fortalecendo as finanças e as relações afetivas. **Favorável para Mercúrio e Vênus.**

9 Cuidar da estabilidade financeira permite que nos dediquemos com mais tranquilidade a outras áreas da vida. No amor, a vida pede renovação. **Favorável para Vênus e Plutão.**

10 Bons acordos e parcerias se fazem com tato, respeito e reciprocidade. Mercúrio ingressa em Sagitário e dá uma pitada de ousadia para irmos mais longe. **Favorável para Vênus e Mercúrio.**

11 A Lua balsâmica nos faz perceber o valor das relações cooperativas, por meio das quais podemos encontrar segurança emocional e alcançar metas maiores que só a união de forças permite. **Favorável para Lua e Saturno.**

12 Um dia de muita sensibilidade e emoções à flor da pele; considere silenciar um pouco e dar uma pausa nos compromissos para poder atravessar suas águas interiores. **Desfavorável para Marte e Saturno.**

13 A Lua Nova em Escorpião acontece em conjunção a Marte e nos ensina a força que tem o desejo, dando garra para transformarmos nossa realidade e conquistarmos metas mais ambiciosas, sobretudo na área profissional. Ative seu senso de oportunidade. **Favorável para Marte e Plutão.**

14 Para uma mente firme, as palavras têm muito poder e podem atrair rapidamente o que queremos para perto de nós. Seja certeiro no falar; menos é mais. **Favorável para Mercúrio e Plutão.**

15 Dia excelente para se socializar, fazer novos contatos e expandir as amizades. E, se for com alegria e celebração, fica ainda melhor. Procure se divertir mais. **Favorável para Mercúrio e Vênus.**

16 Podemos estar lidando com uma mente mais agitada que o normal ou com pensamentos insistentes que nos mantêm distanciados do mundo real. Procure voltar a atenção para o momento presente. **Favorável para Lua e Saturno.**

17 Seja mais criativo, para que suas ambições saiam do papel. Para fazer a diferença, é preciso oferecer algo que só você é capaz de realizar. Confie mais em si mesmo. **Favorável para Lua e Urano.**

18 O céu hoje tem energias fluentes para dinamizar a capacidade de autoafirmação. Ative sua intuição para reconhecer as oportunidades e fazer o movimento preciso no momento certo. **Favorável para Marte e Plutão.**

19 Boas alianças e parcerias podem ser seladas neste dia; use de toda sua simpatia e capacidade de comunicação para se fazer entender. Aposte em bons momentos a dois. **Favorável para Mercúrio e Vênus.**

20 Céu tenso que pede atenção no agir. Observe suas emoções e reatividade; alguns sentimentos podem estar aflorados demais e interferir em seus objetivos. **Desfavorável para Sol e Saturno.**

21 Bom dia para colocar toda a sua capacidade inventiva em ação; muita criatividade e sensibilidade ajudarão a traçar caminhos para a materialização de seus sonhos. Cuidado com as distrações. **Favorável para Marte e Netuno.**

22 Desenvolver uma visão de longo prazo, que leve em conta possíveis desdobramentos e consequências de nossas escolhas atuais, pode ajudar a definir os melhores passos a seguir. Seja estratégico. O Sol ingressa em Sagitário. **Favorável para Marte e Plutão.**

23 Considere se aproximar das pessoas com quem possa aprender mais e melhor. Tornamo-nos maiores quando absorvemos outros pontos de vista que não alcançaríamos sozinhos. **Favorável para Mercúrio e Vênus.**

24 Reconquistar sua autonomia pode ser um caminho de curas profundas. Preservando a individualidade, é possível ter relações colaborativas com os outros e ainda assim manter sua liberdade. Marte ingressa em Sagitário, deixando-o mais confiante. **Favorável para Sol e Marte.**

25 Não desperdice seus dons e talentos em procrastinações infinitas; existe algo que só você é capaz de fazer, e foi para isso que você nasceu. **Favorável para Lua e Júpiter.**

26 Amar sempre vale a pena, e toda forma de amar é bem-vinda, desde que seja verdadeira. Busque mais leveza e alegria em suas relações. **Favorável para Vênus e Urano.**

27 Uma Lua Cheia e tensa pede cautela para não abandonarmos nossos projetos de vida. Às vezes, só o que precisamos é de um sopro renovador para continuar em outro momento. **Desfavorável para Sol e Saturno.**

28 Uma mente excessivamente estimulada e com mais ideias do que pode processar pode gerar certa ansiedade e desencontros. Procure priorizar os assuntos mais urgentes e deixe temas sensíveis para outra hora. **Desfavorável para Mercúrio.**

29 Para reencontrar a calma e a confiança, pode ser necessário nos interiorizarmos um pouco, distanciando-nos da correria de forma intencional. **Favorável para Lua e Saturno.**

30 Emoções transbordantes podem ser mais bem vivenciadas se tivermos conforto e acolhimento para que as curas aconteçam. Procure se cercar de pessoas e ambientes de confiança. **Favorável para Lua.**

Dezembro

1º Muita sensibilidade e capacidade criativa pelo ar podem dificultar atividades que exijam concentração; mantenha a leveza e respeite seus processos. Mercúrio entra em Capricórnio e pede objetividade nas comunicações. **Favorável para Lua e Netuno.**

2 Dia mais animado, que o dotará de entusiasmo e vontade de fazer as coisas acontecerem logo. Acredite em sua capacidade e confie que dará conta dos próprios desafios. **Favorável para Sol e Marte.**

3 Nossa força pode ficar estagnada por conta da rigidez e falta de adaptabilidade. Observe o que pode ser feito de outra forma, mas que ainda assim atinja os mesmos resultados. **Favorável para Mercúrio e Saturno.**

4 Lua e Lilith pelo céu mostram à consciência que você não pode se esconder, desacreditando dos próprios méritos. É hora de se apropriar de suas habilidades e experiência já adquiridas para brilhar mais e alcançar suas metas. Vênus ingressa em Escorpião e inflama sua determinação. **Favorável para Lua e Júpiter.**

5 Com o elemento Terra vibrando forte no céu, podemos voltar nossa atenção para as conquistas materiais, que hoje dependem de mais planejamento, ordenação e persistência. Vênus ingressa em Escorpião, dotando-nos de mais determinação. **Favorável para Mercúrio e Júpiter.**

6 Os céus nos favorecem quando nos dedicamos seriamente ao nosso propósito de vida, trazendo reconhecimento material e mais oportunidades. Abrace seu caminho de crescimento e se responsabilize por suas conquistas. **Favorável para Lua e Plutão.**

7 Boas conexões neste dia que favorece os encontros e fortalece os relacionamentos; busque inspiração nas artes e na espiritualidade para enriquecer os momentos a dois. **Favorável para Mercúrio e Júpiter.**

8 Romance, mistério e sedução no ar tornam este dia especial para novas conquistas, especialmente no caso daqueles que adoram descobrir territórios ainda inexplorados. Seja arrojado e confie em seu charme. **Favorável para Mercúrio e Vênus.**

9 Nos relacionamentos, podemos nos sentir mais confiantes para aprofundar o vínculo e vivenciarmos uma entrega verdadeira a nossos pares. Em um clima de mais intimidade, revelações importantes podem acontecer. **Favorável para Vênus e Saturno.**

10 A Lua balsâmica nos deixa mais introspectivos, e poderemos reconhecer mensagens em poderosos sonhos e *insights* ao longo do dia. Conquistas importantes podem ter acontecido nesta lunação, principalmente a cura de antigas dores emocionais. **Favorável para Lua e Saturno.**

11 Quando estamos dispostos a nos superar, desapego e renúncia aliviam a carga para podermos caminhar até mais longe, rumo a novos horizontes. Deixe ir embora tudo o que ainda o prende a um passado dolorido. **Favorável para Lua e Plutão.**

12 Certos excessos e desperdícios precisam ser eliminados para que tenhamos espaços, internos e externos, para voltarmos a crescer. Dedique sua energia ao que importa de verdade. **Favorável para Lua e Marte.**

13 A Lua Nova em Sagitário abre em conjunção a Marte e traz o elemento Fogo para abrilhantar nossa vida com mais coragem e criatividade. Há entusiasmo e confiança para seguirmos adiante. Mercúrio inicia sua retrogradação, prejudicando a comunicação. **Favorável para Sol e Marte.**

14 Quando observamos melhor nossas emoções e passamos a reconhecê-las, também aprendermos a criar ambientes mais seguros para podermos nos expressar sem medo. Se não estiver com pessoas de sua confiança, preserve-se mais. **Favorável para Lua e Saturno.**

15 Certos aspectos da vida coletiva podem nos tomar de assalto e desestabilizar nossas emoções. Procure se manter mais atento ao que realmente se passa com você, pois nem tudo o que está no mundo pode atingi-lo diretamente. Cautela nos assuntos financeiros. **Favorável para Lua e Plutão.**

16 Pode ser difícil manter relacionamentos muito próximos; um pouco de liberdade e novos ares podem fazer bem. Observe sua necessidade de fusionamento; cuidado com a dependência emocional. **Desfavorável para Vênus e Júpiter.**

17 Dia de muita receptividade aos estímulos intelectuais; preencha seu dia com mais cultura, boas leituras e debates saudáveis. **Favorável para Mercúrio e Júpiter.**

18 Eventos do passado podem voltar à memória, pedindo que sejam revistos e ressignificados. Esteja sensível a esse aspecto mais sutil para não perder a chance de acomodar melhor algum assunto que precise ser mais bem digerido. **Favorável para Lua e Saturno.**

19 Dia de intuições mais afloradas, em que você poderá se perder em águas internas; será importante reduzir o ritmo dos compromissos. Atenção aos sonhos e às revelações sobre o passado. **Favorável para Lua e Netuno.**

20 A mente mais crítica e pessimista pode atrasar os planos ao longo do dia; procure dar objetividade aos pensamentos e não se furte a boas oportunidades, principalmente no âmbito profissional. **Favorável para Mercúrio e Júpiter.**

21 Alguns assuntos podem estar retornando pouco a pouco nos últimos dias, pedindo a chance de serem reconsiderados, perdoados e liberados. Esteja sensível para reconhecer que algumas culpas são muito pesadas, e que você pode viver sem esse fardo agora. **Favorável para Sol, Mercúrio e Júpiter.**

22 Mercúrio está no coração do Sol, que acabou de ingressar em Capricórnio e anuncia o solstício de verão, encorajando-nos a tarefas mais árduas e trazendo senso de realidade. Dia propício para cuidar dos assuntos da vida material e planejar questões financeiras. **Favorável para Júpiter e Saturno.**

23 Inquietações na área afetiva podem afetar a maneira como nos comportamos com nosso par e nos deixar um pouco confusos. É preciso lembrar tudo o que foi sonhado a dois e como pode ser apaziguador recuperar essa cumplicidade. **Desfavorável para Vênus e Urano.**

24 Na véspera do Natal, a Lua em Gêmeos se harmoniza com Plutão, trazendo novos ares para os relacionamentos e prometendo mais leveza e conexão em uma noite especial. Para alguns, este será um tempo de mais liberdade e o momento ideal para começar outras histórias. **Favorável para Lua e Plutão.**

25 Neste Natal pode ser importante circular, viajar e visitar pessoas queridas. Ouvir histórias familiares poderá ajudá-lo a relacionar

pontos importantes de sua própria trajetória. **Favorável para Mercúrio e Saturno.**

26 Podemos estar entrando em contato com aspectos difíceis do nosso passado, que causem incômodo ou raiva. Cuidado com essas reações; será mais aconselhável recolher-se um pouco e esperar as emoções se acomodarem melhor. **Desfavorável para Mercúrio e Marte.**

27 A Lua Cheia canceriana traz à tona toda a intensidade das emoções represadas, e precisaremos nos respeitar e acolhê-las, para que essas águas limpem nosso coração. Liberte-se das culpas do passado e tenha em mente que hoje é possível fazer diferente. **Favorável para Lua e Saturno.**

28 O sucesso das relações atuais depende de você estar livre de pendências dos relacionamentos anteriores. Que tal fazer as reparações possíveis com pessoas do seu passado e liberar toda a mágoa que ainda possa estar intoxicando suas emoções? **Favorável para Lua e Vênus.**

29 Transformações profundas podem acontecer nos relacionamentos a partir de agora se reconhecermos que não temos controle sobre o outro e que muitas vezes estivemos presos nas próprias idealizações. Vênus ingressa em Sagitário e fortalece a confiança. **Favorável para Vênus e Plutão.**

30 Compreender nossas incapacidades nos torna também mais sensíveis para aceitar falhas, medos e a falta de fé. Tudo isso pode ser restaurado hoje com uma atitude mais coerente à nossa essência, conectada com quem somos de verdade. Vênus entra em Sagitário, ativando a positividade. **Favorável para Mercúrio e Marte.**

31 No último dia do ano, a Lua vai se aproximando de Lilith e nos sensibilizando para a necessidade de mantermos as coisas mais simples, sem grandes complicações nem dramas. Tudo pode ser melhor acomodado com boa vontade e no devido tempo. Desfrute os bons momentos. **Favorável para Sol, Lua e Júpiter.**

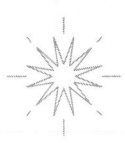

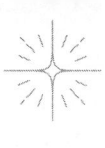

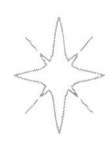

FENÔMENOS NATURAIS 2023

COMEÇO DAS ESTAÇÕES

Estações	Data do início	Horário
Outono	20/3	18h26
Inverno	21/6	11h59
Primavera	23/9	3h51
Verão	22/12	0h28

ECLIPSES

Data	Hora	Astro	Tipo	Grau	Magnitude
20/4	1h14	Sol	Anular total	29°50' de Áries	1'16"
5/5	14h35	Lua	Anular	14°58' de Escorpião	0.964
14/10	14h56	Sol	Anular	21°8' de Libra	5'17"
28/10	17h25	Lua	Parcial	5°9' de Touro	0.122

FASES DA LUA EM 2023

Janeiro

Dia	Fase	Horário	Grau
6	Cheia	20h09	16°22' de Câncer
14	Minguante	23h11	24°38' de Libra
21	Nova	17h54	1°33' de Aquário
28	Crescente	12h 20	8°26' de Touro

Fevereiro

Dia	Fase	Horário	Grau
5	Cheia	15h30	16°41' de Leão
13	Minguante	13h02	24°40' de Escorpião
20	Nova	4h07	1°22' de Peixes
27	Crescente	5h07	8°27' de Gêmeos

Março

Dia	Fase	Horário	Grau
7	Cheia	9h42	16°40' de Virgem
14	Minguante	23h09	24°13' de Sagitário
21	Nova	14h24	0°50' de Áries
28	Crescente	23h34	8°09' de Câncer

Abril

Dia	Fase	Horário	Grau
6	Cheia	1h36m	16°7' de Libra
13	Minguante	6h13	23°11' de Capricórnio
20	Nova	1h14	29°50' de Áries
27	Crescente	18h21	7°21' de Leão

Maio

Dia	Fase	Horário	Grau
5	Cheia	14h35	14°58' de Escorpião
12	Minguante	11h29	21°37' de Aquário
19	Nova	12h54	28°25' de Touro
27	Crescente	12h23	6°06' de Virgem

Junho

Dia	Fase	Horário	Grau
4	Cheia	0h43	13°18' de Sagitário
10	Minguante	16h33	19°40' de Peixes
18	Nova	1h38	26°43' de Gêmeos
26	Crescente	4h51	4°29' de Libra

Julho

Dia	Fase	Horário	Grau
3	Cheia	8h40	11°19' de Capricórnio
9	Minguante	22h49	17° 36' de Áries
17	Nova	15h33	24° 56' de Câncer
25	Crescente	19h08	2°43' de Escorpião

Agosto

Dia	Fase	Horário	Grau
1º	Cheia	15h33	9°16' de Aquário
8	Minguante	7h30	15°39' de Touro
16	Nova	6h39	23°17' de Leão
24	Crescente	6h58	1°00' de Sagitário
30	Cheia	22h37	7°25' de Peixes

Setembro

Dia	Fase	Horário	Grau
6	Minguante	19h 22	14°04' de Gêmeos
14	Nova	22h41	21°59' de Virgem
22	Crescente	16h 33	29°32' de Sagitário
29	Cheia	6h59	6°00' de Áries

Outubro

Dia	Fase	Horário	Grau
6	Minguante	10h49	13°03' de Câncer
14	Nova	14h56	21°08' de Libra
22	Crescente	0h31	28°28' de Capricórnio
28	Cheia	17h25	5°09' de Touro

Novembro

Dia	Fase	Horário	Grau
5	Minguante	5h38	12°40' de Leão
13	Nova	6h29	20°44' de Escorpião
20	Crescente	7h51	27°51' de Aquário
27	Cheia	6h17	4°51' de Gêmeos

Dezembro

Dia	Fase	Horário	Grau
5	Minguante	2h50	12°49' de Virgem
12	Nova	20h33	20°40' de Sagitário
19	Crescente	15h40	27°35' de Peixes
26	Cheia	21h34	4°58' de Câncer

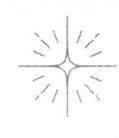

Tudo o que Você Precisa Saber Sobre a Lua em 2023

Desde que os homens começaram a observar os fenômenos da natureza, constataram que eles sempre eram influenciados pela Lua. Logo, viram que a Lua também influenciava os aspectos de nossa vida, e atualmente todos reconhecem que tanto a Lua quanto o Sol têm tudo a ver com o nosso destino.

A Lua influencia as emoções e os sentimentos das pessoas, interferindo nos relacionamentos humanos. Vejamos então qual será a influência da Lua nos signos neste ano.

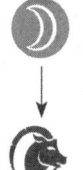

Lua em Áries: Favorece muitas mudanças importantes, mesmo que não sejam tão estáveis. As emoções contraditórias predominam. Controle as emoções usando o raciocínio e sendo prático. Lembre-se de que nada dura para sempre.

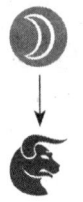

Lua em Touro: Você estará muito mais teimoso do que de costume, porém os demais respeitarão seus sentimentos. Se tiver oportunidade, faça aquela tão sonhada viagem, pois o momento é favorável. Também será um período de mudanças no lar. A dica é não se aborrecer com eventuais contratempos e contrariedades.

Lua em Gêmeos: Esta Lua trará dúvidas quanto ao seu modo de agir, provocando insegurança. Portanto, nesse período, é preferível adiar seus projetos, postergando decisões importantes tanto no campo pessoal quanto no profissional.

Lua em Câncer: Está na hora de usar toda a sua sensibilidade para começar a agir. Os projetos antes deixados em segundo plano têm enormes possibilidades de frutificar, e você se sairá bem no que ousar empreender. Período bom também para iniciar relacionamentos.

Lua em Leão: Uma atitude positiva será de vital importância, bem como um pouco de ousadia. A Lua é favorável à ação decidida; não tenha hesitações, vá em frente sem temor, pois tudo dará certo. Mantenha a perseverança e será bastante próspero.

Lua em Virgem: Não seja tão crítico, pois isso só lhe trará aborrecimentos. Lembre-se de que as pessoas agem de forma diferente da sua, obtendo os mesmos resultados. Se tiver paciência, o sucesso o encontrará – "A pressa é inimiga da perfeição", assim diz o ditado.

Lua em Libra: Continue mantendo o equilíbrio. Será um período de muito sucesso e poucos aborrecimentos, mas não pode haver nenhum tipo de exagero nem de carência; tudo tem de estar na dose certa. Mantenha uma atitude saudável.

Lua em Escorpião: Mantenha os pés firmes no chão e não se aborreça demais com as críticas alheias. Tente não dar ouvidos a pensamentos vingativos, pois os efeitos serão danosos. Siga em frente com bastante calma, pois sempre é possível melhorar.

Lua em Sagitário: Ótimo período para uma viagem, seja ela de trabalho ou de lazer; lugares antes desconhecidos serão uma inspiração em sua vida. Novos relacionamentos estarão em foco; continue levando a vida com otimismo e alegria. Período bom também para iniciar novos projetos.

Lua em Capricórnio: Seriedade demais será de pouca ajuda; seja mais leve e flexível, e isso lhe trará muita sorte e prosperidade. Bom período para fazer apostas. Procure também controlar seus impulsos para não bater de frente com as pessoas de sua convivência.

Lua em Aquário: Tudo indica uma melhora em sua situação. As coisas ficarão mais tranquilas daqui em diante. Um novo relacionamento trará bastante alegria, influenciando positivamente até mesmo o equilíbrio de sua saúde. Embora com prudência, aproveite bem esse período.

Lua em Peixes: Sensibilidade à flor da pele. Tudo o que ousar empreender neste período frutificará, tornando-se um sucesso. Não se aborreça com pequenas coisas. Viva e deixe viver, e dedique uma atenção especial a sua saúde. Tente evitar intrigas familiares.

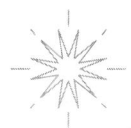

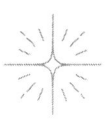

TABELA DAS LUAS FORA DE CURSO

Último Aspecto		Entrada da Lua num Novo Signo		
Dia	Hora	Dia	Signo	Hora
Janeiro de 2023				
2	19h18	2	Gêmeos	23h45
4	21h09	5	Câncer	11h16
7	19h24	7	Leão	23h41
9	22h54	10	Virgem	12h16
12	20h08	12	Libra	23h58
15	5h41	15	Escorpião	9h09
17	11h28	17	Sagitário	14h34
19	7h10	19	Capricórnio	16h13
21	12h53	21	Aquário	15h30
23	7h20	23	Peixes	14h37
25	13h13	25	Áries	15h49
27	18h02	27	Touro	20h44
30	2h53	30	Gêmeos	5h36
Fevereiro de 2023				
1º	8h59	1º	Câncer	17h13
4	3h20	4	Leão	5h50
6	11h17	6	Virgem	18h15
9	3h41	9	Libra	5h48
11	13h42	11	Escorpião	15h36
13	20h53	13	Sagitário	22h32
15	22h07	16	Capricórnio	2h01
18	1h19	18	Aquário	2h36
19	23h01	20	Peixes	1h57
22	1h07	22	Áries	2h15
24	4h23	24	Touro	5h30
26	11h44	26	Gêmeos	12h49
28	22h08	28	Câncer	23h41

Último Aspecto		Entrada da Lua num Novo Signo		
Dia	Hora	Dia	Signo	Hora
Março de 2023				
3	11h24	3	Leão	12h17
6	0h20	6	Virgem	0h40
8	11h08	8	Libra	11h45
10	20h38	10	Escorpião	21h07
13	4h00	13	Sagitário	4h22
15	5h51	15	Capricórnio	9h07
17	11h15	17	Aquário	11h26
19	7h34	19	Peixes	12h13
21	12h59	21	Áries	13h02
23	14h14	23	Touro	15h43
25	13h20	25	Gêmeos	21h43
27	22h40	28	Câncer	7h23
30	10h47	30	Leão	19h32
Abril de 2023				
2	3h04	2	Virgem	7h58
4	10h51	4	Libra	18h52
6	9h44	7	Escorpião	3h30
9	6h10	9	Sagitário	9h58
11	7h49	11	Capricórnio	14h34
13	11h15	13	Aquário	17h43
15	12h17	15	Peixes	19h58
17	15h58	17	Áries	22h10
20	1h14	20	Touro	1h31
22	0h42	22	Gêmeos	7h12
24	9h16	24	Câncer	16h00
26	20h42	27	Leão	3h31
29	7h54	29	Virgem	16h00

Último Aspecto		Entrada da Lua num Novo Signo		
Dia	Hora	Dia	Signo	Hora
Maio 2023				
1º	20h54	2	Libra	3h10
4	6h18	4	Escorpião	11h33
6	11h39	6	Sagitário	17h05
8	17h29	8	Capricórnio	20h34
10	20h53	10	Aquário	23h07
13	0h16	13	Peixes	1h40
14	23h58	15	Áries	4h57
17	6h11	17	Touro	9h29
19	14h52	19	Gêmeos	15h49
21	19h13	22	Câncer	0h30
24	6h13	24	Leão	11h36
26	3h39	27	Virgem	0h06
29	6h47	29	Libra	11h52
31	11h55	31	Escorpião	20h46
Junho 2023				
2	21h52	3	Sagitário	2h05
5	0h25	5	Capricórnio	4h32
7	1h41	7	Aquário	5h43
9	1h25	9	Peixes	7h15
11	10h21	11	Áries	10h22
13	15h28	13	Touro	15h32
15	22h38	15	Gêmeos	22h47
18	3h25	18	Câncer	7h59
20	18h44	20	Leão	19h05
22	14h02	23	Virgem	7h36
25	19h25	25	Libra	19h58
28	5h20	28	Escorpião	5h57
30	11h21	30	Sagitário	12h01

Último Aspecto		Entrada da Lua num Novo Signo		
Dia	Hora	Dia	Signo	Hora
Julho 2023				
2	10h34	2	Capricórnio	14h21
4	13h47	4	Aquário	14h31
6	10h43	6	Peixes	14h34
8	15h23	8	Áries	16h20
10	20h12	10	Touro	20h57
13	3h12	13	Gêmeos	4h27
15	9h37	15	Câncer	14h15
18	0h07	18	Leão	1h41
20	11h10	20	Virgem	14h14
23	1h07	23	Libra	2h55
25	12h06	25	Escorpião	13h56
27	19h37	27	Sagitário	21h25
29	20h52	30	Capricórnio	0h45
Agosto 2023				
31/07	23h14	1º	Aquário	0h59
2	18h17	3	Peixes	0h07
4	22h22	5	Áries	0h20
7	1h14	7	Touro	3h26
9	7h40	9	Gêmeos	10h06
11	14h28	11	Câncer	19h53
14	4h48	14	Leão	7h37
16	6h39	16	Virgem	20h15
19	5h52	19	Libra	8h55
21	17h32	21	Escorpião	20h23
24	2h11	24	Sagitário	5h09
26	8h57	26	Capricórnio	10h06
28	8h50	28	Aquário	11h33
30	0h05	30	Peixes	10h58

Último Aspecto		Entrada da Lua num Novo Signo		
Dia	Hora	Dia	Signo	Hora
Setembro 2023				
1º	7h37	1º	Áries	10h26
3	8h58	3	Touro	12h01
5	13h47	5	Gêmeos	17h08
7	19h23	8	Câncer	2h01
10	9h48	10	Leão	13h37
12	12h07	13	Virgem	2h19
15	10h51	15	Libra	14h46
17	22h07	18	Escorpião	1h59
20	7h23	20	Sagitário	11h07
22	16h33	22	Capricórnio	17h21
24	17h07	24	Aquário	20h31
26	9h40	26	Peixes	21h19
28	17h59	28	Áries	21h18
30	18h51	30	Touro	22h19
Outubro 2023				
2	22h21	3	Gêmeos	2h04
5	3h36	5	Câncer	9h33
7	16h13	7	Leão	20h26
10	6h38	10	Virgem	9h03
12	17h12	12	Libra	21h23
15	4h02	15	Escorpião	8h05
17	12h45	17	Sagitário	16h38
19	16h03	19	Capricórnio	22h56
22	3h02	22	Aquário	3h07
23	16h05	24	Peixes	5h34
26	3h40	26	Áries	7h03
28	5h21	28	Touro	8h45
30	8h37	30	Gêmeos	12h09

Tabela das Luas fora de curso

Último Aspecto		Entrada da Lua num Novo Signo		
Dia	Hora	Dia	Signo	Hora
Novembro 2023				
1º	9h38	1º	Câncer	18h31
4	0h29	4	Leão	4h22
6	4h26	6	Virgem	16h40
9	1h56	9	Libra	5h09
11	12h07	11	Escorpião	15h40
13	20h05	13	Sagitário	23h24
15	19h58	16	Capricórnio	4h43
18	5h29	18	Aquário	8h29
20	7h51	20	Peixes	11h30
22	12h11	22	Áries	14h21
24	14h42	24	Touro	17h30
26	18h53	26	Gêmeos	21h41
28	22h04	29	Câncer	3h55
Dezembro 2023				
1º	10h08	1º	Leão	13h02
3	23h12	4	Virgem	0h51
6	10h51	6	Libra	13h36
8	22h06	9	Escorpião	0h36
11	5h58	11	Sagitário	8h12
13	3h50	13	Capricórnio	12h33
15	13h05	15	Aquário	14h57
17	9h05	17	Peixes	16h59
19	18h05	19	Áries	19h48
21	23h48	21	Touro	23h51
24	3h41	24	Gêmeos	5h16
26	4h57	26	Câncer	12h16
28	19h58	28	Leão	21h24
31	2h19	31	Virgem	8h54

TÁBUA LUNAR EM 2023

JANEIRO			
Gêmeos	23h45 do dia 2	**Capricórnio**	16h13 do dia 19
Câncer	11h16 do dia 5	**Aquário**	15h30 do dia 21
Leão	23h41 do dia 7	**Peixes**	14h37 do dia 23
Virgem	12h16 do dia 10	**Áries**	15h49 do dia 25
Libra	23h58 do dia 12	**Touro**	20h44 do dia 27
Escorpião	9h09 do dia 15	**Gêmeos**	5h36 do dia 30
Sagitário	14h34 do dia 17		

FEVEREIRO			
Câncer	17h13 do dia 1º	**Aquário**	2h36 do dia 18
Leão	5h50 do dia 4	**Peixes**	1h57 do dia 20
Virgem	18h15 do dia 6	**Áries**	2h15 do dia 22
Libra	5h48 do dia 9	**Touro**	5h30 do dia 24
Escorpião	15h36 do dia 11	**Gêmeos**	12h49 do dia 26
Sagitário	22h32 do dia 13	**Câncer**	23h41 do dia 28
Capricórnio	2h01 do dia 16		

MARÇO			
Leão	12h17 do dia 3	**Peixes**	12h13 do dia 19
Virgem	0h40 do dia 6	**Áries**	13h02 do dia 21
Libra	11h45 do dia 8	**Touro**	15h43 do dia 23
Escorpião	21h07 do dia 10	**Gêmeos**	21h43 do dia 25
Sagitário	4h22 do dia 13	**Câncer**	7h23 do dia 28
Capricórnio	9h07 do dia 15	**Leão**	19h32 do dia 30
Aquário	11h26 do dia 17		

ABRIL			
Virgem	7h58 do dia 2	**Áries**	22h10 do dia 17
Libra	18h52 do dia 4	**Touro**	1h31 do dia 20
Escorpião	3h30 do dia 7	**Gêmeos**	7h12 do dia 22
Sagitário	9h58 do dia 9	**Câncer**	16h00 do dia 24
Capricórnio	14h34 do dia 11	**Leão**	3h31 do dia 27
Aquário	17h43 do dia 13	**Virgem**	16h00 do dia 29
Peixes	19h58 do dia 15		

MAIO			
Libra	3h10 do dia 2	**Touro**	9h29 do dia 17
Escorpião	11h33 do dia 4	**Gêmeos**	15h49 do dia 19
Sagitário	17h05 do dia 6	**Câncer**	0h30 do dia 22
Capricórnio	20h34 do dia 8	**Leão**	11h36 do dia 24
Aquário	23h07 do dia 10	**Virgem**	0h06 do dia 27
Peixes	1h40 do dia 13	**Libra**	11h52 do dia 29
Áries	4h57 do dia 15	**Escorpião**	20h46 do dia 31

JUNHO			
Sagitário	2h05 do dia 3	**Câncer**	7h59 do dia 18
Capricórnio	4h32 do dia 5	**Leão**	19h05 do dia 20
Aquário	5h43 do dia 7	**Virgem**	7h36 do dia 23
Peixes	7h15 do dia 9	**Libra**	19h58 do dia 25
Áries	10h22 do dia 11	**Escorpião**	5h57 do dia 28
Touro	15h32 do dia 13	**Sagitário**	12h01 do dia 30
Gêmeos	22h47 do dia 15		

JULHO			
Capricórnio	14h21 do dia 2	Leão	1h41 do dia 18
Aquário	14h31 do dia 4	Virgem	14h14 do dia 20
Peixes	14h34 do dia 6	Libra	2h55 do dia 23
Áries	16h20 do dia 8	Escorpião	13h56 do dia 25
Touro	20h57 do dia 10	Sagitário	21h25 do dia 27
Gêmeos	4h27 do dia 13	Capricórnio	0h45 do dia 30
Câncer	14h15 do dia 15		

AGOSTO			
Aquário	0h59 do dia 1º	Virgem	20h15 do dia 16
Peixes	0h07 do dia 3	Libra	8h55 do dia 19
Áries	0h20 do dia 5	Escorpião	20h23 do dia 21
Touro	3h26 do dia 7	Sagitário	5h09 do dia 24
Gêmeos	10h06 do dia 9	Capricórnio	10h06 do dia 26
Câncer	19h53 do dia 11	Aquário	11h33 do dia 28
Leão	7h37 do dia 14	Peixes	10h58 do dia 30

SETEMBRO			
Áries	10h26 do dia 1º	Escorpião	1h59 do dia 18
Touro	12h01 do dia 3	Sagitário	11h07 do dia 20
Gêmeos	17h08 do dia 5	Capricórnio	17h21 do dia 22
Câncer	2h01 do dia 8	Aquário	20h31 do dia 24
Leão	13h37 do dia 10	Peixes	21h19 do dia 26
Virgem	2h19 do dia 13	Áries	21h18 do dia 28
Libra	14h46 dia 15	Touro	22h19 do dia 30

OUTUBRO			
Gêmeos	2h04 do dia 3	Capricórnio	22h56 do dia 19
Câncer	9h33 do dia 5	Aquário	3h07 do dia 22
Leão	20h26 do dia 7	Peixes	5h34 do dia 24
Virgem	9h03 do dia 10	Áries	7h03 do dia 26
Libra	21h23 do dia 12	Touro	8h45 do dia 28
Escorpião	8h05 do dia 15	Gêmeos	12h09 do dia 30
Sagitário	16h38 do dia 17		

NOVEMBRO			
Câncer	18h31 do dia 1º	Aquário	8h29 do dia 18
Leão	4h22 do dia 4	Peixes	11h30 do dia 20
Virgem	16h40 do dia 6	Áries	14h21 do dia 22
Libra	5h09 do dia 9	Touro	17h30 do dia 24
Escorpião	15h40 do dia 11	Gêmeos	21h41 do dia26
Sagitário	23h24 do dia 13	Câncer	3h55 do dia 29
Capricórnio	4h43 do dia 16		

DEZEMBRO			
Leão	13h02 do dia 1º	Peixes	16h59 do dia 17
Virgem	0h51 do dia 4	Áries	19h48 do dia 19
Libra	13h36 do dia 6	Touro	23h51 do dia 21
Escorpião	0h36 do dia 9	Gêmeos	5h16 do dia 24
Sagitário	8h12 do dia 11	Câncer	12h16 do dia 26
Capricórnio	12h33 do dia 13	Leão	21h24 do dia 28
Aquário	14h57 do dia 15	Virgem	8h54 do dia 31

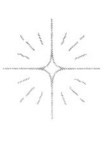

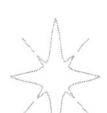

PREVISÕES PARA 2023 SEGUNDO A NUMEROLOGIA

Trata-se de um ano com muitas perspectivas e certo potencial para problemas também; tudo vai depender da atitude de cada um. O número 2 prenuncia trabalho, dinheiro e melhorias econômicas em geral. O número 3 indica assuntos familiares, amizades novas e mais conforto nos lares. O número 7 dá a tônica do ano. Será um ótimo período para exercer a espiritualidade, pois o homem voltará a se deparar com a fé em algo maior que ele mesmo. Depois dos últimos anos, isso é muito positivo, pois significa a retomada de antigos padrões de vida. Diante desse quadro, podemos definir 2023 como um ano de transição, sempre torcendo para que seja para algo melhor. A mensagem de 2023 é não desistir de nossos projetos e sempre sonhar alto.

- **Janeiro**: Aceite a ajuda dos outros com humildade, assim, obterá resultados mais rápidos em seus planos. Não permita que o sucesso lhe suba à cabeça, pois a vida é repleta de surpresas, entre elas, os altos e baixos. É preciso tempo para se adaptar às novidades, é verdade, mas sempre dá para chegar aonde sonhamos estar. Não crie fantasmas mentais para não se prejudicar. Tudo estará sob controle!

- **Fevereiro**: Se puder, faça uma pausa no trabalho e, se possível, uma breve viagem. Se não houver como, mude o ambiente de trabalho. Durante este mês, as coisas tendem a melhorar gradativamente e você estará aberto a novas perspectivas. Invista no lazer, pois ele é importante para a saúde.

✳ **Março**: Cuide da saúde, procure um médico e faça um *check-up*, afinal, é melhor prevenir do que remediar. Siga em frente sem muitas preocupações, alimente-se bem e equilibradamente, e cultive bons pensamentos. Guarde seus planos para si mesmo.

✳ **Abril**: Mesmo que tudo pareça ir mal neste período, tenha paciência, pois a situação vai melhorar. Uma nova ideia trará resultados ou ótimos ganhos monetários. Não vasculhe o passado; concentre-se no futuro próximo e agarre as oportunidades, pois terá sucesso!

✳ **Maio**: Existe uma lei inexorável, que é a lei do retorno. Se fizer algo errado, terá de arcar com as consequências. Às vezes esse retorno pode ser exagerado, portanto, pense sempre antes de agir. A situação no trabalho estará estável, e problemas familiares serão de fácil solução.

✳ **Junho**: Goze da companhia de familiares, pois o período será de intenso aprendizado de todas as partes. Problemas com filhos poderão ser a tônica deste mês, mas tenha paciência, porque logo isso vai mudar... A vida ensina, e com paciência e muita conversa tudo entrará nos eixos. Prepare-se psicologicamente.

✳ **Julho**: Tome cuidado com as palavras, pois elas têm força tanto para o bem quanto para o mal. Cuide da saúde bucal e evite doces, sobretudo se tiver tendência ao diabetes. Beba bastante água e não se exponha ao sol sem proteção. Aproveite o período para cuidar da saúde; nas demais áreas, tudo correrá com tranquilidade.

✳ **Agosto**: Cuidado com intrigas e falsas amizades. Considere a doação de roupas usadas; não guarde nada que não lhe sirva nem que não queira mais. Sorte prevista em jogos; a situação financeira terá uma sensível melhora. Quanto à saúde, ela dependerá muito de sua alimentação, havendo propensão a gripes e resfriados. Fique atento!

Setembro: Época propícia a viroses e crises alérgicas, portanto, cuide-se um pouco melhor. Mentalize coisas positivas e reserve um momento para reflexões em meio à natureza, por exemplo, em um parque. Pratique exercícios físicos e tire um tempo para atividades culturais; período bom para recarregar as baterias a fim de evitar o estresse mental e físico. Tudo dará certo, não se preocupe.

Outubro: Aceite trabalhar em algo diferente, pois esse trabalho lhe trará sorte. Explore todas as possibilidades que aparecerem, encarando os desafios e resolvendo pendências. Tire um tempinho para ouvir uma boa música, pois isso vai ajudá-lo em todos os aspectos. Muita sorte e oportunidades para este período.

Novembro: Cerque-se de pessoas generosas e de bom caráter. Jamais duvide de sua capacidade; apenas atente em fazer o bem. O final do ano será feliz e próspero, portanto, não se abale se houver algum tipo de perda. Coisas novas e boas lhe chegarão. Tente fazer uma lista de propósitos para o próximo ano.

Dezembro: O final do ano chegou e, com ele, a esperança de dias melhores. Não desanime se ainda não tiver obtido tudo o que deseja, pois talvez o consiga no próximo ano. Fique perto de quem o quer bem e tente fazer ao menos uma boa ação neste Natal. Vá em busca de sua felicidade; a Numerologia prevê muito boa sorte para este mês.

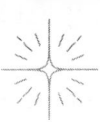

O ARCANO DO TARÔ DE 2023

A influência da carta *O Carro* no amor, na profissão, nos estudos e na saúde

São vários os sistemas oraculares que podem nos oferecer vislumbres e diretrizes sobre determinado período. Além da Astrologia, o Tarô tem sido aplicado com bastante eficácia para mostrar as principais tendências anuais, sobretudo as que dizem respeito a você e ao seu desenvolvimento pessoal.

Pela soma dos algarismos deste ano (2 + 0 + 2 + 3), obtemos o número 7, que, no Tarô, é o Arcano Maior intitulado O Carro. Ele faz menção a invenções, tecnologia, soberania e o triunfo de quem vai para um embate. Ao longo da história do oráculo, ele representou o veículo de diversos deuses: o carro de viagens celestes de Apolo, senhor da luz, da poesia e da inspiração; a carruagem de Osíris, triunfante, em procissões em sua homenagem; e o carro de combate de Ares, senhor da guerra, da ira e das grandes batalhas. O Carro é uma carta de rapidez, competitividade, deslocamento, obstinação e sucesso.

Sendo, portanto, O Carro o principal arcano deste período, pode-se contar com uma agilidade na maneira de expressar ideias ou mesmo de fazer valer toda a vontade que for genuína. A clareza de objetivos pode ser tão grande e rápida que os meios de comunicação tendem a facilitar e colaborar com contratos, entrevistas e mesmo com a execução sucinta de projetos.

A agilidade do arcano tende ainda a ser notada pelo grau de rapidez com que conversas, encontros e reuniões serão realizados ao longo dos meses. É como se fosse possível resolver várias pendências na metade do tempo, sem perder o fio da meada.

O ano dos caminhos abertos

Movimento. Eis a palavra principal e a condição magna de janeiro a dezembro de 2023. Neste ano tão auspicioso, O Carro lhe garante força de vontade para celebrar as novidades na rotina. Aliás, o termo "rotina" será repensado ao longo dos dias, já que imprevistos e surpresas corriqueiras tenderão a ser uma constante. A sensação de independência deve se instaurar na medida em que você ruma à concretização de seus objetivos. Concentração e determinação são dois ingredientes que, misturados à atitude, podem resultar no ouro do sucesso. Sem hesitação, o ano d'O Carro é o período em que você toma as rédeas de seu destino e ruma em direção aos próprios desejos, ao melhor que pode ser alcançado com base na autêntica vontade.

Quando as estradas do amor se abrem

Entusiasmo, expectativa e desejo. As características deste arcano para um assunto tão importante não poderiam ser melhores. Começando pelo amor, O Carro é um presságio bastante favorável para quem pretende iniciar uma relação estável. Aos solteiros, indica predisposição à conquista – tanto a decisão de tentar firmar namoro com alguém quanto a de ser alvo dessa conquista. Há, porém, o indício de relacionamentos rápidos, envolvimentos passageiros que também podem ser bem aproveitados.

Uma revisão do afeto

Para quem está em uma relação afetiva, o momento é favorável para o planejamento do progresso e da renovação da convivência. Um relacionamento importante pode muito bem ser associado ao próprio carro, no sentido de automóvel: ele precisa de uma revisão periódica para avaliação de seu funcionamento. Sendo assim, planejar viagens e trazer dinamismo a palavras e atitudes devem ser os principais artifícios para oxigenar a rotina e fazer com que os sentimentos se mantenham em alta. Fortalecer o vínculo afetivo significa estar ciente de todo e qualquer risco. Evite acidentes.

A caminho do prazer

No sexo, haverá ainda mais desenvoltura. Isso significa que aos solteiros a oferta poderá ser maior, assim como a atração física deverá determinar os rumos dos encontros ou das relações sem compromisso. O cuidado básico nesse campo imprescindível está na fatídica armadilha que é confundir desejo com amor, mesmo que temporário. A intensidade do afeto se espelha no sexo, que tende a ser inovador, com uma postura criativa e mais aberta por parte das pessoas envolvidas. Aos compromissados, a tônica será menos conversa e mais prazer, também, sempre que possível. O magnetismo, a admiração e o desejo de fazer o amor triunfar é o que O Carro confere a quem se predispõe a aprimorar a relação com quem ama.

A necessária concentração nos estudos

De acordo com a simbologia do número regente, são sete os dias da semana, os planetas clássicos do sistema solar e mesmo as maravilhas do mundo antigo. A estrada de 2023 está ladrilhada pelo algarismo da integridade, grandeza e plenitude. É um período para ver e, principalmente, mostrar-se aos olhos do mundo. A via do sucesso começa em você.

É O Carro, portanto, a carta do Tarô que prenuncia disposição redobrada à conquista da vitória, da objetividade dos planos e mesmo a impecabilidade naquilo que você planeja e executa. Nos estudos e no trabalho, a noção de começo, meio e fim deve prevalecer: novas ideias acompanhadas do vigor necessário para alcançar postos mais elevados, prestar concursos e elaborar projetos de forma amistosa, respeitando os limites e prevendo os objetivos. Nada executado contra a vontade terá tanto êxito quanto aquilo que fizer com um sorriso estampado no rosto. A disponibilidade vai favorecer bons resultados. Perceba seu senso crítico ainda mais apurado e seu poder de decisão ao longo dos meses.

Mais desenvoltura nos negócios

Malícia, jogo de cintura e bom manejo das palavras – em 2023, você tende a se sair melhor em relação a negociações porque O Carro inspira uma postura mais atenta a todo e possível êxito. A tendência é que você se coloque de modo competitivo ou mais dinâmico, querendo provar sua força de atuação, mas o que interessa é justamente empenhar-se com excelência e honestidade, por menor que seja o lucro ou o reconhecimento. Concluir o que se começa para então se dedicar a outro projeto é uma postura prudente e realista que merece ser adotada em 2023. É tempo de desenvolver mais concentração, habilidade e noção lógica de tempo e espaço, para definir como e aonde você quer chegar.

A pressa é inimiga da sabedoria

O Carro espelha nossa conduta nas mais diversas e adversas condições do cotidiano. Sob a ótica do Tarô, 2023 é o ano da maestria e da energia bem direcionada; da excelência pela renovação sistemática de crenças, posturas e atitudes. Por meio das mudanças ocorridas e escolhas feitas em 2013, você passará a sentir o peso de certas complicações do cotidiano. Mas, com um senso aguçado de coragem e enfrentamento, poderá mostrar a que veio – aos outros, às circunstâncias e sobretudo a você mesmo. Estar frente a frente com os desafios vai colocá-lo em contato com a autodisciplina e o controle dos próprios instintos, quando forem necessárias a paciência e mesmo a frieza para resolver problemas.

Use o Cinto de Segurança

Neste ano, portanto, há de se tomar cuidado com a velocidade. É provável que acidentes e imprudências de trânsito sejam ainda mais frequentes. Se você dirige, vale o recado: parcimônia, equilíbrio e concentração. Até certo ponto, você comanda a própria vida, e é preciso ter em mente que não vive em isolamento. É preciso ter responsabilidade pelos seus atos e por quem está sob sua responsabilidade também. Agir por impulso é uma constante em todos os anos regidos pelo arcano O Carro, daí a urgência em manter a calma quando estiver no volante, independentemente da circunstância.

Dos desafios pessoais com os quais você deverá conviver, e que deverá atenuar ao longo de 2023, destaca-se justamente a ansiedade em toda e qualquer situação que requer tranquilidade e jogo de cintura. A pressa, você bem sabe, é inimiga não só da perfeição como também da assertividade. Para ter excelência em seus propósitos, comece desde já a questionar a correria, a avidez descontrolada por resultados rápidos e mesmo a força e a velocidade que despende na execução de tarefas e conquista de objetivos. A sabedoria reside no equilíbrio: nem com tanta sede ao pote nem quase parando. Na velocidade ideal, você avança em segurança.

Sinal vermelho para as expectativas

Em 2023, todo cuidado é pouco com as expectativas a respeito de situações e pessoas. O Carro é a imagem de alguém que parte para algum lugar ou retorna dele esperando encontrar aquilo que deixou ou que tanto procurou pelo mundo afora. É por isso que evitar decepções também merece uma atenção redobrada neste ano; é preciso manter a serenidade em vez de idealizar a perfeição ou qualidades naquilo que está fora do seu poder ou que não depende de você.

Perceba que é necessário ir com calma, sem colocar a carruagem na frente dos cavalos. Uma postura dinâmica diante da vida não pressupõe rapidez. Deslocamentos físicos, como mudança de casa ou de trabalho, também podem ser levados em conta por este arcano tão promissor. É tempo de colaborar com as transformações, observando o próprio ciclo das circunstâncias – desde uma planta próxima a você, que demanda tempo para nascer, se desenvolver e fenecer, até relações pessoais e empreendimentos de longo prazo –, pois assim você vai aproveitar melhor o tempo ao seu dispor e se realizar como pessoa.

Palavras-chave para o sucesso

Saiba que em 2023 as palavras terão ainda mais poder. O Carro lhe traz a oportunidade de seguir adiante em seus propósitos, adotando uma postura confiante naquilo que profere e realiza. Verbalize e copie em um papel os termos mencionados a seguir. Deixe-os sempre à vista – na geladeira, na mesa de trabalho ou mesmo em seu espelho. Comece a praticar uma leitura atenta dessas verdadeiras palavras de poder. Elas podem trazer mais confiança e desenvoltura a sua voz e atitudes. Se preferir um método mais simples (porém não menos eficaz), sorteie ou escolha sete palavras com as quais você mais se identifica e trabalhe com elas sempre que puder, de preferência diariamente.

Maestria.	Positividade.
Destreza.	Alegria.
Movimento.	Magnetismo.
Responsabilidade.	Objetividade.
Mudança.	Coragem.
Vitória.	Determinação.
Dinamismo.	Proeza.
Colaboração.	Criatividade.
Caminho.	Discernimento.
Liderança.	Realização.
Firmeza.	Atividade.
Controle.	Viagem.
Aventura.	Oportunidade.
Vigor.	Entusiasmo.
Abertura.	Impecabilidade.
Confiança.	Perseverança.
Riqueza.	Grandeza.

Para seguir firme e forte pelos caminhos de 2023, convém acreditar em seu poder de discernir o melhor para você entre os extremos. Nem o bom nem o ruim, mas sim o excelente. Torne cada situação, por mais complicada ou assustadora que pareça, uma dose a mais de experiência e convicção para seguir adiante sem hesitação. Estão abertos os caminhos de 2023. E eles são todos seus.

– Leo Chioda

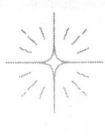

ASTROLOGIA PARA RELACIONAMENTOS: AMIGOS E FAMÍLIA

A amizade no mundo moderno é difícil. Embora talvez seja mais importante agora do que já foi, também tornou-se mais difícil do que nunca estabelecer e manter amizades na vida real. A astrologia não é apenas um instrumento que nos ajuda a descobrir como namorar ou manter outros relacionamentos fortes; ela nos auxilia, ainda, a encontrar os verdadeiros parceiros, nossa família escolhida e as pessoas com as quais podemos construir uma vida melhor. Os amigos são um meio para nos entendermos, e compreendermos nossos outros relacionamentos e nos ajudar na verificação da realidade bastante necessárias, e nos amam durante nossos momentos menos glamorosos da vida.

Como você escolhe participar da amizade é um reflexo de sua própria natureza, isto é, do seu mapa natal. Suas escolhas, ações, sentimentos – e aquilo com que consente – falam tudo sobre você. E nestes pontos, o planeta Mercúrio é responsável por todas as relações não amorosas que mantemos com pessoas que ocupam lugar semelhante ao nosso na hierarquia social, como as que temos com amigos, colegas, conhecidos, vizinhos e parentes próximos. E hoje, como a tecnologia está presente em todas as áreas da vida, e a maioria de nós tem importantes amizades *on-line*, quando essas relações não estão de algum modo enraizadas na presença física e no tempo despendido juntos, o nível de confiança não é o mesmo.

Não precisamos que todas as amizades sejam completas, mas que pelo menos *algumas* o sejam – e encontrá-las nem sempre é fácil. Desenvolver conexões que incluam mais do que apenas nosso Mercúrio é algo importante. Estar disponível no mundo, abrir-se a experiências interativas na vida real e tentar coisas novas.

Portanto, as ligações que temos com os membros família não são apenas nossos relacionamentos de longo prazo e os filhos. Para aqueles que perderam membros da família de origem, ou não têm boas relações com eles, a comunidade de amigos atende a um propósito essencial.

Amizades que se estendem por dez anos ou mais e envolvem a partilha de nossas experiências formativas de vida podem trazer uma intimidade que talvez não seja possível adquirir de outra maneira, pois quando os fundamentos do amor ou da intimidade estão presentes, a amizade pode assumir inúmeras formas.

Cultivar amizades ou amores platônicos com pessoas ao lado das quais podemos envelhecer (e com quem podemos até coabitar) é importante. Assim como no namoro, a compatibilidade na amizade não é apenas atender a uma lista de tópicos. Sobretudo, trata-se de química relacional, confiança e valores compartilhados.

Não há fórmulas para cultivar e manter amizades, pois é algo que envolve todos os planetas no seu mapa e no mapa da outra pessoa. Veja sua Lua para saber como você se disponibiliza emocionalmente, seu Mercúrio para saber como se comunica, sua Vênus para saber como se relaciona, seu Marte para saber o ritmo que imprime aos relacionamentos e seu Sol para saber seu estilo de apresentação. Uma vez que já tenhamos entrado em contato com nossos posicionamentos planetários, ainda assim é preciso agir para podermos ter amizades permeadas por laços profundos e que nos sejam emocionalmente e espiritualmente satisfatórias.

Dicas para ter amizades sinceras, fortes e duradouras:

1. Esteja presente para ajudar e apoiar. Não se pode ter intimidade real quando não estamos realmente à disposição de nós mesmos ou da outra pessoa.
2. Esforce-se. Às vezes, a amizade consiste em se encontrar em festas e dar as mãos sob o arco-íris. Outras vezes, as coisas ficam sérias.
   Você pode ter de presenciar seus amigos fazendo escolhas ruins ou lidar com seus sentimentos feridos por algo que eles fizeram. Em todos esses cenários, a amizade requer esforço.
3. Escute. Não se trata apenas de ouvir as palavras que os outros dizem. As pessoas estão sempre se revelando a nós, e é nosso trabalho escutar – quando obtemos informações importantes e as ignoramos, estamos sendo amigos ruins.
4. Tenha discernimento. Isso é diferente de julgar. Discernimento significa permitir que nossas capacidades críticas nos ajudem a determinar o que estamos sentindo, as informações que nos são dadas e como aplicá-las ao contexto de nossos relacionamentos.
5. Repita todas as anteriores.

– Extraído e adaptado de *Astrologia para Relacionamentos Verdadeiros*, de Jessica Lanyadoo e T. Greenaway, Ed. Pensamento.

Calendário Agrícola

Mônica Joseph

O calendário agrícola apresentado a seguir segue uma nova teoria astrológica a respeito do plantio e do cultivo da terra, que toma por base a passagem da Lua pelos doze signos zodiacais. Experiências feitas no Brasil e em outros países comprovaram a eficácia dessa teoria. Na verdade, trata-se de um método usado desde tempos antigos e agora resgatado.

Plantar Flores

Quando dizemos que o dia é bom para plantar flores, significa que nesse dia deve-se colocar na terra a semente da qual queremos futuramente colher flores. Por flores designamos árvores como ipês, mimosas; arbustos, como azáleas, roseiras; ou mesmo flores, como bocas-de-leão, amores-perfeitos, cravos etc. Além disso, existem as flores de horta, tais como a couve-flor, o brócolis e a alcachofra.

Plantar Folhas

Quando dizemos que o dia é bom para plantar folhas, significa que nesse dia deve-se colocar na terra a semente da qual queremos futuramente colher as folhas ou obter folhagens bonitas, como é o caso dos fícus-benjamim, ou das samambaias e avencas, do chá e dos legumes de folhas: alface, almeirão, rúcula, agrião etc.

Plantar Frutas

Quando dizemos que o dia é bom para plantar frutas, estamos nos referindo a todas as plantas que produzem frutos, sejam elas árvores, arbustos ou legumes. É o caso das mangueiras, das castanheiras, das bananeiras, dos limoeiros etc., ou de arbustos como o marmeleiro. Estamos nos referindo também aos frutos de horta, que são os legumes de frutos, ou seja, a berinjela, o tomate, o jiló etc. Os grãos e as sementes – como arroz, feijão, milho – estão incluídos nesse item.

Plantar Raízes

Quando falamos de raízes, nos referimos somente a plantas como a cenoura, a mandioca, o nabo e a beterraba. As cebolas são classificadas como bulbos.

Colheitas

Para as colheitas, o princípio é o mesmo. Há dias em que é melhor colher para reprodução, o que muitas vezes requer um especialista no assunto. O agricultor, sempre que possível, deve usar sementes de outra procedência, e não as suas próprias.

Colheita de Frutos

É preferível colher os frutos e armazená-los, pois assim eles não amadurecerão tão depressa, ficarão protegidos de bichos e não apodrecerão precocemente. Após algum tempo, poderão ser manipulados, industrializados e exportados.

Colheita, Transplantes e Limpeza

As colheitas devem ser feitas sempre em tempo seco. Para transplantes, a melhor Lua é a Minguante, quando toda a força da planta encontra-se na raiz, e ela aceita nova terra e líquido para abastecer seu caule e suas folhas. Limpeza e adubagem de canteiros, de hortas, de pomares e de jardins devem ser feitas durante a Lua Nova.

ATENÇÃO: As sugestões a seguir, indicando a melhor época para determinadas atividades agrícolas, não excluem as outras atividades. Para mais informações sobre o dia e horário do início de cada fase da Lua, favor consultar Fenômenos Naturais na p. 186.

Agricultura e Pecuária

Janeiro 2023

Até o dia 5 de janeiro	Lua Crescente
Até o dia 13 de janeiro	Lua Cheia
Até o dia 20 de janeiro	Lua Minguante
Ate o dia 27 de janeiro	Lua Nova
Até o dia 31 de janeiro	Lua Crescente

Dias 1º e 2 ✳ Bons para semear pastos e gramados.

Dias 3, 4 e 5 ✳ Bons para semear floríferas, brócolis, alcachofras, feijão, tomates e berinjela.

Dias 6, 7 e 8 ✳ Ótimos para colher todo tipo de raízes como mandioca, batatas, alho, cebola, amendoim, cenoura, cara e inhame.

Dias 9 e 10 ✳ Bons para plantar especiarias como louro, orégano, manjericão, hortelã, melissa e malva.

Dias 11 e 12 ✳ Bons para colher para reprodução todo tipo de grãos como milho e feijão.

Dias 13, 14 e 15 ✳ Bons para fazer transplantes de mudas de floríferas para o local definitivo. Colher flores para secar e frutos para guardar.

Dias 16 e 17 ✳ Bons para fazer podas de árvores, sebes, roseiras e videiras.

Dias 18 e 19 ✳ Bons para colher bambu, vime e taboa, bem como alho, cebola e batatas para armazenar.

Dias 20 e 21 ✳ Bons para plantar milho e feijão, mandioca, cenoura, alho, cebola e batatas.

Dias 22 e 23 ✳ Bons para adubar a terra, plantar flores comestíveis e ornamentais, folhagens ornamentais e comestíveis como alface, agrião, espinafre e rúcula.

Dias 24 e 25 ✳ Bons para fazer plantio e enxertos de mudas de frutos, principalmente os suculentos, e plantar cana-de-açúcar.

Dias 26 e 27 ✳ Bons para fazer mudas de galho e plantar louro, boldo, alecrim, camomila e hortelã, bem como semear abóboras, melancias e melões.

Dias 28, 29 e 30 ✳ Bons para plantar arroz, milho, feijão, tomate e berinjela.

Dia 31 ✳ Bom para semear pastos e gramados.

Galinhas: Ponha-as para chocar nos dias 8, 9 e 10.

Pescaria: De 13 a 17, boa no mar, e de 5 a 10, boa em rios e lagos.

Neste mês não se castram animais.

Fevereiro 2023

Até dia 4 de fevereiro	Lua Crescente
Até dia 12 de fevereiro	Lua Cheia
Até dia 19 de fevereiro	Lua Minguante
Até dia 26 de fevereiro	Lua Nova
Dia 27 e 28 de fevereiro	Lua Crescente

Dia 1º Bom para semear pastos e gramados.

Dias 2, 3 e 4 Ótimos para plantar alcachofra, brócolis e couve-flor.

Dias 5 e 6 Bons para colher especiarias como pimentas.

Dias 7, 8 e 9 Bons para plantar alface, rúcula, almeirão, espinafre e louro.

Dias 10 e 11 Ótimos para colher sementes de flores ornamentais.

Dias 12 e 13 Bons para plantar mandioca, cenoura, amendoim, rabanete, bem como podar videiras e fazer transplantes de alho e cebola.

Dias 14 e 15 Bons para colher todo tipo de frutas para armazenar.

Dias 16, 17 e 18 Bons para transplantar mudas de flores comestíveis e plantar batatas inglesa e doce, cará e inhame.

Dia 19 Bom para fazer limpeza de canteiros.

Dias 20, 21 e 22 Bons para plantar mudas de galho, mangas, peras, maçãs, laranjas, limões, bem como cana-de-açúcar.

Dias 23 e 24 Bons para plantar orégano, louro, manjericão, manjerona, alecrim e hortelã.

Dias 25 e 26 Bons para plantar arroz, feijão, milho, cevada, café, cacau, alho, cebola, batatas inglesa e doce, cará e inhame.

DIA 27 e 28 Bons para semear pastos e gramados.

Galinhas: Ponha-as para chocar nos dias 14, 15, 16, 17, 18 e 19.

Pescaria: De 19 a 23, boa no mar, e de 2 a 9, boa em rios e lagos.

Castrar animais: Nos dias 14, 15, 16, 17 e 18.

Março 2023

Até dia 6 de março	Lua Crescente
Até dia 13 de março	Lua Cheia
Até dia 20 de março	Lua Minguante
Até dia 27 de março	Lua Nova
Até dia 31 de março	Lua Crescente

Dias 1º, 2 e 3 ❋ Ótimos para plantar laranja, limão, bergamotas, cerejas, videiras, mangueiras e cana-de-açúcar.

Dias 4 e 5 ❋ Bons para colher milho, feijão, arroz, café e cacau para reprodução.

Dias 6, 7 e 8 ❋ Bons para continuar colhendo para reprodução cenoura, mandioca, alho, cebola, batatas inglesa e doce, cará e inhame.

Dias 9 e 10 ❋ Ótimos para plantar floríferas rasteiras e trepadeiras, bem como abacaxi, ananás, couve-flor, brócolis e alcachofra.

Dias 11, 12 e 13 ❋ Bons para plantar laranjas, limões, mangas, alface, almeirão, rúcula e cana-de-açúcar.

Dias 14 e 15 ❋ Bons para plantar orégano, louro, manjericão, alecrim e erva-doce.

Dias 16 e 17 ❋ Bons para plantar milho, soja, feijão, alho, cebola, batatas inglesa e doce, bem como cará e inhame.

Dias 18 e 19 ❋ Bons para plantar flores decorativas arbustivas e trepadeiras.

Dias 20 e 21 ❋ Bons para plantar maçã, pera e todos os tipos de frutíferas, milho, feijão, arroz, trigo, aveia e cana-de-açúcar.

Dias 22 e 23 ❋ Bons para plantar milho, soja, feijão, arroz e pimenta-do-reino.

Dias 24 e 25 ❋ Bons para semear melão, melancia, abóboras e morangas.

Dias 26, 27 e 28 ❋ Bons para plantar couve-flor, ananás e abacaxi.

Dias 29 e 30 ❋ Bons para plantar rúcula, alface, manjericão e agrião.

Dia 31 ❋ Bom para colher sementes para reprodução de milho, soja, feijão, arroz.

Galinhas: Ponha-as para chocar nos dias 14, 15, 16, 17, 18 e 19.

Pescaria: De 20 a 27, boa no mar, e de 6 a 10, boa em rios e lagos.

Castrar animais: Nos dias 14, 15, 16, 17, 18 e 19.

Abril 2023

Até dia 5 de abril	Lua Crescente
Até dia 12 de abril	Lua Cheia
Até dia 19 de abril	Lua Minguante
Até dia 26 de abril	Lua Nova
Até dia 30 de abril	Lua Crescente

Dias 1º e 2 ❋ Bons para colher para reprodução café, cacau, milho, soja, arroz e feijão.

Dias 3 e 4 ❋ Bons para colher para reprodução batatas inglesa e doce, cará e inhame.

Dias 5, 6 e 7 ❋ Ótimos para plantar batatas, cará, inhame, mandioca, cenoura, rabanetes e bulbos de floríferas.

Dias 8 e 9 ❋ Ótimos para plantar alho e cebola.

Dias 10 e 11 ❋ Bons para colher todos os tipos de frutos.

Dias 12 e 13 ❋ Bons para colher frutos para armazenar.

Dias 14 e 15 ❋ Bons para colher mandioca, cenoura, amendoim, tomate, batatas, cará, inhame, alho e cebola.

Dias 16 e 17 ❋ Ótimos para plantar amendoim, cenoura, batatas, uva, tomate, berinjela, marmelo e cana-de-açúcar.

Dias 18, 19 e 20 ❋ Bons para fazer mudas de galho e plantar louro, pimentas de todos tipos, manjericão, manjerona.

Dias 21 e 22 ❋ Bons para plantar soja, milho, arroz, feijão, alho, cebola mandioca, bardana, batatas inglesa e doce, cará e inhame.

Dias 23 e 24 ❋ Bons para fazer enxertos e alporquias, bem como semear floríferas rasteiras.

Dias 25, 26 e 27 ❋ Bons para plantar frutos suculentos, bem como almeirão e alface.

Dias 28 e 29 ❋ Bons para semear melões, melancias, aboboras e morangas.

Dia 30 ❋ Bom para semear pastos e gramados.

Galinhas: Ponha-as para chocar nos dias 13, 14, 15 e 18, 19 e 20.

Pescaria: De 18 a 24, boa no mar, e de 5 a 9, boa em rios e lagos.

Castrar animais: Nos dias 13, 14, 15 e 18, 19 e 20.

Maio 2023

Até dia 4 de maio	Lua Crescente
Até dia 11 de maio	Lua Cheia
Até dia 18 de maio	Lua Minguante
Até dia 26 de maio	Lua Nova
Até dia 31 de maio	Lua Crescente

Dias 1º e 2 ❄ Bons para semear pastos e gramados.

Dias 3 e 4 ❄ Bons para plantar ervas medicinais, guaçatonga, camomila, erva-cidreira e erva-doce.

Dias 5 e 6 ❄ Bons para plantar laranja, limão, manga, alface, manjericão e cana-de-açúcar.

Dias 7 e 8 ❄ Bons para semear melão, melancia, abóbora e moranga.

Dias 9 e 10 ❄ Bons para semear pastos e gramados.

Dias 11, 12 e 13 ❄ Bons para colher milho, soja, feijão, arroz, cortar vime e taboa para artesanato.

Dias 14 e 15 ❄ Ótimos para plantar cenoura, amendoim, batatas, cará e inhame.

Dias 16 e 17 ❄ Bons para fazer mudas de galho e plantar erva-cidreira e camomila.

Dias 18 e 19 ❄ Bons para plantar milho, feijão, arroz, berinjela, pepino, tomate e jiló.

Dias 20 e 21 ❄ Bons para fazer limpeza de canteiro, adubar a terra, fazer enxertos e alporquias, e semear floríferas rasteiras.

Dias 21, 23 e 24 ❄ Ótimos para plantar qualquer tipo de fruta e cana-de-açúcar.

Dias 25 e 26 ❄ Bons para semear melões, melancia, abobora e moranga.

Dias 27, 28 e 29 ❄ Bons para semear pastos e gramados.

Dia 30 e 31 ❄ Bons para plantar girassol, rosas, canela, erva-doce e camomila.

Galinhas: Ponha-as para chocar nos dias 12, 13, 16, 17 e 18.
Pescaria: De 16 a 21, boa no mar, e de 3 a 10, boa em rios e lagos.
Castrar animais: Nos dias 12 e 13 e 16, 17, 18 e 19.

Junho 2023

Até dia 3 de junho	Lua Crescente
Até dia 9 de junho	Lua Cheia
Até dia 17 de junho	Lua Minguante
Até dia 25 de junho	Lua Nova
Até dia 30 de junho	Lua Crescente

Dias 1º, 2 e 3 ❋ Bons para fazer transplante de folhas de saladas, plantar alho e cebola, colher frutos suculentos para consumo imediato, bem como colher cana-de-açúcar.

Dias 4 e 5 ❋ Ótimos para plantar amendoim, cenoura, batatas inglesas e doces, cará e inhame.

Dias 6 e 7 ❋ Bons colher todos os tipos de frutos para consumo imediato.

Dias 8 e 9 ❋ Bons para colher milho, soja, feijão, arroz.

Dias 10 e 11 ❋ Ótimos para plantar e fazer transplantes de mudas de folhas para salada.

Dias 12 e 13 ❋ Bons fazer mudas de galhos e plantar pimenta-do-reino, louro, manjericão e manjerona.

Dias 14 e 15 ❋ Bons para colher bambu, piaçava, taboa, vime, bem como todos os tipos de frutos para armazenar.

Dias 16 e 17 e 18 ❋ Bons para plantar todos os tipos de flores rasteiras, trepadeiras e arbustivas.

Dias 19 e 20 ❋ Ótimos para plantar frutos suculentos e cana-de-açúcar.

Dias 21, 22 e 23 ❋ Bons para semear melões, melancia, abóbora e moranga.

Dias 24 e 25 ❋ Bons para semear pastos e gramados.

Dias 26, 27 e 28 ❋ Bons para semear melões, melancia, abóbora e moranga.

Dias 29 e 30 ❋ Ótimos para plantar todos os tipos de grãos e frutos suculentos.

Galinhas: Ponha-as para chocar nos dias 26, 27 e 28.

Pescaria: De 16 a 25, boa no mar dias, e de 1º a 7, boa em rios e lagos.

Castrar animais: Nos dias 24, 25, 26, 27 e 28.

Julho 2023

Até dia 2 de julho	Lua Crescente
Até dia 8 de julho	Lua Cheia
Até dia 16 de julho	Lua Minguante
Até dia 24 de julho	Lua Nova
Até dia 31 de julho	Lua Crescente

Dias 1º e 2 ❋ Ótimos para colher para reprodução, cenoura, amendoim, cebola, alho, batatas inglesas e doces cará e inhame.

Dias 3 e 4 ❋ Bons para plantar espinafre, lúpulo, tomilho, orégano, acelga, couve, alface, almeirão e rúcula.

Dias 5 e 6 ❋ Bons para colher ervas medicinais e flores ornamentais.

Dias 7 e 8 ❋ Bons para fazer transplantes para o local definitivo de acelga, espinafre, alface e almeirão, bem como plantar cenoura e amendoim.

Dias 9 e 10 ❋ Bons para colher sementes de ervas medicinais.

Dias 11, 12 e 13 ❋ Bons para fazer enxertos e alporquias, bem como semear floríferas ornamentais e comestíveis como couve-flor, brócolis.

Dias 14 e 15 ❋ Ótimos para plantar brócolis e couve-flor.

Dias 16, 17 e 18 ❋ Ótimos para plantar folhas para saladas de todos os tipos de frutos e cana-de-açúcar, bem como fazer transplantes de folhagens ornamentais.

Dias 19 e 20 ❋ Bons para fazer enxertos de mudas de galhos e plantar ervas medicinais.

Dias 21, 22 e 23 ❋ Ótimos para plantar folhas para saladas, folhagens ornamentais e flores comestíveis.

Dias 24 e 25 ❋ Ótimos para plantar flores ornamentais.

Dias 26 e 27 ❋ Bons para plantar todos os tipos de frutos, café, cacau, milho e feijão.

Dias 28 e 29 ❋ Bons para semear, melão, melancia, abobora e moranga.

Dia 30 e 31 ❋ Bons para semear todos os tipos de grãos.

Galinhas: Ponha-as para chocar nos dias 9, 10, 11, 12, 13, 14 e 15.

Pescaria: De 14 a 23, boa no mar dias, e de 1º a 6, boa em rios e lagos.

Castrar animais: Nos dias 9,10,11,12 e 13.

Agosto 2023

Até o dia 7 de agosto	Lua Cheia
Até o dia 15 de agosto	Lua Minguante
Ate o dia 23 de agosto	Lua Nova
Até o dia 29 de agosto	Lua Crescente
Até o dia 31 de agosto	Lua Cheia

Dias 1º e 2 ✷ Bons para colher erva-cidreira, erva-doce, hortelã e outras ervas medicinais, couve-flor, brócolis, bem como flores ornamentais.

Dias 3 e 4 ✷ Bons para plantar mandioca, cenoura, folhas para saladas, bem como fazer transplante de mudas para o local definitivo.

Dias 5, 6 e 7 ✷ Bons para colher sementes de ervas medicinais.

Dias 8 e 9 ✷ Bons para plantar rabanetes, beterrabas e amendoim.

Dias 10 e 11 ✷ Bons para fazer podas em geral em todo tipo de planta que receba podas anuais.

Dias 12, 13 e 14 ✷ Ótimos para plantar batatas inglesa e doce, cará, inhame, gengibre, bardana, cenoura e mandioca.

Dias 15 e 16 ✷ Bons para colher para armazenar alho, cebola, rabanete, cenoura, amendoim, pepino e berinjela.

Dias 17, 18 e 19 ✷ Ótimos para plantar ameixas, lichia, mamão, laranja, limão, abacaxi, couve-flor, brócolis e cana-de-açúcar.

Dias 20 e 21 ✷ Bons para plantar todos os tipos de floríferas, sejam elas ornamentais ou comestíveis.

Dias 22, 23 e 24 ✷ Bons para plantar maçã, pera, ameixas, abacaxi, banana e cana-de-açúcar.

Dias 25 e 26 ✷ Bons para plantar louro, alecrim, boldo, orégano, manjericão, manjerona, bem como espinafre, menta, escarola e alface.

Dias 27 e 28 ✷ Bons colher para reprodução milho, soja, arroz, feijão, batatas inglesa e doce, cará e inhame.

Dias 29 e 30 ✷ Bons para colher sementes de flores ornamentais, alho e cebola.

Dia 31 ✷ Ótimo para plantar folhas para saladas como alface, rúcula e escarola.

Galinhas: Ponha-as para chocar nos dias 8, 9, 10, 11, 12 e 13.

Pescaria: De 12 a 19, boa no mar, e de 1º a 9, boa em rios e lagos.

Castrar animais: Nos dias 25, 26, 27, 28, 29 e 30.

Setembro 2023

Até dia 5 de setembro	Lua Cheia
Até dia 13 de setembro	Lua Minguante
Até dia 21 de setembro	Lua Nova
Até dia 28 de setembro	Lua Crescente
Até dia 30 de setembro	Lua Cheia

Dia 1º ※ Ótimo para plantar folhas para saladas.

Dias 2 e 3 ※ Ótimos para plantar pimentas de todos os tipos, orégano, sálvia, louro, manjericão e manjerona.

Dias 4 e 5 ※ Bons para plantar gengibre, cenoura, beterraba, mandioca, milho, café, cacau, soja, guaraná, arroz, feijão e aveia.

Dias 6, 7 e 8 ※ Bons para colher maçã, banana, laranja, limão, tomate e chuchu para armazenar.

Dias 9 e 10 ※ Ótimos para plantar batatas inglesa e doce, cará, inhame, cenoura e gengibre, bem como fazer podas de final de inverno.

Dias 11, 12 e 13 ※ Bons colher para armazenar alho, cebola, rabanetes, mandioca, uvas, pepinos e berinjela.

Dias 14 e 15 ※ Ótimos para plantar cana-de-açúcar, abacaxi, ananás, brócolis e couve-flor.

Dias 16, 17 e 18 ※ Bons semear e plantar flores ornamentais e comestíveis.

Dias 19 e 20 ※ Bons para plantar alpiste, café, cacau, milho, soja, feijão e arroz.

Dias 21 e 22 ※ Bons para continuar plantando todos os tipos de grãos.

Dias 23 e 24 ※ Bons para plantar alho e cebola, bem como colher para reprodução milho, soja, feijão, arroz, batatas inglesa e doce, cará e inhame.

Dias 25 e 26 ※ Bons para semear pastos e gramados.

Dias 27 e 28 ※ Ótimos para plantar todos os tipos de frutos, bem como abacaxi, couve-flor, brócolis e cana-de-açúcar.

Dias 29 e 30 ※ Bons para plantar espinafre, escarola, louro, manjericão, manjerona, guiné.

Galinhas: Ponha-as para chocar nos dias 18, 19, 20, 21, 22 e 23.

Pescaria: De 8 a 14, boa no mar, e de 22 a 27, boa em rios e lagos.

Castrar animais: Nos dias 15, 16, 17, 18 e 19.

Outubro 2023

Até dia 5 de outubro	Lua Cheia
Até dia 13 de outubro	Lua Minguante
Até dia 21 de outubro	Lua Nova
Até dia 27 de outubro	Lua Crescente
Até dia 31 de outubro	Lua Cheia

Dias 1º, 2 e 3 ❋ Bons para plantar cenoura, rabanete, beterraba, amendoim, mandioca, feijão, arroz, milho, café, cacau, aveia e guaraná.

Dias 4 e 5 ❋ Bons para colher todos os tipos de frutos e legumes para consumo imediato e continuar plantando milho, soja, feijão e arroz.

Dias 6 e 7 ❋ Ótimos para plantar batatas inglesa e doce, cará, inhame, cenoura, mandioca, gengibre e todos os tipos de raízes comestíveis.

Dias 8, 9 e 10 ❋ Bons para colher para armazenar alho, cebola, chuchu, pepino, berinjela, mandioca e amendoim.

Dias 11 e 12 ❋ Bons para plantar cana-de-açúcar, couve-flor, brócolis, abacaxi e ananás.

Dias 13, 14 e 15 ❋ Bons para plantar e semear pastos e gramados, bem como plantar floríferas ornamentais.

Dias 16 e 17 ❋ Ótimos para plantar frutos suculentos como laranja, mexerica, limão, bem como couve-flor, brócolis e cana-de-açúcar.

Dias 18 e 19 ❋ Bons para plantar erva-mate, chá preto, erva-cidreira, hortelã e alface.

Dias 20, 21 e 22 ❋ Bons plantar alho, cebola, bem como colher todos os tipos de grãos para reprodução.

Dias 23 e 24 ❋ Bons colher com tempo seco todos os tipos de flores para ornamentação.

Dias 25 e 26 ❋ Bons para plantar coqueiros, macieiras, figueiras, bem como semear girassóis, trigo, ervilha e lentilha.

Dias 27 e 28 ❋ Bons para plantar pimenta dedo-de-moça, gergelim, mandioca, amendoim, cenoura e beterraba.

Dias 29 e 30 ❋ Bons para plantar e semear pastos e gramados.

Dia 31 ❋ Bom para colher para consumo rápido manga, pitanga, goiaba, romã, laranja, limão e banana.

Galinhas: Ponha-as para chocar nos dias 8, 9, 10, 11 e 12.

Pescaria: De 13 a 18, boa no mar, e de 25 a 30, boa em rios e lagos.

Castrar animais: Nos dias 21, 22, 23 e 24.

Novembro 2023

Até o dia 4 de novembro   Lua Cheia
Até o dia 12 de novembro   Lua Minguante
Até o dia 19 de novembro   Lua Nova
Até o dia 26 de novembro   Lua Crescente
Até o dia 30 de novembro   Lua Cheia

Dia 1º ❋ Bom para colher para consumo rápido manga, pitanga, goiaba, romã, laranja, limão e banana.

Dias 2, 3 e 4 ❋ Ótimos para plantar batatas inglesa e doce, cará, inhame, mandioca, cenoura, bem como fazer enxertos e alporquias.

Dias 5 e 6 ❋ Bom para colher para armazenar alho, cebola, amendoim, rabanete, mandioca, pepinos e beringelas.

Dias 7, 8 e 9 ❋ Bons para plantar todos os tipos de grãos como guaraná, cevada, milho, soja, café e cacau,

Dias 10 e 11 ❋ Bons para plantar floríferas comestíveis e ornamentais rasteiras ou trepadeiras.

Dias 12 e 13 ❋ Ótimos para plantar menta, raiz-forte, batatas, bem como fazer transplantes de mudas para o local definitivo.

Dias 14, 15 e 16 ❋ Bons para fazer mudas de galho, plantar pimentas de todos os tipos, mostarda, cominho, orégano, manjericão e manjerona.

Dias 17 e 18 ❋ Bons para plantar ou semear pastos e gramados.

Dias 19 e 20 ❋ Bons para colher para reprodução sementes de flores ornamentais, alho e cebola.

Dias 21 e 22 ❋ Ótimos para plantar folhas para salada, colher frutos suculentos para consumo imediato e plantar cana-de-açúcar.

Dias 23 e 24 ❋ Bons para colher sementes de ervas medicinais.

Dias 25 e 26 ❋ Bons para plantar alho, cebola, batatas inglesa e doce, cará, inhame, milho, feijão, soja, arroz, cenoura, mandioca e amendoim.

Dias 27, 28 e 29 ❋ Bons para colher sementes de flores ornamentais para reprodução, e também frutos suculentos para consumo imediato.

Dia 30 ❋ Ótimo para fazer enxertos e alporquias, e plantar batatas, cará e inhame.

Galinhas: Ponha-as para chocar nos dias 6, 7, 8, 9, 10 e 11.

Pescaria: De 10 a 16, boa no mar, e de 25 a 29, boa em rios e lagos.

Castrar animais: Nos dias 6, 7, 8, 9, 10 e 11.

Dezembro 2023

Até o dia 4 de dezembro — Lua Cheia
Até o dia 11 de dezembro — Lua Minguante
Até o dia 18 de dezembro — Lua Nova
Até o dia 25 de dezembro — Lua Crescente
Até o dia 31 de dezembro — Lua Cheia

Dia 1º ❋ Ótimos para continuar fazendo enxertos e alporquias, bem como plantar batata, cará e inhame.

Dias 2 e 3 ❋ Bons para colher para reprodução milho, feijão, arroz, soja e sêmenes de raízes comestíveis como cenoura e amendoim.

Dias 4, 5 e 6 ❋ Bons para plantar girassol, guaraná, cevada, café, cacau, milho, soja e alpiste.

Dias 7 e 8 ❋ Bons para plantar flores ornamentais, rasteiras e trepadeiras, bem como couve-flor, brócolis e abacaxi.

Dias 9, 10 e 11 ❋ Ótimos para plantar beterraba, gengibre, nabo, mandioca, bem como batatas inglesa e doce, cará e inhame.

Dias 12 e 13 ❋ Bons para fazer mudas de galhos e plantar pimentas.

Dias 14 e 15 ❋ Bons para semear pastos e gramados.

Dias 16 e 17 ❋ Bons para colher para consumo imediato alho, cebola e todos os tipos de legumes.

Dias 18 e 19 ❋ Ótimos para plantar cenoura, bardana, amendoim e tudo que dê debaixo da terra.

Dias 20 e 21 ❋ Bons para semear melão, melancia, abóbora e moranga.

Dias 22, 23 e 24 ❋ Bons para semear pastos e gramados, bem como fazer limpeza de canteiros.

Dias 25 e 26 ❋ Bons para semear flores comestíveis, bem como milho, arroz, feijão e soja.

Dias 27 e 28 ❋ Ótimos para plantar ou semear alface, agrião, acelga, rúcula, melissa, erva-cidreira, hortelã e colher cana-de-açúcar.

Dias 29, 30 e 31 ❋ Bons para plantar alecrim, camomila, boldo, cáscara-sagrada, erva-doce, erva-cidreira e mate.

Galinhas: Ponha-as para chocar nos dias 20, 21, 22, 23 e 24.

Pescaria: De 9 a 15, boa no mar, e de 25 a 31, boa em rios e lagos.

Castrar animais: Nos dias 20, 21, 22, 23 e 24.